원불교
성가 감상담 2

원음
산책하는
기쁨

원불교 성가 감상담 2

〈새 성가 편〉

원음 산책하는 기쁨

방길튼 지음

'원불교 성가 감상담'
새 성가 편을 내며

원기100년(2015)부터 102년(2017)까지 원불교신문에 「성가 산책」이라는 제목으로 원불교 성가에 대한 글을 연재하였으며, 더불어 원기101년(2016)부터 102년(2017)까지 원음방송에서 '성가 길트기'란 코너로 라디오 방송을 하였습니다.

평소 성가의 노랫말과 반주를 음미하곤 했는데, 연재와 방송을 하다 보니 더욱 주의하여 듣게 되어 전에 느끼지 못 했던 감상이 느껴지곤 했습니다. 지난날 몰랐던 매력이 점점 더 보이기 시작한 것입니다.

사랑하면 알려고 한다 했던가? 예전에 무심히 보아 넘겼던 것이 이제 눈에 들어오게 되고 악보도 더 알고 싶어졌습니다. 그러다 보니 음악이론 기초부터 공부하게 되었고 공부한 만큼 성가에 대한 이해가 깊어졌고, 이해가 깊어지다 보니 애정도 더 깊어졌습니다.

이 과정에서 원불교 성가의 숨은 멋과 매력을 더 느끼게 되었습니다. 매력 넘치는 애인을 더 알고자 하고 사랑하게 된 격입니다. 사랑하게 되니 매력을 알게 되었고 그 매력에 갈수록 심취되었된 것입니다.

본 '원불교 성가 감상담 2' 『원음 산책하는 기쁨』은 전작인 '원불교 성가 감상담 1' 『원음 산책하는 즐거움』의 후속작입니다. 전작이 '원기68년(1983)판 성가집'의 성가 감상담이라면 『원음 산책하는 기쁨』은 원기75년(1990)에 제정된 새 성가(성가 127장~162장)에 대한 성가 감상담입니다.

전작이 원음(원불교 성가)을 산책하는 중의 즐거움이라면 후작은 원음 산책하는 중의 기쁨이라 할 것입니다. 새 성가는 신앙성이 강조된 법열의 기쁨이 중심되었기 때문입니다.

아무쪼록 새 성가의 감상담인 『원음 산책하는 기쁨』으로 원불교 성가에 보다 친근해지기를 바라며, 원불교 성가의 감상도가 풍성해지기를 바랍니다. 특히 음악 불사가 왕성해 지기를 바라고 음악이 풍성해 질 때 법도 풍성해지리라 확신합니다. 음악이 불리고 음악이 교류되고 음악이 확산될 때 원불교 문화는 새 시대의 지평으로 퍼져나갈 것이고 대중의 품으로 다가갈 것입니다.

왜냐하면 원불교 백년 이후 2세기는 더욱 문화의 시대가 되리라 예견되기 때문입니다. 문화는 삶입니다. 삶에는 여러 요소가 있겠지만 노래는 그중에서도 우리의 정서에 없어서는 안 될 분야이기 때문입니다.

끝으로 필자의 취재에 성실히 답변해 주신 작사가님들과 새 성가의 악보와 노래의 느낌을 이해하는 데 큰 도움을 준 김범현 교무님 그리고 교정을 봐 주신 최도응 교무님과 주성균 교무님에게 이 자리를 빌려 다시금 감사드립니다.

금성산 월정봉을 바라보며

원기103년(2018) 8월 21일

길산 방길튼 교무 합장

차례

원불교 성가 감상담 2, 새 성가 편
'원음 산책하는 기쁨'

01

새 성가는 『성가』 제12부 「교화」(성가127장~162장)에 실린 성가로, 대산 김대거 종사를 위시한 18명의 작사가가 등장합니다. 정산 종사와 대산 종사의 훈도를 받은 제자들의 작품들이 다수를 이루고 있습니다.

원기53년(1968)판 성가와는 사뭇 다른, 신앙성이 강조된 작품들이 많이 등장하며, 법신불 사은에 대한 기도와 염원이 짙게 드러나 있습니다.

또한 교화에 필요한 기도 의식과 가정 봉불, 교당 봉불, 성지순례, 천도, 탄생 및 가정 기원, 건강 축원, 개업 축하와, 청법 등 교화와 관련된 주제가 주류를 이루게 됩니다. 이는 시대적 요청과 분위기를 반영한 것이라 볼 수 있습니다.

월타원 송관은 교무는 새 성가의 작곡 의도를 총부 예회 설교 석상에서 "실용적 활용도를 높이는 것을 바람(願)으로 하였다."라고 밝히고 있습니다.

교화현장에서 예회에 직접 도움이 되고 신앙심을 독려하기 위해 새 성가는 제작되었던 것입니다. 그 대표적인 곡이 성가 128장 '심고가'입니다.

또한 새 성가는 그 당시로는 빠르고 힘찬 템포의 노래였으며, 곡 해석의 폭을 다양하게 열어 주었습니다. 그래서 곡에 대한 엄격한 규정보다는 곡 해석의 자유를 주었던 것입니다.

새 성가 이전의 원기53년(1968)판 성가는 느리게 부르고 곡을 지나치게 보수적으로 해석하여 부르는 경향이 있었습니다. 그러다 보니 신나고 경쾌하기보다는 처지고 늘어지는 경향이 생기게 되었습니다. 반주가 신나야 노래도 신나는 법인데 이렇게 느릿한 반주에 각인되어 버린 성가는 답답해졌던 것입니다. 이런 경향성에 변화를 주기 위해 새 성가는 이전 보단 좀 빠른 템포로 제작 되었던 것입니다.

02

먼저 김승원 교무의 「원불교 성가 형성과정의 연구」(『원불교사상과 종교문화』 제40집) 중에서 〈1990년(원기75년)판 성가〉에 대한 부분을 전제하여 살펴보겠습니다.

1990년(원기75년)판 성가

"1968년 이후 20여 년간 신앙과 수행의 법열을 찬송하는 원불교 성가가 널리 불리워졌으나, 대중이 함께 희열을 느끼며 부르기에는 곡이 너무 어렵다는 문제점과, 또 126곡 뿐이라는 한계로 인하여 새로운 성가 제정이 요청되었다. 이에 1986년 8월에 창립 2대말 사업으로 교화부에서 전국 각 교당과 기관에 새 성가 공모 요강을 발표하였다.

그리하여 1986년 12월부터 1987년 1월까지 교단 내 인사 20명을 선정하여 응모 가사에 대한 심사를 요청하여 20명 중 7명 이상의 추천을 받은 가사 52편을 선정하였다.

1987년 7월 20일과 8월 6일에 걸쳐 41편의 가사가 수정 채택되었고, 동년 9월 4일에 41편의 가사 가운데 36편을 최종 선정하였다. 그리고 동년 9월 9일 제116회 임시 수위단회에서 36편의 가사에 대한 심의를 감수위원회(감수위원: 박장식, 박은국, 이공주, 이운권, 안이정, 이공전, 박은국, 전이창, 송천은, 이광정)에 요청하여 같은 해 10월과 1988년 3월에 1, 2차의 감수를 통하여 36편의 가사를 확정하고 작곡을 의뢰하였다.

1988년 5월 19일의 제122회 수위단회에서는 '새 성가 가사 및 작곡 심의의 건'에서 "1년여 동안 보급용으로 부른 후 수정 보완하여 성가로 채택키로 하다. (교서감수위원회 위임)"라고 하였고, 다음 달의 제96호에서는 이를 확정 공고하고(〈표1〉 참고), 1년간 자문판 형식으로 불러본 후 성가로 채택하기로 하였다. 이는 '수정보완'을 전제로 한 공표이나, 이후에 별다른 '제정', 또는 '공표'에 관한 공지가 없는 것으로 보아 확정공지로 보아도 무방할 듯하다. 왜냐하면 1990년 12월에 '성가 확정 및 교서 편입'에 대한 결의가 이루어졌음이 교보에 공지되지만, 그 사이에 가사의 수정이나 제목의 변경 건에 대한 공지가 없기 때문이다.

〈표1〉 새 성가 작사 및 작곡자 명단 (『원불교 교보』 제96호)

순	가사명	작사가	작곡가
1	원하옵니다	김대거	김동진
2	서원을 이루어 주소서	송관은	송관은
3	오 사은이시여	송도성	송관은
4	내 마음 어둠이 오면	송관은	송관은
5	사은님 사은님	송관은	송관은

순	가사명	작사가	작곡가
6	항상 밝은 빛	송관은	송관은
7	믿음은 우리의 집	송천은	송관은
8	둥그신 임의 광명	김은준	송관은
9	영겁을 하루같이	백인혁	송관은
10	진리는 하나	김대거	김동진
11	유는 무로	소태산	김동진
12	나 없으매 큰 나 드러나고	김대거	김동진
13	부처는 누구이며	손정윤	김동진
14	고요한 밤 홀로 앉아	김대거	김동진
15	새 마음 새 하루	손정윤	김동진
16	새 마음 새 생활	김은준	김동진
17	새 생명 주신 은혜	손정윤	김동진
18	우리집 모두 모두	양해관	김동진
19	길이 정정하소서	이종원	김규환
20	건강을 주소서	이광정	김동진
21	크게 안정하리라	김대거	김규환
22	떠나시는 임이시여	이선조	김동진
23	참 열반에 들도록	조정근	김규환
24	이 세상 낙원이룰	최명원	김동진
25	저희들의 이 가정에	손정윤	김동진
26	사은님 가호 아래	최명원	김규환
27	일터를 주셨네	이광정	김동진
28	혈인되어 어렸네	이종원	김규환
29	오나가나 은혜로운	김주원	김동진
30	대종사님 영촌 마을	교학과 60년도 졸업생	김동진
31	나섰네라 순례의 길	이도전	김동진
32	수려한 호남 금강	이공전	김동진
33	총부를 찾아가리	박은국	송관은
34	젊은 일꾼	송관은	송관은
35	광겁의 한 울림에	이종원	김동진
36	법을 설하소서	손정윤	김동진

그러나 이 공지를 통해서 변경된 성가의 제목은 확인할 수 있다. 1988년의 '새 성가 편수'에 대한 『원불교 교보』의 공지 내용은 〈표1〉과 같다. 이 공지에는 작사자와 작곡자의 이름이 병기되어 있으며 일부 곡만 현 성가와 다른 제목으로 공지된 것을 알 수 있다.

1990년의 새 성가는 1988년 4월에 『새 성가 모음』이란 별책으로 인쇄되어 보급되었으며, 1990년 11월 8일 감수위원회에서 곡명과 가사를 일부 수정하고, 제12부 「교화편」으로 하여 127장부터 성가에 편입하기로 결의하였고, 같은 해 1990년 12월 15일 제8회 수위단회에서 교서敎書에 편입하기로 결의되었다."

03
이상의 김승원 교무의 논문을 통해 1990년판 새 성가에 대한 구체적인 상황을 살펴볼 수 있습니다. 이에 근거하여 새 성가의 작사가와 작곡가에 대해 살펴보도록 하겠습니다.

1. 1990년(원기75년)판 새 성가의 작사가와 작곡가 현황

〈작사가 현황〉

김은준(2곡), 김주원(1곡), 김대거(5곡), 소태산(1곡), 박은국(1곡), 백인혁(1곡), 손정윤(5곡), 송관은(5곡), 송도성(1곡), 송천은(1곡), 양해관(1곡), 이공전(1곡), 이도전(1곡), 이선조(2곡), 이종원(3곡), 조정근(1곡), 이광정(2곡), 최명원(2곡) 등 18명의 작사가가 36곡을 작사하였습니다.

순	작사가	작품수	순	작사가	작품수
1	소태산	1	10	송관은	5
2	김대거	5	11	양해관	1
3	김주원	1	12	이공전	1
4	김은준	2	13	이광정	2
5	박은국	1	14	이도전	1
6	백인혁	1	15	이선조	2
7	손정윤	5	16	이종원	3
8	송도성	1	17	조정근	1
9	송천은	1	18	최명원	2

다만, 공모에 의존해서 채택하다 보니 출가교역자에 의해 잠식된 점이 있습니다.

또한 '둥근 노래(창작 성가)' 등에서 대중에게 평소 많이 불리었던 노래들이 배제된 면이 아쉽습니다. 특히 신앙성 강화를 추구한 경향이 있다 보니 비슷한 감정의 가사들이 겹치게 되는 면이 발생하게 됩니다. 이 점은 시대적 요청이라 할 수 있으나 또 한편으로는 심의기관의 경향이라 할 수도 있을 것입니다.

〈작곡가 현황〉

김규환(5곡), 김동진(21곡), 송관은(10곡) 등 3인의 작가가 36곡을 작곡합니다. 몇 사람의 작곡가에 치중한 점이 문제라면 문제가 될 것입니다. 특히 김동진 작곡가에 너무도 치중된 면은 장점이면서 단점이 될 것입니다. 김동진 작곡가의 뛰어난 작곡 구성능력과 범패적 요소를 가미한 점은 좋으나 아무래도 같은 성향에 한정되는 점은 피할 길이 없을 것입니다.

번호	작곡가	작곡 수	성가
1	김규환	5	145, 147, 149, 152, 154
2	송관은	10	128, 129, 130, 131, 132, 133, 134, 135, 159, 160
3	김동진	21	127, 136, 137, 138, 139, 140, 141, 142, 143, 144, 146, 148, 150, 151, 153, 155, 156, 157, 158, 161, 162

교단의 작곡 가능한 사람들이 있는데도 3명의 특정인에게 의존한 점은 두고두고 아쉬울 것입니다. 이는 음악의 색깔 면에서도 다양성의 부족을 가져오기 때문입니다. 여러 명의 작곡가에 의한 다양한 색깔들이 못내 아쉽습니다.

김동진은 1968년(원기53년)판 18곡과 1990년(원기75년)판 21곡 등 모두 39곡을 작곡 전체의 24%, 1990년판 새 성가의 경우는 약 58%를 작곡하여 편중이 심한 면이 있습니다.

2. 1990년판 새 성가의 가사명

〈표4〉 『원불교 교보』 상의 가사명과 원기75년판 『성가』의 가사 제목

순	『원불교 교보』의 가사명	원기75년판 『새 성가』의 가사명
1	원하옵니다.	제127장 원하옵니다(심원송)
2	서원을 이루어 주소서	제128장 서원을 이루어 주소서(심고가)
3	오 사은이시여	제129장 오 사은이시여
4	내 마음 어둠이 오면	제130장 내 마음 어둠이 오면
5	사은님 사은님	제131장 사은님 사은님
6	항상 밝은 빛	제132장 항상 밝은 빛
7	믿음은 우리의 집	제133장 믿음은 우리의 집
8	둥그신 임의 광명	제134장 둥그신 임의 광명

순	『원불교 교보』의 가사명	원기75년판 『새 성가』의 가사명
9	영겁을 하루같이	제135장 고요한 법당
10	진리는 하나	제136장 진리는 하나
11	유는 무로	제137장 유는 무로
12	나 없으매 큰 나 드러나고	제138장 나 없으매
13	부처는 누구이며	제139장 부처는 누구이며
14	고요한 밤 홀로 앉아	제140장 고요한 밤 홀로 앉아
15	새 마음 새 하루	제141장 새벽하늘 맑은 기운
16	새 마음 새 생활	제142장 지난날 일들을
17	새 생명 주신 은혜	제143장 자비로운 법신불(새 생명 주신 은혜)
18	우리집 모두 모두	제144장 해와 달이 돌고 돌아(일원가정의 노래)
19	길이 정정하소서	제145장 길이 정정하소서
20	건강을 주소서	제146장 건강을 주소서
21	크게 안정하리라	제147장 크게 안정하리라
22	떠나시는 임이시여	제148장 생멸 없는 고향으로
23	참 열반에 들도록	제149장 오 법신불 사은이시여(참 열반에 들도록)
24	이 세상 낙원이룰	제150장 이 세상 낙원 이룰
25	저희들의 이 가정에	제151장 저희들의 이 가정에
26	사은님 가호 아래	제152장 사은님 가호 아래
27	일터를 주셨네	제153장 일터를 주셨네
28	혈인되어 어렸네	제154장 혈인되어 어렸네
29	오나가나 은혜로운	제155장 반가이 만난 인연(송별의 노래)
30	대종사님 영촌 마을	제156장 대종사님 영촌 마을(대종사 십상가)
31	나섰네라 순례의 길	제157장 법성에 굽이치는(성지순례의 노래)
32	수려한 호남 금강	제158장 수려한 변산반도(제법성지 찬가)
33	총부를 찾아가리	제159장 우리님 대자 대비(총부를 찾아가리)
34	젊은 일꾼	제160장 우리는 원불교 젊은 일꾼들
35	광겁의 한 울림에	제161장 광겁의 한 울림에
36	법을 설하소서	제162장 자비로운 스승님께(법을 설하소서)

〈표4〉를 살펴보면 부제를 단 성가는 11곡(127, 128, 143, 144, 149, 155, 156,

157, 158, 159, 162장)이 있으며, 새 성가의 경우 가사의 첫 소절의 첫마디를 따라 제목을 삼는 것을 원칙으로 하고 있음을 볼 수 있습니다. 다만 128장, 145장, 154장은 별도의 제목을 삼고 있습니다.

04 원불교 성가의 향후 방향

향후 원불교 성가는 다양한 작곡가에 의해 작곡되어야 할 것이며, 그렇게 하기 위해서는 원불교 정서를 충분히 훈습한 작곡가의 양성이 요청됩니다.

또한 성가의 경우 교서에서 자유로워야 할 것입니다. 성가 126장 또는 162장까지만 교서로 고정시켰으면 합니다. (163장에서 200장까지의 자문판 새 성가는 선별하여 성가로 공식 편입시킬지 여부를 확정해야 할 것입니다.)

그리고 '둥근 노래'처럼 다양한 성가 작업이 이루어지고 일정한 기간에 많이 불리는 노래를 '원음 성가'로 선정하여 등재하는 것이 효과적일 듯합니다.

공식적인 기구를 통해서 시대 상황을 반영하고 어떠한 교리와 이념을 담은 명곡이 필요할 것입니다. 그러나 이런 공식기구를 통한 성가의 제작은 인위적 경향이 강하게 풍기므로 평소에 자유롭게 작사하고 작곡하여 대중에게 불리도록 하는 작업이 기반 되어야 할 것입니다.

그래서 이런 곡들이 선택되고 그 외의 부족한 점은 공식기구를 통해서 제작되는 것이 좋을 듯합니다. 공식적 제작과 자유로운 제작이 병행되어야 성가는 교화에 직접적인 반려자가 될 것입니다.

본 원불교 성가 감상담 2,『원음 산책하는 기쁨』에서는 새 성
가 36곡을 작사가, 노랫말과 교리의 관계, 그리고 반주에 대한 감상의
3파트로 구성하고 있습니다.

작사가들로부터 작사 동기와 사연 등을 취재하는 과정에서 그 이야기의 소중함
을 느낄 수 있었습니다.

예를 들어 성가 128장의 〈서원을 이루어 주소서〉는 부제가 심고가로, 당시 원광
대학교 원불교학과 학생(예비전무출신)이었던 우산 김도종 교무(現 원광대학교 총장)
로부터 심고가 탄생 이야기를 생생하게 들을 수 있었습니다. 스토리가 있는 성가
는 스토리를 몰랐던 때와는 느껴지는 감상이 달라졌습니다. 생생한 스토리가 만
약 묻혔다면 얼마나 안타까운 일이 되었겠습니까?

또한 성가 154장 〈혈인되어 어렸네〉와 161장 〈광겁의 한 울림에〉는 작사가 현
산 이종원 교무의 열반 얼마 전에 이 곡과 관련된 여러 이야기를 들을 수 있는 행
운이 있었습니다.

이 밖에도 여러 작사가님들을 만나 노랫말에 대한 이야기를 듣고 글로 실을 수
있어 얼마나 다행인 줄 모르겠습니다. 이러한 이야기들이 성가를 부르는 마음에
차곡차곡 쌓여지기를 바랍니다.

아무쪼록 원불교 성가 감상담 2,『원음 산책하는 기쁨』이 새 성가를 이해하고 감
상하는 밑거름이 되기를 바랍니다.

번외로 자문판 새 성가 중에서 172장 '맑은 정신 높은 기상'(성주성지찬가)을 첨
부하였습니다. 성가 172장을 계기로 자문판 새 성가의 감상담도 나올 수 있기를
고대합니다.

원하옵니다
心願頌

—

김대거 작사 / 김동진 작곡

원하옵니다 원하옵니다
간절히 간절히 원하옵니다
내 손길 닿는 곳
내 발길 머무는 곳
내 음성 메아리치는 곳
내 마음 향하는 곳마다
우리 모두 다 함께
우리 모두 다 함께
성불제중 인연이 되어지이다

간절히
간절히
원하옵니다

성가 127장 〈원하옵니다〉는 새 성가의 서문이며 대산 김대거 종사의 발원문입니다.

대산 종사는 양주에서 투병 생활 도중 민족의 숙원이던 광복을 맞게 됩니다. 양주에서 1년여의 요양으로 건강이 많이 회복되며, 원기31년(1946) 4월 정각사에 서울 출장소가 세워져 주산 종사의 후임 소장으로 부임하게 됩니다. 당시 정각사에 보육원인 '보화원'을 설치하게 되는데 시국이 혼란한 시기라 도둑이 들끓고 여러 가지로 혼란함이 이루 말할 수 없을 정도였습니다. 이런 상황 속에서도 대산 종사는 진리 전에 두 손 모아 〈심원송心願頌〉을 올렸던 것입니다.(서문 성, 『대산 김대거 종사』)

이 〈심원송〉이 바로 성가 127장 〈원하옵니다〉의 원문으로, 대산 종사는 투병 중에도 자신의 성불을 목적하지 않고 우리 모두가 성불제중의 인연이 되기를 간절히 염원하였던 것입니다.

성불제중의 서원과 관련된 에피소드가 있습니다. 에피소드의 주인공은 훈타원

양도신 종사로, 훈타원은 교리공부에 비해 과학 공부의 부족을 느끼어 일본 대판에 삼촌이 있는 연고로 이곳으로 나름 유학을 계획합니다.

훈타원 종사 24세 때인 원기26년(1941) 1월 3일 일기(『대종사님 은혜 속에』)와 훈타원 종사의 『구도역정기』의 일부를 살펴보겠습니다.

나는 일본 유학을 꿈꾸게 되었다. 총부에서 몇 년 공부하다 보니 교리는 대강 알겠으나 과학교육의 부족을 느끼게 되었다. 일본 대판에 막내 삼촌이 계셔 식비 학비는 해결될 것 같아 혼자 계획을 세우고 나름대로 학교 갈 준비를 몇 달 동안 하고 있었다.

그 무렵 某 선생님이 산중에 들어가 공부해 가지고 온다는 일이 있어 대종사님께서 크게 염려하시고 속상해하셨다. 나는 그때 대종사님 말씀 잘 듣지 않은 사람들이 원망스럽기까지 하였다. 그러던 어느 날 조실에 갔던 내게 대종사님께서 "너는 어디 갈 생각 없느냐?" 하고 물으시는 것이었다.

나는 일본 유학에 대한 말씀을 드리게 되었다. 하나하나 물으시는 대로 그동안 책 빌려다가 공부한 일이며 3년만 하고 오면 전무출신도 잘할 것 같다고 자신만만하게 말씀드렸다. 잠시 누우셔서 이야기를 들으시던 대종사님께서 급히 일어나시며 큰 음성으로 "지금 당장 가거라. 혜환(당시 서무부장)이 오라고 해서 고리짝 실어다 주라고 할 테니 당장 가거라." 하시는데 성안에는 노기가 서려 있는 것 같았다.

나는 깜짝 놀랐다. 일본에 가서는 안 되겠다 싶어 바로 빌기 시작했다. 울면서 빌었지만 용서하시지 않았다. 세탁부 방에 돌아와서도 울었고, 일본 갈 생각은 천리만리 달아나고 다만 용서 안 해주시면 어쩌나 하는 걱정뿐이었다. 더구나 앓고 계시는 안질과 종기가 더하시면 어떻게 할까 하는 생각으로 눈물이 그칠 줄 몰랐다.

이렇게 울고 있는데 주산님께서 오셨다. 그래서 자초지종을 말씀드렸더니 나와 함께 가 보자고 하시어 조실에 가서 빌고 또 빌었다. 그러나 야단만하시며 나가라고 하시는 것이다. 사흘째 되는 날도 걱정만 하고 있는데 대종사님께서 사무실 창문을 열어 보시고는 선방에 가자고 하시는 것이다. 나는 선방으로 따라갔고 대종사님의 말씀을 받들게 되었다.

"…과거로부터 현재까지 어떤 분이 어떠한 공부로 제일 큰 재주를 얻어 고해중생의 구제선이 되었으며 또한 그대들은 어떠한 재주를 얻기 위해 이곳에 와서 공부하게 되었는가? 도신이 먼저 말해 보아라." 하신다.

나는 부처님이라고 대답하였다.

"과학자가 아니냐?"

"과학자는 아닙니다. 과학에 능하다 해도 불생불멸과 인과보응의 진리를 모르고 생사해탈 못합니다. 그러나 부처님께서는 모든 진리를 다 깨쳐서 알으시고 생사해탈도 하셨기 때문입니다. 저도 열심히 공부해서 그렇게 되려고 합니다."

"그러면 왜 일본을 가려고 했지?"

"교리는 대강 알겠는데 과학이 너무 부족해서 앞으로 전무출신을 더욱 잘 해보기 위함입니다."

이렇게 꾸중을 듣고 바로 용서를 빌었고 대중이 모인 선방에서 일본 유학의 의미와 야단치신 깊은 뜻을 다시 깨닫게 되었으며 그 뒷날 회화시간에 감상발표 시간을 통해 그동안의 경계를 극복한 것을 말씀드리고 삼대력 얻어 보은자가 될 것을 다짐하게 되었다.

훈타원 종사는 대종사님이 임석하신 회화시간에 감상 발표를 하였다. "저는 큰 살생을 했습니다. 형상 있는 생물을 살생한 것이 아니라 형상 없는 저의 마음에 큰 '아귀'라는 놈을 죽였습니다. 앞으로 삼대력 얻는데 더욱 힘써서 삼대력을 얻어 사중은四重恩의 보은자가 되기로 결심했습니다." 하고 감상발표를 마치니 그 자리에서 대종사님께서 "다시는 살아나지 않겠느냐." 물으시어 "예" 하고 대답해 드리니, 주산님과 사산님께서 그 놈 잘 죽었다고 하시니 대중이 박장대소하였다. 이후로는 밖으로 공부하러 간다는 사람이 없었다.

소태산이 바라는 이 공부 이 사업은 바로 '삼대력을 얻어 사중은의 보은자가 되는 것'입니다. 성불은 삼대력을 얻는 것이라면 제중은 사은에 보은하는 것입니다. 삼학은 보은의 길에서 벗어나지 않고 사은은 삼학 공부로 실현하는 것입니다.

이 에피소드는 『대종경』 부촉품 8장에 그 핵심이 정리되어 있습니다.

"대종사 선원 대중에게 물으시기를 「너른 세상을 통하여 과거로부터 현재까지 어떠한 분이 어떠한 공부로 제일 큰 재주를 얻어 고해 중생의 구제선이 되었으며 또한 그대들은 어떠한 재주를 얻기 위하여 이곳에 와서 공부를 하게 되었는가.」하시니, 몇몇 제자의 답변이 있은 후, 송도성이 사뢰기를 「이 세상에 제일 큰 재주를 얻어 모든 중생의 구제선이 되어 주신 분은 삼세의 모든 부처님이시요, 저희들이 지극히 하고 싶은 공부도 또한 그 부처님의 재주를 얻기 위한 공부로서 현세는 물론이요 미래 수천만 겁이 될지라도 다른 사도와 소소한 공부에 마음을 흔들리지 아니하고, 부처님의 지행을 얻어 노·병·사를 해결하고 고해 중생을 제도하는 데에 노력하겠나이다.」 대종사 말씀하시기를 「그런데 근래 공부인 가운데에는 이 법문에 찾아와서도 외학外學을 더 숭상하는 사람이 있으며, 외지外知를 구하기 위하여 도리어 도문을 등지는 사람도 간혹 있나니 어찌 한탄스럽지 아니하리오. 그런즉, 그대들은 각기 그 본원을 더욱 굳게 하기 위하여 이 공부에 끝까지 정진할 서약들을 다시 하라.」 이에 선원 대중이 명을 받들어 서약을 써 올리고 정진을 계속하니라."

외학外學을 금지하고 외지外知를 경계함은 마음공부의 내학內學만 하라는 것이 아니라 성품을 알지 못하고 외경에만 쏠리는 공부를 경계한 것입니다. 마음공부는 성품을 오득하여 마음의 자유를 얻는 공부이기에, 우리 모두가 성품을 회광반조하지 못하고 망각하여 밖으로만 쏠려 다니는 것을 우려하여 경책한 것입니다. 외학의 반대로 내학이 있는 것이 아니라, 여기의 외外는 본성을 망각하는 경계를 뜻합니다.

소태산 대종사는 『대종경』 수행품 45장에서 "도를 구하기 위하여 출가한 사람이 중간에 혹 본의를 잊어버리고 외학外學과 외지外知 구하는 데에 정신을 쓰는 수도 더러 있으나, 이러한 사람은 박식博識은 될지언정 정신 기운은 오히려 약해져서 참 지혜를 얻기가 어려울 것이라." 하시며 "참 도를 구하는 사람은 발심한 본의를 반성하여 여러 방면으로 흩어지는 마음을 바로 잡아 삼대력 쌓는 데에 공을 들이면 자연히 외학과 외지의 역량도 갖추게 된다." 고 강조하고 있습니다.

소태산 대종사는 "그대들은 각기 그 본원을 더욱 굳게 하기 위하여 이 공부에 끝까지 정진할 서약들을 다시 하라"며 본원을 굳게 하는 서원을 강조하십니다. 이 공부에 정진하여 삼대력을 쌓는 데 공을 들이도록 하고 있습니다. 이 공부는 바로 일원상 진리에 근거한 삼학팔조 사은사요의 공부입니다. 그리하여 일체중생을 광대무량한 낙원으로 인도하자는 것입니다. 소태산 대종사의 경륜은 결국 삼학팔조 사은사요로 성불제중 제생의세하자는 것입니다.

대산 종사는 성불제중 제생의세를 충실히 계승하고자 성가 127장에서 심원송인 〈원하옵니다〉를 노래하고 계십니다.

2

우리 모두 다 함께
성불제중 인연이
되어지이다

    대산 종사는 자신의 성불보다는 동지들의 성불을 염원하고 있습니다. 이는 대산 종사의 각종 기원문을 보면 알 수 있습니다. 사실 만나는 인연을 다 부처 만들겠다는 서원에 자신의 성불도 포함되어 있는 것입니다. 조불불사造佛佛事에 자신의 공부도 이룩되는 것입니다. 성불제중 제생의세의 꽃을 피우신 것입니다.

    대산 종사는 한때 향타원 박은국 교무 등 일행과 수은 선생의 탄생지인 경주 용담에 소창 가시어, 산딸기를 칡잎에다가 따 가지고 와 "이것이 조불造佛딸기다. 조불딸기, 부처를 만드는 딸기다." 하시며 "이것을 먹고 우리 모두 부처가 되자." 라고 염원하시었습니다. (대산종사추모문집 I , 『조불불사대산여래』)

    이 법문이 조불불사의 첫 말씀인 듯하며 이후 대산 종사의 생애는 조불의 역사였다 할 것입니다.
    대산 종사의 일생은 훈련으로 법위를 향상시켜 부처되게 하는 조불불사의 대원력과 경륜이라 할 것입니다.

이처럼 대산 종사는 훈련을 통해서 우리 모두가 성불제중 제생의세 하기를 염원하시었습니다. 대산 종사의 기원문을 살펴보면 모든 인연이 다 성불제중하기를 염원하고 있는 것을 살펴볼 수 있습니다.

대산 종사 기원문을 지으시니 "천지하감지위 부모하감지위 동포응감지위 법률응감지위, 피은자 김대거는 정심 재계하옵고 삼가 법신불 사은 전에 고백하옵나이다. 하늘은 만물을 다 덮어 주시고 땅은 만물을 다 실어 주시며 성인은 만물을 다 호념하여 화지육지化之育之하시나니, 불제자 김대거도 대종사님과 정산 종사님과 삼세제불제성님과 마음을 연하고 기운을 통하여 천지인 삼재에 합일할 수 있도록 큰 광명과 위력을 내려 주시와 도명 덕화의 주인공이 되게 하여 주시옵소서! 일심으로 비옵나이다."(『대산종사법어』 적공편 60장)

"영겁 다생에 만나기 어려운 이 회상의 동지님들! 나날이 때때로 신근의 뿌리가 더욱 내리고 두터워지도록, 나날이 때때로 공심이 더욱 두루 커지도록, 나날이 때때로 공부심이 더욱 살아나도록, 나날이 때때로 자비심이 더욱 크게 살아나도록, 영겁 다생에 만나기 어려운 이 회상의 동지님들! 다시 법신불과 대종사님과 삼세제불제성 전에 대서원을 올리고 대정진을 하며, 대불공을 올려 대불과를 얻으며, 대자유를 얻어 대합력하는 영세의 잊지 못할 동지가 되기를 일심으로 기원하는 바입니다."(『대산종사법어』 공심편 37장)

"법신불 사은이시여! 위로 대종사님 선종법사님 삼세제불제성을 모시고, 이 공부 이 사업에, 생사고락을 같이하고 서로 창자를 이어 나가는 거룩하고 귀중한 동지들이, 쉼 없이 늘 대용기와 대희망과 대지혜로 대정진을 하여, 땅에 떨어져 가는 도덕과 진리와 인을 부활시켜서, 이 지상에 대낙원과 대선경을 건설하도록 하소서."(『대산종사 수필법문집 2』627쪽)

"법신불 사은이시여! 이 세상 모든 어린 왕자들을 욕심에 물들지 않는 인물로[法器], 어린 천사들을 도가 넘치는 인물로[道器], 어린 천진들을 덕이 넘치는 인물로[德器] 키우게 하여주시옵소서. 항상 어린이들의 참된 천심을 길러 주어 천국을 만들고, 자비스런 불심을 길러 주어 불국을 만들며, 거룩한 성심을 길러 주어 성세를 만들고, 무위자연의 도심을 길러 주어 도국을 만들고, 두렷한 원심을 길러 주어 원만 평등하고 지공무사한 하나의 세계, 보은의 세계, 균등의 세계, 평화의 세계, 대선경 대 낙원의 세계를 이 세상에 건설하는 활불들이 되게 하여 주시옵소서. 일심으로 큰 서원을 올리나이다."(『대산종사법어』경세편 20장)

위와 같이 대산 종사의 기원문은 모든 인연이 성불제중의 인연이 되기를 기원하는 심원송의 부연 기원문이라 해도 무방할 것입니다.

대산 종사는 이 모든 기원들을 종합하여 '기원문 결어'를 뭉치어 간절히 기원하였습니다.

"일상원 一相圓 중도원中道圓 시방원十方圓. 주세불 불일중휘佛日重輝 법륜부전法輪復轉, 조사 불일증휘佛日增輝 법륜상전法輪常轉. 세계부활 도덕부활 회상부활 성인부활 마음부활. 네 가지 훈련, 자신훈련 교도훈련 국민훈련 인류훈련. 대서원 대정진 대불과 대불공 대자유 대합력, 대참회 대해원 대사면 대정진 대보은 대진급. 일원회상 영겁주인 일원대도 영겁법자. 천불만성 발아千佛萬聖發芽 억조창생 개복億兆蒼

生開福. 무등등한 대각도인 무상행의 대봉공인. 대종사님의 일대경륜 제생의세. 진
리는 하나 세계도 하나 인류는 한 가족 세상은 한 일터 개척하자 하나의 세계. 이
세계는 하나의 마을 이 세계는 하나의 가족 이 세계는 하나의 세계, 세상은 한 일터
개척하자 하나의 세계."(『대산종사법어』 경세편 24장)

이와 같은 대산 종사의 기원을 내 기원으로 삼아 적공해야 할 것입니다.

내 손길 닿는 곳, 내 발길 머무는 곳, 내 음성 메아리치는 곳, 내 마음 향하는 곳
마다, 우리 모두 다 함께 성불제중 인연이 되어지기를 간절히 염원하는 대산 종사
의 마음을 우리 마음으로 접붙여야 할 것입니다.

소태산 대종사는 성불제중·제생의세를 위해 훈련을 통한 법위향상을 전개하십
니다. 원기9년(1924) 익산총부를 건설하고 1년 뒤인 원기10년(1925)에 학위등급법
(후에 법위등급)을 제정하고 원기13년(1928) 3월 28일에 새 회상 첫 법위승급의 예
식을 거행하게 됩니다. 정식법강항마부에 사후 승급으로 박세철과 서동풍, 정식
특신부에 송벽조, 김기천, 송규, 송도성, 이동진화, 이공주 등 6인, 예비특신부에
송벽조 등 60인이 승급됩니다.

이때 "도가의 명맥命脈은 시설이나 재물에 있지 아니하고, 법의 혜명慧命을 받아
전하는 데에 있다."(『대종경』 요훈품 41장)고 하십니다.

원기16년(1931) 음 3월 26일에 2차 법위 승급자를 발표하니, 예비법마상전부에
송도성, 김기천, 전음광, 송규, 이동진화, 이공주, 송벽조 7명이었고, 정식특신부에
문정규 등 54명, 예비특신부에 양하운 등 48명이었습니다.

이후 정산 종사는 원기38년(1953) 4월 26일에 제1대 성업봉찬대회를 열어 제1대
전 교도의 공부 사업 원성적 내역을 발표하게 됩니다. 이때 주산 송도성이 원정사

圓正師로, 김광선, 김기천, 이동안, 오창건, 이재철, 박세철, 이인의화, 서동풍이 정사正師로 법위사정査定 됩니다.

이때 정산 종사는 "우리는 참다운 사정은 호리도 틀림없는 진리에 맡기고, 이번에 나타난 등급으로는 앞날의 적공에 더욱 분발할 대중만 삼는다면 이 분들이 참으로 알뜰한 우리 동지요 참으로 등급 높은 공인이다." 하시며 "후일 영모전에서 등위보다 실적이 넉넉한 선령은 제사 받기가 떳떳하지마는 실적이 혹 등위만 못한 선령은 헛 대접 받기가 얼마나 부끄러우리오."(『정산종사법어』 경륜편 9장) 하시며 실적이 등위보다 못할 때의 헛 대접을 경계하고 있습니다.

이후 원기42년(1957) 4월에 주산 송도성에게 종사를, 구타원 이공주와 팔산 김광선에게 대봉도를, 팔타원 황정신행에게 대호법의 법훈을 수여합니다.

대산 종사는 종법사를 이어받아 법위향상운동을 전개합니다. 원기49년(1964) 10월에 삼산 김기천에게 종사위, 도산 이동안, 사산 오창건, 일산 이재철, 공산 송혜환, 육타원 이동진화 등에게 대봉도 위를 드리고, 이듬해 10월에 응산 이완철에게 대봉도 위를 드리니, 이는 새 회상의 제2차 법훈 증여였습니다.

원기50년(1965) 11월부터 5개월 동안 전 교도의 법위 예비 사정을 실시하였으며 원기55년(1970)년 3월 20일 개교반백주년에도 전 교도의 법위를 사정하여 확정하게 됩니다.

이후 대산 종사는 법위향상운동을 계속 전개하여, 대상자들은 법위를 신심으로 받아 지키고 부족한 법위는 외상으로 여기고 문열이라는 책임감을 가지게 하여 법위향상의 대불사에 정진하게 합니다.

대산 종사는 원기61년(1976) 중앙훈련원(現 원불교대학원대학교 본관) 신축 봉불식에서 "세상의 뿌리는 도덕이요, 도덕의 뿌리는 회상이며, 회상의 뿌리는 성인이요, 성인의 뿌리는 대각이며, 대각의 뿌리는 바로 훈련"이라며 훈련의 중요성을 강조합니다.

훈련으로 천여래 만보살을 염원하며 "대종사님께 보은하고 교단 만대를 튼튼히 다지는 일은 훈련을 통해 천여래 만보살의 배출이다."며 다 같이 이 일에 동참하자고 호소합니다.

그리하여 원기72년(1987) 교단 2대 말과 소태산대종사탄생100주년 기념에 많은 법훈자를 서훈하게 됩니다. 특히 주산 종사를 대각여래위에 추존하고 대산 종사는 교단 최초로 생전 대각여래위에 승급하여 천여래 만보살의 문호를 열게 됩니다. 이는 훈련으로 법위를 향상시켜 천여래 만보살이 되자는 것입니다.

천여래 만보살은 한 사람만 여래가 아니라 모두가 여래가 될 수 있다는 것으로, 자격만 되면 다 여래의 역할을 할 수 있다는 것입니다. 영성의 세계에서도 이젠 집단영성을 강조한 것으로, 책임을 맡은 부처들이 서로서로 자기의 역할을 다하면서 집단적으로 협력하는 영성계가 된다는 것입니다. 영성의 민주화입니다. 또한 만보살로 자리이타의 보살정신이 개방되어서 훈련으로 보살의 자격을 획득하여 낙원 세계를 꽃피울 수 있다는 것입니다.

다만 향후의 법위사정은 『정전』의 「법위등급」의 내용에 따라 명실상부하게 실제화해야 할 것입니다. 대종사께서 구인선진에게 또는 교단 초기의 제자들에게 법명과 더불어 법호를 주셨듯이 법호는 조금 일찍 주되 법위는 좀 더 내용에 적합하게 사정查定해야 할 시대적 요청이 있습니다.

원하옵니다

心願頌

김 대 거 작사
김 동 진 작곡

원 하 옵 니 다　원 하 옵 니 다　간 절 히

간 절 히 원 하 옵 니 다　내 손 길 닿 는 곳

내 발 길 머 무 는 곳　내 음 성 메 아 리 치 는 곳　내 마 음

향 하 는 곳 마 다　우 리 모 두 다 함 께　우 리 모 두

다 함 께 성 불 제 중 인 연 이 되 어 지 이 다

원음 산책

성가 127장 〈원하옵니다〉는 대산 종사의 심원송心願頌을 효산 손정윤 교무가 50대 전후에 가슴으로 받아서 한글 맛이 우러나도록 읊어낸 노랫말이 채택된 것입니다. 마치 원곡을 편곡한 것과 같다 할 것입니다.

이 성가 127장 〈원하옵니다〉의 반주를 듣노라면 시리도록 투명한 한 소리가 하늘을 가로지르며, 맑고 푸른 창공을 펼치는 듯합니다.

그러면서 어디에선지 맑은 바람이 불어와 하늘에 구름을 수놓아 징검다리를 펼쳐놓은 듯합니다. 그리하여 징검다리 구름이 모이고 모이어 웅장한 하늘광장을 두둥실 떠받치는 기분이 듭니다.

성가 127장 〈원하옵니다〉는 4/4박자로 간절한 마음을 간직하면서 불러야 할 것입니다. 첫마디의 '원하옵니다'의 '원'에 부점(附點音標, a dotted note : 음표나 쉼표의 오른쪽에 찍어서 원래 길이의 반만큼의 길이를 더한다는 것을 표시하는 음표점)이 있으므로 강박으로 강조하면서, 마음으로 염원하는 심원心願을 담아서, 내면에서부터 올라오는 간절함으로, 함축된 기운을 조심스럽게 품어내듯 불러야 할 것입니다.

각 마디마다 부점의 사용이 많으니 강-약-중강-약의 4/4박자의 리듬에 따라 첫음의 강에 강조점을 주어 마음이 뭉치게 불러야 할 것입니다.

또한 각 소절마다 한 박자 쉬고 들어가는 사분쉼표(𝄿)의 리듬감을 살려서 부르면 좋을 것입니다. 쉼표 전후로 앞뒤의 변화를 가져오기 때문입니다.

그러니 첫째 마디의 '원하옵니다' 보다 둘째 마디의 '원하옵니다'를 한 차원 더 원하는 마음을 강하게 내품어야 할 것입니다. 앞의 '원'이 내면적이라면 뒤의 '원'은 외향적인 것으로, 다짐의 선언으로 느끼며 부르면 가슴에 다가올 것입니다.

그러면서 '간절히 간절히'로 흘러가면서 세 번째 '원하옵니다'로 다지는 것입니다. 외향적 다짐을 한 템포 가라앉히어 내면으로 포섭시키는 것입니다.

그러면서 이제는 구체적인 방법으로 심원心願을 펼칩니다. 손길이 닿는 곳, 발길이 머무는 곳, 음성이 메아리치는 곳, 마음이 향하는 곳으로 심원心願의 음색을 구체화하는 것입니다.

'내 발길 머무는 곳'은 '내 손길 닿는 곳'보다 한 차원 더 거칠게, '내 음성 메아리치는 곳'은 이보다 더 다이나믹하게, '내 마음 향하는 곳마다'는 이 3단계의 심원을 종합해서 격정과 안정을 종합하여 불러야 할 것입니다. 마치 강물이 편안히 흐르다가 더 빨라지고 좀 더 격정적이다가 넓은 강폭에서 안정적으로 흐르면서도 웅장한 것과 같을 것입니다.

성가 127장 〈원하옵니다〉는 '성불제중 인연이 되어지이다'에 하이라이트를 두어야 합니다. 강물이 바다로 돌아가는 최종 목적지와 같이 이 마지막 귀결점인 '우리 모두 다 함께'의 포인트가 중요합니다. 음과 음을 모으고 조화시켜 합창이 되도록 열과 성을 다해야 할 것입니다. 독창이 아니라 합창이 되어야 합니다. 한 번 더 '우리 모두 다 함께'로 온축이 되어 이제 우리의 궁극인 '성불제중 인연이 되어지이다'로 클라이맥스를 올려 마치 강물이 바다에 하나가 되듯, 우리의 염원의 바다에 하나가 되듯이 불러야 할 것입니다.

성가 127장 심원송의 〈원하옵니다〉는 김동진 작곡으로 원기75년(1990) 교화부에서 성가로 제정됩니다.

성가 127장 〈원하옵니다〉가 새 성가로 제정되기 전에 방도웅 교도님이 작곡한 '심원송'이 교도들에게 많이 불리었습니다. 다른 음색이 있는 이 〈심원송〉도 다시 불려지기를 바랍니다.

서원을 이루어 주소서
心告歌

—

송관은 작사 / 작곡

1. 거룩하신 법신불 사은이시여
   우리들의 서원을 이루어 주소서
   진리와 은혜의 부처되도록
   우리들의 서원을 이루어 주소서

2. 거룩하신 법신불 사은이시여
   우리들의 서원을 이루어 주소서
   어두운 세상의 빛이 되도록
   우리들의 서원을 이루어 주소서

I

심고가의
탄생

성가 128장 〈서원을 이루어 주소서〉(부제: 심고가)는 월타원 송관은 교무가 작사·작곡한 작품으로 법회나 기도 때 기원문과 묵상심고 후에 부르는 공식적인 의식 성가입니다.

월타원 송관은 교무는 소태산 대종사를 외할아버지로, 정산 종사를 큰아버지로 두었으며, 부친 주산 송도성 종사와 모친 청타원 박길선 종사의 5남1녀 중 외동딸로 출생하여, 원기54년(1969) 항타원 이경순 종사의 추천으로 전무출신을 서원하여, 서울출장소 근무를 시작으로 원광대학교 음악교수로 봉직하여 교단과 음악을 아우르는 음악교화와 교무로서의 삶을 일관하였습니다.

새 성가(127~162장)의 경우 대부분 첫 소절을 제목으로 삼고 있으며 부제가 없는 것이 일반적인데, 성가 128장의 경우는 마지막 소절을 제목으로 삼고 있으며 〈심고가〉라는 부제가 붙어 있습니다.

이러한 성가 128장 〈서원을 이루어 주소서〉는 탄생 일화가 있습니다.

원기56년(1971) 10월에 반백년기념대회를 지낸 뒤 원기57년(1972)에 '학림學林' 창간호가 발행됩니다. 학림은 원광대학교 원불교학과 기숙사생들인 예비교역자들의 정기간행물로, 창간호 제호는 동산 이병은 종사의 글씨로 1호부터 5호까지는 등사본이며 이후는 인쇄판이었습니다.

당시 예비교무였던 조학심, 김복원, 김도종, 황인철이 주축이 되어 발간됩니다. 젊고 패기 넘쳤던 학림 기자들은 학림이 원불교의 새로운 문화, 원불교의 혁신 등을 이끌어야 된다는 취지와 의지가 강했습니다.

반백년기념대회를 지낸 직후이기에 새로운 시대에 대한 욕구가 굉장히 높았던 것입니다. 그 욕구 중 하나가 원불교 의식의 대중화였으며 특히 신앙성이 강화된 의식이 요청되었던 것입니다. 법회의식에 있어서도 법신불 일원상 전에 헌배부터 하고 기도와 심고를 중점으로 신앙적 감성을 이끌어 내는 성가를 필요로 했던 것입니다.

이러한 성가의 일차적 요구가 바로 '심고가'였습니다. 심고를 하고서 부르는 성가가 필요했던 것입니다. 이 요구에 따라 당시 원광대학교 음대 강사였던 송관은 교무에게 요청하니, 송 교무는 "완성된 126곡 성가집이 있는데 무슨 새 성가를 다시 만드느냐? 어른들에게 혼날 일이다."며 놀란 표정으로 난색을 표합니다. 원기53년(1968)판 126곡 원불교 성가가 구비되어 이를 보급하는 일이 우선이었을 때 새로운 성가를 만든다는 것은 권장될 상황이 아니었기 때문입니다.

그럼에도 불구하고 학생들은 야회 볼 때만 사용할 것이니 심고 후에 부를 수 있는 심금을 울리는 노래를 만들어 주기를 간절히 부탁합니다. 그 당시 수요야회는 대각전 또는 공회당에서 예비교무들이 주관하였으며 감상담 중심으로 진행되었습니다. 이러한 기획 하에 추진된 본의에 결국 동의하게 된 월타원 송관은 교무는 작사까지 하여 곡을 만들게 됩니다. (이상은 우산 김도종 교무의 회고)

당시 학생들은 손으로 그린 오선지 악보를 보고 수요야회에서 부르기 시작하는데, 이는 단순히 성가 하나를 추가한 것이 아니라 원불교 법회의식을 신앙적 감성을 불러일으키는 방식으로 바꾸자는 개혁의지의 반영이었습니다.

학림지 1~5호에는 '개교축제의 노래' '귀여운 어린이' '마음의 내 고향 총부' '하섬 성도절' 등의 노래도 실리게 되며, 향후 학림지에 많은 창작 성가가 실리게 됩니다.

2

우리들의
서원을
이루어 주소서

성가 128장 〈서원을 이루어 주소서〉에서 '진리와 은혜의 부처' 되도록 '우리들의 서원'을 이루어달라고 심고하고 있습니다. 우리의 서원은 바로 진리와 은혜의 부처가 되자는 것으로, 즉 진리불眞理佛과 은혜불恩惠佛이 되는 것입니다.

진리와 은혜는 하나이면서 양면입니다. 진리의 화현이 은혜이며 은혜의 바탕이 진리입니다. 일원상의 진리가 체體라면 사은의 은혜가 용用이 됩니다. 법신불이 사은으로 화현되는 것으로, 천지·부모·동포가 다 법신불의 화신이요 법률도 또한 법신불이 주신 바입니다.(『대종경』 교의품 9장) 즉 법신불 사은을 신앙하는 것은 바로 진리와 은혜의 부처가 되고자 하는 서원으로, 법신불이신 사은의 도와 은덕을 체받아서 보은하는 것이 바로 진리와 은혜의 부처가 되는 것입니다.

또한, '어두운 세상의 빛'이 되도록 하는 그 빛은 진리의 빛이요 은혜의 빛입니다. 법신불 당체는 진리 자체의 빛으로 그 진리의 빛에 따라 세상에 은혜의 빛이 밝혀지는 것입니다. '어두운 세상'은 법신불 일원상의 진리를 알지 못하고 그 은혜에 배은하는 세상입니다.

그러므로 성가 128장 〈서원을 이루어 주소서〉의 핵심은 '거룩하신 법신불 사은이시여'에 있습니다. 진정으로 '법신불 사은'을 거룩하게 받들고 모실 때 감응이 있는 것입니다. 즉 법신불의 진리가 사은의 은혜로 우리에게 하감하시고 응감하시니 우리는 그 진리와 은혜를 받들고奉佛 모시어서侍佛 스스로 생불生佛이 되고 활불活佛이 되는 서원을 올리자는 것입니다. 법신불 사은의 도와 덕을 체 받겠다는 서원을 올릴 때 항상 '우리들의 서원'에 감응하고 계시는 법신불이신 사은의 은혜에 보은하는 것입니다.

소태산 대종사는 법신불 사은 전에 고백하라고 하십니다. 이 고백이 심고와 기도의 핵심으로 이 고백이 빠진 심고는 내용 없는 형식으로 혼 빠진 사람과 같습니다.
법신불 사은으로부터 진리와 은혜를 입은 피은자라는 고백이 선행되어야 합니다. 우리는 법신불 사은으로부터 진리와 은혜의 축복을 받은 피은자입니다. 옷을 입듯 법신불 일원상의 은혜恩를 입은被 피은자입니다. 그러므로 '거룩하신 법신불 사은이시여'라는 신앙고백이 선행되어야 합니다.

축복받은 피은자인 줄 깨달은 사람이 은혜를 생산하고 보은할 수 있는 것입니다. 이처럼 '피은자'라는 고백이 없으면 법신불이신 사은의 감응을 받을 수 없습니다. '피은자'라고 고백할 때 나무뿌리가 땅을 만나듯이 우리는 자신할 만한 법신불 사은의 은혜와 위력을 알고 법신불 사은을 신앙의 근원으로 모시게 될 수 있습니다.

피은자라고 고백할 때 난경 속에서도 길흉이 없는 법신불 사은의 도를 체 받아, 지금은 어려우나 참회하고 노력하면 순경으로 돌아서는 신심이 생기는 것이요, 순경에는 방심하지 않고 조심하게 됩니다. 또한 즐거운 일을 당해서는 은혜에 감사 기도, 괴로운 일을 당할 때는 배은에 대한 사죄기도를 하게 되며, 결정하기 어려운 일을 당했을 때는 결정될 기도와 서약을 올리는 원력이 솟게 됩니다.

서원을 이루어 주소서

心告歌

송 관 은 작사
송 관 은 작곡

1.거 룩 하 신 법 신 불 사 은 - 이 시 여
2.거 룩 하 신 법 신 불 사 은 - 이 시 여

우 리 들 의 서 원 을 이 루 어 주 소 서
우 리 들 의 서 원 을 이 루 어 주 소 서

진 리 와 은 혜 - 의 부 처 되 도 록
어 두 운 세 상 - 의 빛 이 되 도 록

우 리 들 의 서 원 을 이 루 어 주 소 서
우 리 들 의 서 원 을 이 루 어 주 소 서

원음 산책하는 기쁨 41

3

원음 산책

성가 128장 〈서원을 이루어 주소서〉 반주를 듣노라면 풍선이 부풀어 오르는 기분이 듭니다. 마치 풍선이 한 번 부풀어 오르다가 바람이 잠시 빠지는 듯하다가 다시 더 크게 부풀어 오르는 기분으로, 가슴 가득 숨이 부풀어 오르다가 잠시 멈추더니 더욱 부풀어 오르는 심정입니다.

특히 도입 부분인 "거룩하신 법신불 사은이시여"의 부분이 핵심으로, 이 부분을 풍선이 터질세라 조심스럽게 부르듯 성스럽게 감정의 깊이를 심화시키는 것이 전체 분위기를 결정짓는 포인트가 될 것입니다.

성가 128장은 원기75년(1990) 교화부에 의해 새 성가로 제정되며, 이때 가사 중 '사랑과 진실'은 '진리와 은혜'로 윤문됩니다.

이 성가의 작곡가인 송관은 교무(1940. 1. 25~2014. 6. 10)는 전북 익산 출생으로

1969년(원기54)에 출가하여 경희대학교와 동 대학원 작곡과를 졸업했으며, 작곡 발표회 13회, 삼소음악회 지휘, 다수의 가곡집을 발표하였으며, 2006년 원광대학교 음악과 교수를 정년 퇴임합니다.

소태산 대종사를 외할아버지로, 정산 종사를 큰아버지로 둔 월타원 대봉도는 부친 주산 송도성 원정사와 모친 청타원 박길선 원정사의 5남 1녀 중 외동딸로 출생하여, 원기54년(1969) 항타원 이경순 원정사의 추천과 보증으로 전무출신을 서원하여, 원기54년 서울출장소 근무를 시작으로 원광대학교 인문대학 예술학부 음악교수로 봉직, 원심합창단 창단을 지원하고 지휘를 맡는 한편 전북 문화상 심사위원, 전북 문화예산 심의위원, 전북 음악인협회 고문, 중앙교구 문화사업 회장, 원불교 음전협회 회장, 원음오케스트라 창단 및 지도교수, 전북 음악부문 문화상 수상, 정산종사 칸타타로 전국 관악제 대상 수상, 한국작곡가협회 회원으로 활발한 활동을 했으며, 교단과 음악을 떠나지 않은 음악교당의 주임교무로서의 삶을 일관합니다.

한평생 원불교 음악문화 교화를 위해 헌신한 송관은 원로교무. 그가 퇴임을 앞두고 평생 작곡한 400여 곡과 자료들을 정리하여 내놓은 책,『나 길이 여기 살고 싶네』를 발간하였습니다. 그의 인생을 한마디로 요약하면 누구나 '음악과 함께 한 보은의 삶'이라 말할 수 있을 것이며 이러한 저자의 삶은 이 책에서도 잘 묻어나 있습니다.

경희대학교 재학시절, 사제의 연으로 만나게 된 김동진 교수를 비롯한 당대의 유명한 작곡가들이 오늘날 우리가 즐겨 부르는 원불교 성가를 작곡하는 데 대거 참여하게 된 것은 월타원 송관은 교무의 인연 공덕이라 할 것입니다.

오 사은이시여

—

송도성 작사 / 송관은 작곡

1. 오 사은이시여 거룩하신 사은이시여
   힘을 주소서 힘을 주소서
   사은께서 그 힘만 주신다면
   사은께서 그 힘만 주신다면
   분연히 일어나서 두 팔을 부르걷고
   우리의 일터로 달음질 하겠나이다
   오 사은이시여 거룩하신 사은이시여
   힘을 주소서 힘을 주소서

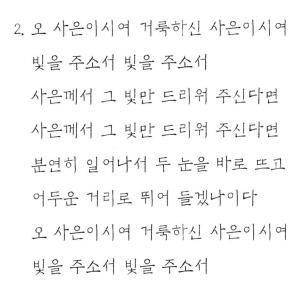

2. 오 사은이시여 거룩하신 사은이시여
   빛을 주소서 빛을 주소서
   사은께서 그 빛만 드리워 주신다면
   사은께서 그 빛만 드리워 주신다면
   분연히 일어나서 두 눈을 바로 뜨고
   어두운 거리로 뛰어 들겠나이다
   오 사은이시여 거룩하신 사은이시여
   빛을 주소서 빛을 주소서

3. 오 사은이시여 거룩하신 사은이시여
   열을 주소서 열을 주소서
   사은께서 그 열만 넣어 주신다면
   사은께서 그 열만 넣어 주신다면
   분연히 일어나서 이 한 몸 다 바쳐서
   차가운 사회를 감싸 주겠나이다
   오 사은이시여 거룩하신 사은이시여
   열을 주소서 열을 주소서

I

심불 일원상과
사은

성가 129장 〈오 사은이시여〉는 원기21년(1936) 「회보」 제24호에 '오! 사은이시여
- 나의 기원'이란 제목으로 발표된 주산主山 송도성 종사의 기도문을 윤문한 것입
니다. 당시 주산 종사는 영광지부장으로, 30세의 청장년이었습니다.

원기20년(1935) 대각전이 준공되고 심불 일원상을 정식으로 봉안합니다. 그런데
주산 종사는 대각전 준공 일 년 뒤인 원기21년(1936)에 〈나의 기도〉란 기원문에서
일원상을 신앙의 대상으로 하지 않고 사은을 신앙의 대상으로 하고 있습니다. 주
산 종사는 이런 사상적 간격을 원기22년(1937) 「회보」 제34호에 발표한 '신앙과 수
양'이라는 명문의 논설을 통해 '일원상과 사은의 관계'와 '신앙과 수행의 관계'를 명
료하게 밝히고 있습니다.

주산 종사는 이 논설에서 신앙의 필요성을 역설합니다.
"신앙이라 하는 것은 즉 믿는다는 말이니 사람이란 반드시 믿는 곳이 있어야 할

것입니다. 우리가 스스로 우리의 개체라는 것을 돌아볼 때는 너무나 미약하고 하 잘것없는 것입니다. …(중략)… 그러나 우리는 오직 신앙으로써 이 하잘것없는 우리의 개체를 저 무한지대한 우주의 진여체眞如体와 합할 수도 있으며 단촉 유한한 우리의 생명을 저 무궁무진한 천지의 생명과 연할 수도 있습니다. 우리는 그 가운데에서 위대한 힘도 얻을 수 있으며 무한한 낙도 발견할 수 있습니다. 신앙심이 철저 독실한 곳에는 항상 경건하여 사념이 없으며 든든하여 두려움이 없으며 평화하여 근심 고통이 없는 것입니다. …(중략)… 믿음이 없이는 만사에 도저히 성공을 하지 못할 것입니다."

주산 종사는 그러면서 정신正信과 미신迷信, 원만한 신앙과 편벽된 신앙 가운데에서 원만한 신앙처의 선택이 중요하다고 강조합니다. 이는 마치 초목을 비옥한 땅에 심는 것과 같다는 것입니다.

이에 주산 종사는 심불 일원상에 근거한 사은을 제시합니다.

"그런데 나는 여기서 우리의 신앙 표준인 심불일원상心佛一圓相에 관하여 잠깐 몇 말씀하고자 합니다. 심불일원이란 글자 그대로 즉 마음 부처님이니 재래 사찰에서 모셔오던 등상불은 부처님의 육체를 대표한 실례적 부처님이라 할 것 같으면 이 심불일원은 즉 부처님의 마음을 대표한 진리적 부처님이라 할 것입니다. 두렷하고 텅 비인 이 일원의 속에는 천지만물 허공법계가 어느 것 하나 포함되지 않음이 없나니 그야말로 속으로 들어와도 안이 없고 겉으로 나가도 밖이 없는 우리의 자성이며 우주의 본체입니다."

이렇게 심불 일원상을 밝히고서 일원상의 내역을 설명합니다.

"이를(심불 일원상) 번역해 말하자면 곧 사은四恩이라 할 것이며 다시 더 세밀히 분석해 말하자면 삼라만상 그대로가 곧 실재의 부처님이 될 것이니 합하면 일원이요, 나누면 삼라만상이라 이러한 진리로써 볼진대 한 개의 돌과 한 줌의 흙인들 어찌 부처 아님이 있으며 날아가는 새와 달려가는 짐승인들 무엇 하나 이에 벗어남이 있으리까."

일원 즉 사은의 내역을 설명하고 있음을 볼 수 있습니다. 그러면서 일원상에 예배하는 것이 천지만물 전체에 기도함과 같다는 논리를 설파합니다.

"그런고로 일원의 진리를 알고 보면 천지만물 허공법계가 모두 한 덩어리로 합한 참되고 떳떳한 본래 면목을 발견하게 될 것이니 이곳에 한 번 예배하면 곧 천지만물 허공법계의 전체에 예배함이 될 것이며 이곳에 한 번 기도하면 곧 천지만물 허공법계의 전체에 기도함이 될 것이다."

주산 종사는 이 일원상을 밝히면서 일원상의 내역인 사은 당처에 불공하는 실질적인 불공법에 큰 자신감과 자부심을 표하고 있습니다.

"이것을 하늘이나 땅이나 성신星辰이나 목석이나 기타 어느 일부분에 의지하여 신앙을 세움에 비하면 그 얼마나 고상하고 원만하며, 또 죄는 엉뚱한 다른 곳에 지어 놓고 빌기는 자기의 믿는바 어느 일부분에 의지하여 비는 미신적 신앙에 비하면 사은을 실재의 부처님으로 모셔두고 죄와 복을 경우에 따라 직접 그 당처에 가서 구하는 우리의 불공법이 과연 그 얼마나 사실적이요 합리적인가. 그런고로 신앙의 표준에 있어서는 가장 잘 진보되고 발달된 최상 고봉이라 할 것이며 또 가장 현대적이요 혁신적이라 할 것입니다."

원기23년(1938), 숭산 박광전 종사는 부친이신 대종사에게 일원상과 인간과의 관계 및 일원상의 신앙과 수행 그리고 도형 일원상에 대해 질문합니다. 이에 대종사는 동경 유학 중인 아들의 대견한 질문에 자상한 답변을 내려주십니다. 이 문답은

『대종경』교의품 3~6장에 정리되어 있습니다.

그런데 이 문답보다 일 년 전에 벌써 주산 종사는 대종사가 숭산 종사에게 부연해 준 설명을 판박이로 제시하고 있는 것입니다. 이로 보아 원기20년(1935) 공식적으로 일원상을 봉안한 이후에 소태산 대종사는 제자들에게 일원상과 사은의 관계에 대한 법설을 주지시키고 있었다 할 것입니다. 이에 대해 심통 제자인 주산 종사는 충실하게 논설로 대변하고 있었던 것입니다.

주산 종사는 끝으로 신앙과 수행의 관계를 밝히고 있습니다.

"신앙은 부처 성현을 믿는 공부라 할 것 같으면 이 수양이라 하는 것은 직접 성현 부처가 되는 공부라 할 것이니 믿지 아니하면 닦지 못할 것이며 닦지 않으면 믿음이 참되지 못할 것입니다."

"사람의 근본은 정신인데 그 정신을 튼튼히 만들기로 하자면 무엇보다 신앙과 수양이 필요하다. 그리하여 신앙이 아니면 수양이 설 수 없고 수양이 아니면 신앙이 참되지 못하다."는 말로써 신앙과 수양을 아울러 진행하기를 고조高調 역설하였습니다.

주산 종사는 신앙수행의 병진과 자타력병진 신앙을 강조하고 있는 것입니다.

2

오! 사은이시여
- 나의 기원

주산 종사에게 사은은 심불 일원상의 발현으로써의 사은입니다. 우리의 감각적인 대상의 천지만물이 아니라 심불 일원상의 나타남입니다. 사은은 심불 일원상의 현현顯現입니다.

주산 종사는 「회보」 제24호 〈오! 사은이시여 - 나의 기원〉 1절에서 '꿋꿋하고 근기根氣 있는 힘'을 달라고, 그러면 두 팔을 부르걷고 일터로 가겠노라고 다짐합니다. 2절에서 '밝고 큰 빛'을 달라고, 그러면 자아완성과 사회개선에 온몸으로 뛰어들겠다고 다짐하며, 3절에서는 '영원히 식지 아니할 열'을 달라고, 그러면 피땀을 두르치고 냉박한 사회를 개척하겠노라고 다짐합니다. 전체적으로 사회의식이 강하게 엿보입니다.

사은의 힘은 법신불의 권능이며, 사은의 빛은 법신불의 지혜이며, 사은의 열은 법신불의 사랑입니다. 주산 종사는 이처럼 심불 일원상인 사은에서 힘과 빛과 열을 공급받아 헌신합니다.

주산 종사는 원기30년(1945) 조국이 일제강점으로부터 해방되자 전재동포구호 사업과 고아원인 보화원 설립, 한국 사회에 원불교를 알리는 일에 온몸으로 헌신합니다. 그러는 중에 이재민의 전염병인 발진티푸스에 전염되어 건강이 악화되어 40세를 일기로 소태산 대종사의 전법게송을 암송하면서 거연히 열반에 듭니다. 거룩한 순교입니다.

참으로 주산 종사는 최후까지 자신의 기도문인 〈오! 사은이시여 - 나의 기원〉처럼 살았던 일생이었습니다. 이처럼 주산 종사는 심불 일원상인 사은에서 힘과 빛과 열을 공급받아 보은에 헌신한 삶이었습니다.

또한, 성가 128장 〈서원을 이루어 주소서〉는 129장 〈오! 사은이시여〉와 상통해 있습니다. 성가 128장이 월타원의 작사라면 129장은 월타원의 부친인 주산 송도성 종사의 작사입니다.

주산 종사는 일터로 달려가기 위해, 어두운 거리로 뛰어들기 위해, 차가운 사회를 감싸주기 위해 힘과 빛과 열을 요청했다면 주산의 장녀인 월타원은 '어두운 세상의 빛이 되도록 우리들의 서원을 이루어 주소서.'라고 심고하고 있습니다. 부녀 간에 마음이 심심상련心心相連하여 주산의 뜻을 월타원은 이어 전하고 있는 것입니다.

'오 사은이시여'라는 간구처럼 사은으로부터 은혜 입은 피은자라는 고백이 선행되어야 합니다. 우리는 법신불 사은으로부터 축복받은 피은자입니다. 옷을 입듯 은혜恩를 입은被 피은자입니다. '피은자'라는 신앙고백이 선행되어야 합니다. 은혜恩를 등지는背 배은자가 되어서는 안 됩니다. '피은자'라는 고백이 없으면 법신불이신 사은에 헌신할 수 없습니다. 이것이 사은 신앙의 첫걸음이요 원불교 신앙의 바탕입니다.

　피은자라 고백하고 선언할 때 은혜의 기운이 감응됩니다. 천지영기 아심정天地靈氣 我心定이 됩니다. 천지의 신령한 기운이 내 마음에 정착하게 됩니다. 내 마음에 모시는 것입니다. 그러면 법신불의 은혜가 감응되는 것입니다. 이처럼 은혜의 기운과 연결된 사람이 보은할 수 있는 것입니다. 축복받은 피은자인 줄 깨달은 사람이 은혜를 생산하고 보은할 수 있는 것입니다.

　이처럼 '피은자'라는 고백이 없으면 법신불이신 사은의 감응을 받을 수 없습니다. '피은자'라고 고백할 때 사은의 힘과 빛과 열이 하감되고 응감하기 때문입니다. '피은자'라고 고백할 때 나무뿌리가 땅을 만나듯이 우리는 자신할 만한 법신불 일원상인 사은의 은혜와 위력을 알고 법신불 사은을 신앙의 근원으로 모시게 될 수 있습니다.

　소태산 대종사는 대각을 이루시고 "자력으로 구하는 중 사은의 도움이라" 하셨으며, 자력은 타력의 근본이고 타력은 자력의 근본이 되므로 우리는 심고와 기도 생활로 사은의 위력을 늘 공급받고 갖다 쓸 수 있는 진리 불공자가 되어야 하겠습니다.

　그리하여 '사은의 힘'을 공급받아 '분연히 일어나서 두 팔을 부르걷고 우리의 일터로 달음질' 하자는 것입니다. 또한 '사은의 빛'을 공급받아 '분연히 일어나서 두 눈을 바로 뜨고 어두운 거리로 뛰어 들자'는 것입니다. 그리고 또한 '사은의 열'을 공급받아 '분연히 일어나서 이 한 몸 다 바쳐서 차가운 사회를 감싸주자'는 것입니다.

심고가 각자의 마음속에서 묵상으로 하는 자유로운 형식이라면, 기도는 형식에 따라 실지기도와 설명기도를 하는 것입니다. 심고와 기도는 허공법계를 통해서 법신불께 올리는 진리 불공입니다.(『대종경』교의품16장)

대종사는 '원하는 바'를 이루고 '낙 있는 생활'을 바란다면 심고와 기도를 올리라고 하셨습니다. 심고와 기도를 통해 정신의 세력을 확장시키면 바라는 소원을 성취하고 광대무량한 낙 생활을 할 수 있기 때문입니다.(『대종경』신성품12장, 16장)

오 사은이시여

송 도 성 작사
송 관 은 작곡

3

원음 산책

　성가 129장 〈오 사은이시여〉의 반주를 듣노라면 씩씩함과 애틋함이 동시에 느껴지며, 전체적으로 씩씩한 행진곡풍에 애절한 음이 배어 있습니다.
　걸음을 맞추어 함께 걷는 중에 어디선지 애절한 음이 마음을 가로지릅니다. 진취적 다짐과 함께 간절한 갈구가 조화를 이루는 속 깊은 마음입니다.

　성가 129장은 32마디의 네 도막 형식으로 부점附點에 악센트를 주어 부르는 것과 높낮이가 다른 두 음을 매끄럽게 이어주는 이음줄을 부드럽게 잘 부르는 것이 이 노래의 포인트가 될 것입니다.

　첫 소절의 '오- 사은이시여 거룩-하신-사은이시여 힘—을—주소서 힘을 주소서'에서는 새싹이 대지를 뚫고 움트는 기운이 느껴집니다.
　생기가 쏙쏙 솟아오른다고 할까? 대지를 박차고 오르는, 그러면서 서로를 격려하면서 용기 있게 솟아오르는 생명력이 느껴집니다.

봄기운에 우쭐거리면서 싹튼 생명이 태양의 햇살을 간절히 갈구하듯이, 사은님의 힘과 빛과 열을 사모하면서 노래해야 할 것입니다.

둘째 소절의 앞의 '힘—을'이 기도의 시작이라면 뒤의 '힘을'은 기원의 끝인 것입니다. 그러니 한 박의 '힘'을 거쳐 두 박의 '--을'에서 간절함이 울려 퍼지게 불러야 할 것입니다.

'분연히 일어나서'의 '분'은 두 박으로, 충분한 호흡과 길이로 분연히 일어날 수 있도록 불러야 할 것이며, '분'에 그 진지함과 진취성을 다 담아서 불러야 맛이 날 것입니다. 이러할 때 뒤 음의 멜로디는 그 힘에 의해서 자연히 따라 불러질 것입니다.

첫 소절의 '오- 사은이시여 거룩-하신-사은이시여 힘—을—주소서 힘을 주소서'는 그대로 마무리로 다시 반복됩니다. 첫마디의 그 마음 그대로 다시 기원을 뭉치고 있는 것입니다.

그러니 이 간절한 기원의 진취심과 애절한 갈구의 마음이 울려 나오도록, 너무 씩씩하지만도 않고 그렇다고 애절함에 빠지지도 않게 중간 잡아 불러야 할 것입니다.

성가 129장 〈오 사은이시여〉는 송관은 작곡으로 원기75년(1990) 교화부에 의해 성가로 제정됩니다.

내 마음 어둠이 오면

—

송관은 작사 / 작곡

1. 내 마음 어둠이 오면
   내 마음 어둠이 오면
   법신불 일원상 앞에
   무릎 끓고 기도합니다
   내 마음 밝게 하소서
   내 마음 밝게 하소서

2. 어둠이 걷힌 이 마음
   어둠이 걷힌 이 마음
   거-룩하-신 법신불
   사-은님 이-시-여
   새 힘을 얻었나이다
   새 힘을 얻었나이다

법신불 일원상 앞에
무릎 끊고 기도합니다

성가 130장 〈내 마음 어둠이 오면〉은 월月타원 송관은 교무가 작사 작곡한 노래입니다.

익산 토박이 월타원은 어려서부터 익산총부 공회당에서 해마다 열리는 교무강습에 단골손님 마냥 꼭 앉아서 강습(훈련)에 참여합니다.

새벽이면 육타원 이동진화 선진님이 '30계문'과 '일원상 서원문'을 가르쳐 주셨는데 글자도 배우기 전에 입으로 줄줄 외우게 됩니다. 그야말로 아무 뜻도 모른 채 입으로 줄줄 외웠던 것입니다. 그때 그렇게 외워 배웠던 것들이 몸과 마음에 배여 인품을 형성하는데 큰 도움이 되었으며, 또한 어린 시절 정산 종사님께 눈이 오나 비가 오나, 캄캄한 밤, 동이 트기 전부터 잠도 안자고 기다리고 있다가 조실(現 영춘원 종법실) 문밖에서 문안 올리던 일을 잊을 수 없는 소중한 시간이었다고 회고합니다.

교리암송과 조실 문안은 월타원 송관은 교무 인생의 뿌리가 되는 참으로 아름답고 소중한 추억으로 자리매김하게 된 것입니다. (『나 길이 여기 살고 싶네』 중에서)

월타원 송관은 교무는 익산총부에서 어린 시절부터 선진님들의 품속에서 '일원상 서원문'을 외고 또 외워서 자연스럽게 몸과 마음에 스며드는 삶이었습니다. 법신불 일원상을 체 받는 것이 너무도 자연스런 행위였던 것입니다.

　선진님들이 항상 생활 속에서 법신불 일원상 전에 합장기도 하였듯이, 월타원은 기쁠 때나 슬플 때나 법신불 일원상 앞에 합장하고 기도하는 것이 자연스런 삶이었습니다.

　월타원은 원기79년(1994) 원불교신문 1월 21일 자 〈개벽의 소리〉에 "성스러운 염원인 서원을 일관되게 이끌어나가는 데는 기도처럼 우리의 마음을 붙잡아 주는 것도 없다. 법신불 일원상 앞에 지성껏 드리는 기도가 나의 모든 어려움과 장애를 극복케 하고 서원한바 그대로를 성취할 수 있기를 염원해 본다."라는 '소원성취'에 대한 글을 발표합니다.

2

새 힘을 얻었나이다

월타원 송관은 교무는 성가 130장 〈내 마음 어둠이 오면〉 1절에서 "내 마음 어둠이 오면 내 마음 어둠이 오면 법신불 일원상 앞에 무릎 꿇고 기도합니다. 내 마음 밝게 하소서 내 마음 밝게 하소서"라 노래하고 있습니다.

월타원은 내 마음에 어둠이 오면 내 마음이 밝아지도록 법신불 일원상 앞에 무릎 꿇고 기도하기를 기원하고 있습니다. 무릎 꿇고 기도한다는 것은 기도에 일념 하는 것입니다.

기도 일념은 오직 기도할 뿐으로, 그 기도하는 마음에는 일체의 사념이 텅 빈 마음이면서 또한 기도의 마음만 역력한 자리입니다. 즉 기도에 일념이 되면 사념이 텅 빈 진공 자리가 되며 기도심이 역력한 영지의 빛이 환하게 드러나는 것입니다. 즉 공적영지의 자성이 환히 드러납니다. 이처럼 공적영지한 자성이 드러나면 법신불의 은혜가 마음에 그대로 드러나게 됩니다.

내 마음이 어둡다는 것은 욕심이 치성한 상태입니다. 그래서 일원상의 은혜를 알지 못하고 일원상 진리를 등지게 됩니다. 배은하게 되는 것입니다. 법신불이신 사은에 은혜 입은 피은도 모르고 보은과 배은도 알지 못하는 것이며 설사 안다 할지라도 보은의 실행이 없는 상태입니다.

이러한 은혜를 모르고 욕심만 치성한 무지와 아집의 어둠을 놓아버리면 사은의 도가 마음에 그대로 드러나게 됩니다. 천지영기아심정天地靈氣我心定이 됩니다. 내 마음에 사은의 도가 하감下鑑하고 응감應鑑하게 되어 사은의 도가 내 마음에 자리 잡게 됩니다.

법신불 일원상 앞에 무릎 꿇고 기도하면 사은의 도가 내 마음에 밝게 드러납니다. 지혜가 생기고 은혜를 실현할 힘이 생깁니다. 자성불과 법신불 사은이 하나로 통하게 되는 것입니다.

그러므로 작사가 월타원은 2절에서 "어둠이 걷힌 이 마음 어둠이 걷힌 이 마음 거룩하신 법신불 사은님이시여 새 힘을 얻었나이다 새 힘을 얻었나이다"라 노래합니다.

어둠이 걷힌 마음은 일원상의 자리를 모르는 무지와 욕심만 치성한 아집의 구름을 걷어 내어 진리의 하늘이 밝게 드러난 상태입니다. 그러면 새 힘을 얻게 됩니다. 법신불이신 사은의 피은된 자리를 알아 지은보은하는 새 힘을 얻게 됩니다. 법신불 사은이 내 마음에 그대로 드러나게 됩니다. 일원의 위력을 얻고 일원의 체성에 합하게 됩니다.

대산 종사는 교리편 74장에서 심고와 기도를 올릴 때, "'천지하감지위!' 하고 염원할 때에 천지에 가득한 진리가 하감하시도록, '부모하감지위!' 하고 염원할 때에 삼세 일체 부모가 모두 하감하시도록, '동포응감지위!' 하고 염원할 때에 사·농·

공·상과 유정有情·무정無情의 일체 동포가 빠짐없이 응감하시도록, '법률응감지위!' 하고 염원할 때에 도덕·정치·과학의 일체 법률과 역대 유명·무명의 모든 성현과 입법·치법의 은恩이 다 응감하시도록 정성스럽게 기도를 올려야 한다."고 하시며 "평소 맺힌 것을 푸는 동시에 보은행에 힘쓰며 배은을 하지 않는 생활을 하여야 사은 전체가 내게 감응해서 큰 위력을 얻을 수 있느니라."고 기도하는 심정을 부연 법문해 주십니다.

심고와 기도를 올릴 때 마음에 일체의 사념이 없고 맺히고 걸리는 척이 없어야 사은이 응하게 되며, 진리에 위반이 되는 배은이 없어야 사은의 도가 그대로 응하게 되는 것입니다.

그러면 새 힘을 얻게 됩니다. 법신불이신 사은의 덕을 펼칩니다. 법신불의 도를 따라 사은의 덕을 나툴 힘을 얻게 되는 것입니다.

대산 종사는 "마음에 사사私邪가 끊어지면 일원의 위력을 얻고, 마음에 망념妄念이 쉬면 일원의 체성에 합하느니라."(『대산종사법어』 교리편 29장)라고 강령 잡아 주시고 있습니다.

심고와 기도를 하는 진정한 의미는 내 마음에 사사를 끊고 망념을 쉬게 하는 것입니다. 기도는 욕심을 구걸하는 것이 아니라 내 마음에 어둠을 없게 하는 것이 진의眞意입니다.

내 마음 어둠이 오면

송 관 은 작사
송 관 은 작곡

1.내 마음 어 둠 이 오 면 매 마음 어 둠
2.어 둠 이 걷 힌 이 마 음 어 둠 이 걷 힌

이 오 면 법 신불 일 원 상 앞 - 에
이 마 음 거 - 룩 하 - 신 법 신 불

무 릎 꿇 고 기 도 합니 다 내 마음 밝 게
사 - 은 님 이 - 시 여 새 힘을 얻 었

하 소 서 내 마음 밝 게 - 하 소 서
나 이 다 새 힘을 얻 었 - 나 이 서

원음 산책

성가 130장 〈내 마음 어둠이 오면〉을 듣노라면 빛이 떠오릅니다. 어둠에서 빛이 밝아지는, 빛이 훤하게 드러나는 느낌이 듭니다.

성가 130장은 부점附點에 악센트를 두는 것과 음높이가 같은 두 음을 붙여주는 붙임줄과 음높이가 다른 음들을 이어주는 이음줄을 맛이 나게 부르는 것에 포인트 가 있습니다.

또한 성가 130장의 핵심은 첫 소절의 '내 마음 어둠이 오면'을 어떻게 부르느냐에 달려있다 할 것입니다.

정말 내게 무명의 어리석음과 욕심이 치성하면 마음이 어두운 것입니다. 내 마음에 어둠이 온 것입니다. 그러면 간절히 법신불이신 일원상 전에 무릎 꿇고 기도하자는 것입니다. 이 마음으로 첫 소절의 '내 마음 어둠이 오면'을 불러야 노래의 맛이 살아날 것입니다.

첫마디의 '내 마음 어둠이 오면' 다음 마디의 '내 마음 어둠이 오면'에는 산을 오를 때 한 언덕을 오르고 다시 더 높은 언덕을 오르는 기분으로 오르내림의 변주가 있습니다. 이처럼 작은 봉우리를 오르내리다가 다시 큰 봉우리를 오르내리는 등산하는 기분처럼 부르면 좋을 듯합니다.

성가 130장은 '내 마음 밝게-하소서'와 '새 힘을 얻었-나이다'에 마침표가 있습니다. 진정으로 밝게 되기를 그래서 새 힘을 얻는 느낌이 들도록 부르면 좋을 것입니다.

성가 130장 〈내 마음 어둠이 오면〉은 월타원 송관은 교무의 작곡으로 원기75년 (1990) 교화부에 의해 성가로 제정됩니다.

법 신불 일원상 앞   –   에
거   –   룩 하   –   신 법 신   불

무 릎 꿇 고 기 도합니 다
사   –   은 님 이   –   시   여

사은님 사은님

—

송관은 작사 / 작곡

1. 사은님 사은님 법신불 사은님
   사은님 사은님 법신불 사은님
   믿음 약한 저를 이끌어주시고
   어둡고 피로울 때 도와주소서
   항상 기쁨 속에 일하게 하시고
   항상 희망 속에 살게 하소서

2. 사은님 사은님 법신불 사은님
   사은님 사은님 법신불 사은님
   고통이 변해서 기쁨이 되도록
   감사의 기도 속에 살게 하소서
   항상 즐거웁게 일하게 하시고
   항상 감사하며 살게 하소서

사은님
사은님
법신불 사은님

성가 131장 〈사은님 사은님〉은 월月타원 송관은 교무가 작사 작곡한 노래입니다.

월타원은 원기84년(1999) 총부 법회에서 〈사은님 사은님〉은 평소 신앙 수행하면서 느낀 심정을 노래로 표현한 것이라 하면서, 예비교무들에게 "내 마음 작용 하나로 남에게 기쁨을 줄 수도 불쾌를 줄 수도 있습니다. 우리는 남에게 기쁨을 주려이 회상에 나왔다고 생각됩니다. 마음의 평화를 주고 심지에 안락을 주어야 합니다."라고 설교합니다. (『나 길이 여기 살고 싶네』 중에서)

『정전』「심고와 기도」 장에서 법신불 사은은 자신할 만한 타력으로, 나무뿌리가 땅을 만나 뿌리를 내리는 관계처럼 신앙의 근원으로 삼고 있습니다.

소태산 대종사는 사람이 태어나서 살아가자면 자력과 타력이 필요하며, 자력은 타력의 근본이 되고 타력은 자력의 근본이 된다고 하셨습니다. 자력이 있어야 타력의 도움을 받을 수 있고 타력의 공급을 받아야 스스로 설 수 있는 자력이 생긴다는 것입니다.

　자력과 타력은 단절된 관계가 아니라 서로 도움 되는 관계입니다. 아무리 봄이 와도 죽은 나무는 싹을 틔울 수 없듯이, 자력의 힘이 약하면 봄기운을 받을 수 없는 것과 같습니다. 또한 타력의 공급을 받지 못하면 자력은 한계가 있으며, 타력을 잘 받아들일 때 자력도 더불어 커질 수 있는 것입니다. 이처럼 자신할 만한 타력을 받아들이는 것이 신앙입니다.

　소태산 대종사는 5종 기도를 제시하고 있습니다.

　원만한 사은으로써 신앙의 근원을 삼아 첫째, 즐거운 일을 당할 때에는 감사를 올리는 감사기도를 하며, 둘째, 괴로운 일을 당할 때에는 사죄를 올리는 참회기도를 하며, 셋째, 결정하기 어려운 일을 당할 때에는 결정될 심고와 혹은 설명 기도를 올리는 기도를 하며, 넷째, 난경을 당할 때에는 순경될 심고와 혹은 설명 기도를 올리고, 다섯째, 순경을 당할 때에는 간사하고 망녕된 곳으로 가지 않도록 심고와 혹은 설명 기도를 하자는 것입니다.

　스스로 신뢰하고 확신할 만한 타력은 법신불 일원상이신 사은으로, 이 원만한 사은의 은혜와 위력이 바로 신앙의 근원이 됩니다.

항상 감사하며
살게 하소서

월타원 송관은 교무는 『정전』「심고와 기도」장을 자신의 삶에 품어서 자신의 목소리로 노래하고 있습니다.

"믿음 약한 저를 이끌어주시고 어둡고 괴로울 때 도와주소서" 또는 "고통이 변해서 기쁨이 되도록 감사의 기도 속에 살게 하소서"라고 노래합니다.

믿음 약한 저를 이끌어 주시라는 것은 원력이 굳건하여 마음에 결정이 세워지는 것입니다. 마음을 정하는 결심의 기도입니다. 서원을 따라 아무리 어려운 일이라도 굳건히 결심을 하면 이 결심하는 마음 그 자체에는 일체의 요동도 없고 사심도 없게 됩니다.

원력이 분명하여 마음에 결정이 서면 일심이 되어 마음의 평화가 찾아오며 해야할 일이 분명해 집니다. 법신불 사은의 뜻이 선명해지는 것입니다. 보은의 길이 열리는 것입니다. 이런 서원을 굳건하게 하여 결심이 서는 결정될 기도를 하자는 것입니다.

또한 어둡고 괴로울 때 법신불이신 사은에게 도움을 청하자는 것입니다. 법신불 일원상이신 사은께 도움을 청한다는 것은 사은의 도가 마음속에 훤하게 드러나도록 하는 것입니다. 원만하신 법신불 사은이 내 마음에 하감하시고 응감하시는 것입니다.

그러기 위해서는 어리석은 무지와 이에 따라 괴로워하는 마음을 놓아버리고 원만한 사은에게 헌신하는 것입니다. 이 헌신 속에서는 일체의 어두운 무명과 아집에 의한 괴로움이 없게 됩니다.

괴로운 일을 당할 때는 사죄를 올리는 것입니다. 사죄를 올리는 그 기도하는 마음에는 일체의 죄가 텅 비게 됩니다. 사죄하는 마음, 참회하는 그 자리에는 죄성이 공空한 것입니다. 그리고 이렇게 참회하는 그 마음에는 보은의 길이 열려 있게 됩니다. 사은의 도가 마음에 선명해 집니다.

그리고 고통이 변해서 기쁨이 되는 기도를 하자는 것입니다. 역경이 순경이 되고 순경은 순경에 매몰되지 않게 하자는 것입니다. 역경에서 벗어나 순경이 되고 순경일 때는 간사하고 망령된 곳으로 가지 않도록 기도하는 마음에는 길흉이 없습니다.

이처럼 역경에서 순경이 되도록 기도하고 순경에서는 순경에 매몰되지 않기를 기도하면 순역을 초월하게 됩니다. 순역을 초월한 진리가 내 마음에 자리 잡게 됩니다. 왜냐하면 법신불이신 사은에 헌신하면 역경과 순경 바깥에 있게 되기 때문입니다.

그리하여 감사의 기도 속에 살자는 것으로, 즐거운 일을 당하면 감사의 기도를 올리자는 것입니다. 감사하는 기도에는 오직 감사가 됩니다. 원망과 감사의 분별이 떨어집니다. 감사로 헌신하는 마음에는 일체의 원망이 없는 것이며 오직 모시고 받드는 보은만 있게 되기 때문입니다. 원망의 반대인 감사가 아니라 일원상의 감사에 충만하게 됩니다. 법신불 일원상의 은혜에 목욕하게 됩니다.

소태산 대종사는 심고와 기도의 뜻을 잘 알아서 이 5종 기도를 정성으로써 계속하면 지성이면 감천으로 자연히 사은의 위력을 얻어 원하는 바를 이룰 것이며 낙 있는 생활을 하게 된다 하셨습니다.

사은의 위력은 사은의 도로써 천권天權입니다. 사은의 도인 천권을 체 받아서 실행하면 보은의 위력이 나타납니다. 이 보은에 모든 소원과 낙이 다 있으니 사은의 도를 알아서 이대로 보은만 하면 소원성취와 낙 있는 생활이 열리게 되는 것입니다.

월타원 송관은 교무는 이 소원성취와 낙 있는 생활에 대해 '항상 기쁨 속에 일하게 하시고 항상 희망 속에 살게 하소서' 또는 '항상 즐거웁게 일하게 하시고 항상 감사하며 살게 하소서'라고 노래하고 있습니다. 일은 보은이며 기도는 은혜에 응답하는 일입니다.

보은 감사의 기도생활이 바로 기쁨과 즐거움과 낙 있는 생활이며 소원의 희망이 이루어지는 삶이라 노래하고 있습니다. 은혜에 보은하면 소원이 이루어지는 것이며, 감사하며 살게 되는 것입니다.

사은님 사은님

송 관 은 작사
송 관 은 작곡

원음 산책

성가 131장 〈사은님 사은님〉을 듣노라면 담장을 타고 피어나는 넝쿨장미의 화사함을 느낍니다. 화사함이 담장을 타고 피어나듯 담장의 굴곡에 따라 피고 지고 가 넘실거립니다.

성가 131장은 첫 소절인 "사은님 사은님 법신불 사은님-"을 어떤 심정으로 부르냐에 따라 노래의 감정이 결정될 것입니다.

첫마디의 "사은님"을 간절함이 가슴 저 밑에서 올라오듯 낮으면서도 묵직하게 끌어올려서 다음 마디의 "사은님"으로 끌어올려야 할 것입니다.
그래서 사은님에 대한 간절함이 절정의 꽃피어남처럼 피어서 상쾌한 바람을 따라 흩날리듯이 셋째 마디의 "법신불 사은님-"으로 흘러 피어나게 불러야 할 것입니다.

그리고 다시 한 번 "사은님 사은님 법신불 사은님-"을 앞의 음색을 바탕으로 약간의 굴곡이 있는 변주로 번지도록 해야 할 것입니다.

마치 한지에 물이 번지듯이 넝쿨장미가 햇빛에 따라 꽃피우듯 간절한 신심이 꽃 피어 피어나도록 불러야 할 것입니다.

성가 131장은 6/8박자로 강-약-약-중강-약-약이므로 첫마디의 '사은님 사은님'의 경우 '사'를 강박으로, 그 다음 '사'를 중강으로 악센트를 주어 부르면 간절함이 증가될 것입니다.

그리고 전체적으로 붙임줄이 많이 사용되니, 음높이가 같은 두 음을 한 음처럼 가래떡을 빼듯이 유려하게 뽑아내는 것이 노래의 맛을 깊게 해 줄 것입니다.

또한 붙임줄이 6박이 되는데 이 6박을 챙겨서 이어 부르되 그 안에 쉼표가 있다 여기고 숨을 쉬어 부르면 여운이 있을 것입니다.

성가 131장 〈사은님 사은님〉은 월타원 송관은 교무의 작곡으로 원기75년(1990) 교화부에 의해 성가로 제정됩니다.

사 은님   사 은님   법신불사 은 님 —
사 은님   사 은님   법신불사 은 님 —

사 은 님   사 은 님   법신불사 은 님 —
사 은 님   사 은 님   법신불사 은 님 —

항상 밝은 빛

—

송관은 작사 / 작곡

1. 항상 밝은 빛 주시는 사은님
   내 영생을 이 공도에 바치옵니다
   어둠에 헤매는 사람을 위하여
   믿음이 없는 사람을 위하여
   이 생명 다하여 빛이 되도록
   기쁘게 정성 모아 바치렵니다

2. 항상 평화를 주시는 사은님
   내 영생을 이 회상에 바치옵니다
   일원의 법음이 울려 퍼져서
   모든 이웃이 빛을 얻도록
   이 생명 다하여 빛이 되도록
   기쁘게 정성 모아 바치렵니다

I

일원의 법음이
울려 퍼져서

월타원 송관은 교무는 원기26년(1941) 1월 25일 익산총부에서 주산 송도성 종사
와 청타원 박길선 종사의 5남 1녀 중 외동딸로 태어나 어린 시절을 정산·주산 종
사와 선진들의 알뜰한 보살핌을 받으면서 자연스럽게 전무출신의 서원을 키워나
갑니다. 청년시절은 원불교 중앙청년회 부회장을 할 정도로 활동에도 열심이었습
니다.

노래가 좋아 노래를 불렀고 음악이 좋아서 항상 음악 공부를 하였으며, 학교 또
한 음악과(경희대 음대 작곡과)에 진학합니다. "교화도 오직 음악으로 교화를 하
리라"는 꿈을 안고 음악 활동과 창작에 몰두하였으며, 음악계에서 활동하고 있는
많은 제자들을 양성합니다. (『법훈록』에서)

소태산 대종사께서 벼슬 관官, 은혜 은恩 '관은'이라는 법명을 월타원에게 주십니
다. 월타원은 벼슬 관官 자의 뜻에는 일꾼이라는 뜻이 있어 "너는 진리가 주는 영
원한 벼슬과 일꾼이 되거라. 그 영원한 벼슬과 일꾼은 원불교 교무이니 영생토록

이 공부 이 사업에 정성을 다하여서 절대로 변하지 않는, 진리가 주는 벼슬과 일꾼이 돼라."는 말씀으로 받들게 됩니다.

송관은 교무의 호적명은 송 은恩 외자로, 호적명이 외자가 된 사연은 출생 신고 당시 호적이 영광에 있어서 영산에 계시는 큰아버지 정산 종사께서 호적에 올리실 때 관官 자를 빼고 외자 은혜 은恩으로 올리셨기 때문이라고 합니다. (『나 길이 여기 살고 싶네』 중에서)

월타원은 평생을 음악으로 보은하고 교화하는 삶을 살게 됩니다. 원기95년(2010) 3월 퇴임을 앞두고 음악인생 50년을 정리한 『나 길이 여기 살고 싶네』를 발간하며 머리말에 "나의 인생을 한마디로 요약하면 '음악과 함께 한 보은의 삶'이었습니다. 원불교 교무로서 좋은 곡을 만들어서 세상과 원불교에서 받은 은혜에 보답하는 것이 내가 받은 사명이자 서원이었지요. …… 여기에는 전무출신의 삶을 예비해 주신 법신불과 대종사님의 음조와 '음악으로 교화하라'는 서원을 심어주신 어머니의 헌신적인 사랑과 동지들의 따뜻한 보살핌, 후진들의 날 없는 협력이 있었기에 가능한 일이었습니다. …… 대종사님 모신 이곳에서 법동지 손잡고 영생애기 꽃피우며 길이 살고 싶습니다."라고 일생을 회고합니다.

한마디로 음악으로 교화하고 음악으로 보은하며 음악으로 스승님들께 기쁨을 준 삶이었습니다.

기쁘게
정성 모아
바치렵니다

성가 132장 〈항상 밝은 빛〉의 1절 첫 소절인 '항상 밝은 빛 주시는 사은님'과 2절 첫 소절인 '항상 평화를 주시는 사은님'은 「법신불 사은」의 문학적인 신앙표현입니다.

월타원은 사은의 도道는 '밝은 빛'으로, 사은의 덕德은 '평화'로 달리 노래하고 있습니다. '항상 밝은 빛 주시는 사은님'은 사은의 도로써 천지은의 응용무념의 도이며, 부모은의 무자력자 보호의 도이며, 동포은의 자리이타의 도이며, 법률은의 불의를 제거하고 정의를 세우는 도라면, '항상 평화를 주시는 사은님'은 이 도로써 우리에게 상생상화의 평화를 주는 사은의 은덕이라는 것입니다. 평화는 은혜의 다른 버전인 셈입니다.

그러므로 법신불 사은은 도로써 우리의 마음에 은혜의 빛을 밝혀주고, 덕으로써 우리의 삶에 은혜로운 평화를 주시고 있는 것입니다.

그리고 '내 영생을 이 공도에 바치옵니다'와 '내 영생을 이 회상에 바치옵니다'는 월타원의 부친인 주산 종사의 출가송을 가로지르고 있습니다.

원기7년(1922)(음 11월 1일, 양陽 12월 18일), 16세 소년 주산 종사는 형 정산 종사의 안내로 변산 석두암에 주석하고 계시는 석두거사 소태산 대종사를 뵙고 출가 서원송을 올립니다.

"헌심영부 허신사계 상수법륜 영전불휴獻心靈父 許身斯界 常隨法輪 永轉不休 : 마음은 영부께 바치고 몸은 세계에 허락하겠나이다. 항상 법륜을 따라 길이길이 궁글려 쉬지 않겠나이다."라는 서원을 소태산 스승과 세상에 올리었던 것입니다.

사계斯界는 뒤에 세계世界로 고치게 되는데, 주산 종사가 서원올린 '헌심영부獻心靈父 허신사계許身斯界'는 월타원에게 이어져 사은 전에 '내 영생을 이 공도와 이 회상에 바치옵니다'는 신성의 감성으로 다시 그려집니다.

월타원은 이러한 헌심獻心과 허신許身을 구체적으로 밝히어 그 일에 매진할 것을 다짐하며, '일원의 법음'을 울리어서 '모든 이웃이 빛을 얻도록'까지 이 법을 퍼뜨리겠다고 노래합니다.

즉 사은의 은혜를 알지 못하는 무지의 어둠에 빠져 헤매는 사람과 또는 사은의 은혜에 등 돌리는 믿음 없는 사람을 보은의 세계, 믿음의 세계로 인도하기 위하여 마음을 바치고 몸을 던지겠다는 의지의 표현입니다.

특히, 소태산 대종사의 '일원의 법음'을 음악으로 울려 퍼지게 하여, 온 세상 사람들의 마음에 올바른 믿음의 울림이 스며들어 깨달음의 빛을 얻도록 하겠다는 서원의 노래입니다.

월타원은 이러한 심정을 '이 생명 다하여 빛이 되도록 기쁘게 정성 모아 바치렵니다'로 마무리하고 있습니다.

생명을 다하는 불석신명不惜身命의 마음으로 먼저 자신부터 그리고 모든 사람이 사은의 은혜에 '믿음의 빛' '보은의 빛'이 되어 보은자요 봉공인이 되도록 까지 기쁘게 정성 모아 헌심獻心·허신許身하겠다는 서원의 노래입니다.

항상 밝은 빛

송 관 은 작사
송 관 은 작곡

1.항 상 밝 은빛 주 시 는 사 은 님
2.항 상 평 화 를 주 시 는 사 은 님

내 영 생 을 이 공 도 에 바 치 옵 니 다 –
내 영 생 을 이 회 상 에 바 치 옵 니 다 –

어 – 둠 에 헤 매 는 사 람 을 위 하 여 –
일 – 원 의 법 음 이 울 – 려 퍼 져 서 –

믿 - 음이 없 - 는 사람을위하여 -
모 - - 든 이웃이 빛 - 을얻도여 -

이 생명 다 - 하여 빛 이되도 록 -

기 쁘게 정 성다해 바 치렵 니 다 -

3

원음 산책

성가 132장 〈항상 밝은 빛〉은 내림 마장의 차분하고 애조 있는 분위기이면서도 거룩하고 희열에 찬 기쁨의 노래입니다. 특히 제자리표(♮) 자리의 음은 의도적으로 좀 더 부드럽고 조화로운 음색을 요청하고 있습니다.

성가 132장의 분위기는 '항상 밝은 빛 주시는 사은님'을 벅찬 가슴으로 부르는데 포인트가 있다 할 것이다. 특히 '주시는'에서 감정을 정점으로 끌어올려 '사은님'으로 이어지게 하여 사은님을 믿어 받드는 심정으로 뭉치게 하는 것입니다.

그리하여 이 첫 소절의 기분을 그대로 끌고 가서 마지막 후렴에 귀결시켜 전개하는 것입니다. 마치 강 상류의 급류가 골짜기를 따라 흘러흘러 강 하구의 삼각주에 그동안의 여정을 풀어내는 것과 같다 할 것입니다.

성가 132장 〈항상 밝은 빛〉은 월타원 송관은 교무의 작곡으로 원기75년(1990) 교화부에 의해 성가로 제정되며, 처음 제목은 일생을 공도와 회상에 헌신하겠다는 '정녀선서의 노래'였습니다.

월타원은 삼소회 음악회의 지휘를 맡아 많은 감동을 주게 됩니다. 삼소회三笑會는 1986년 첫 모임을 가진 후 1988년 서울에서 세계장애자 올림픽이 열렸을 때 지원 음악회를 열어 친분을 쌓았던 원불교, 천주교, 불교의 여성수도자 모임입니다.

믿음은 우리의 집

—

송천은 작사 / 송관은 작곡

1. 믿음은 우리의 집 우리의 살 곳
   믿음 앞에는 어려움 없네
   믿음은 힘을 주는 용기의 근원
   믿음 앞에는 피로움 없네
   이 세상 모든 고통 공부 삼으니
   일마다 곳마다 기쁨이로세
   아~ 아~ 이 믿음 세상의 광명
   성불의 어머니 영생의 보배

2. 믿음은 우리의 집 우리의 살 곳
   믿음 앞에는 희망이 있네
   진리의 굳은 믿음 부처되었고
   아홉 분 굳은 믿음 바다 막았네
   진리의 빛이고자 세우신 서원
   믿음으로 일관하여 거울 되셨네
   아~ 아~ 이 믿음 세상의 광명
   성불의 어머니 영생의 보배

I

믿음은
우리의 집
우리의 살 곳

성가 133장은 융산融山 송천은 종사가 작사하고 동생인 월타원 송관은 교무가 작곡한 노래로, 남매간의 정이 배어 있는 곡이기도 합니다.

융산 송천은 교무는 주산 종사의 차남으로 원불교학 연구에 몰두하여 원불교학 성립에 큰 역할을 합니다. 특히 일원과 사은의 불일불이不一不二의 관계를 드러냄은 원융한 주장이라 할 것입니다.

성가 133장 〈믿음은 우리의 집〉은 믿음에 대한 감각감상으로 믿음의 심금을 울리고 있으며 믿음의 중요성을 노래하고 있습니다.

소태산 대종사는 『대종경』 신성품 7장에서 "도가에서 공부인의 신성을 먼저 보는 것은 신信이 곧 법을 담는 그릇이 되고, 모든 의두를 해결하는 원동력이 되며, 모든 계율을 지키는 근본이 되기 때문이니 신이 없는 공부는 마치 죽은 나무에 거름 하는 것과 같아서 마침내 결과를 보지 못 하나니라." 하셨습니다.

즉 믿음이 있어야 법을 담을 수 있고 의두를 해결할 수 있으며 계율을 지킬 수 있다는 것입니다. 죽은 나무에 거름 해봤자 소용없듯이 신이 없는 공부인은 죽은 나무와 같다는 것입니다.

『대종경』신성품 11장 말씀의 "봄바람은 사私가 없이 평등하게 불어 주지마는 산 나무라야 그 기운을 받아 자라는 것"처럼 "성현들은 사가 없이 평등하게 법을 설하여 주지마는 신이 있는 사람이라야 그 법을 오롯이 받아 갈 수 있는 것"과 같다는 것입니다.

이어서 "그러므로 그대들도 먼저 독실한 신을 세워야 자신을 제도하게 될 것이며, 남을 가르치는 데에도 신 없는 사람에게 신심 나게 하는 것이 첫째가는 공덕이니라." 덧붙여 가르쳐주시고 있습니다. 자신 제도나 타인 제도에 있어서 신이 근본이 된다는 것입니다.

융산의 부친인 주산 송도성 종사는 「회보」제34호 〈신앙과 수양〉이란 논설에서 "경에 일렀으되 '신심은 모든 공덕의 어머니가 된다.'고 하였습니다. 나는 그 말씀이 변동할 수 없는 진리라고 생각합니다. 믿음이 없이는 만사에 도저히 성공하지 못할 것입니다. 무엇을 믿든지 그것이 사마외도가 아닌 이상에는 지성으로 믿기만 하면 믿는 만큼 반드시 공효가 나타날 것이며 믿지 않느니 보다는 훨씬 나으리라고 생각합니다."라고 믿음의 힘을 역설하고 있습니다.

융산은 이처럼 소태산 대종사와 주산 종사의 가르침을 성가 133장에서 자신의 감각으로 다시 표현하고 있는 것입니다. 자기화한 것입니다.

2

소태산 대종사는 『대종경』 신성품 10장에서 구정九鼎 선사의 신성을 통해서 법을 받는 모델을 제시하고 있습니다.

구정 선사는 처음 출가하여 몹시 추운 날 솥을 걸라는 스승의 명을 받고 밤새도록 솥을 아홉 번이나 고쳐 걸고도 추호의 불평이 없으므로 드디어 구정이라는 호를 받고 중이 되었다고 합니다.

그 후 별다른 법문을 듣는 일도 없이 여러 십 년 동안 시봉만 하되 스승을 믿고 의지하는 정성이 조금도 쉬지 아니하였고, 마침내 스승의 병이 중하매 더욱 정성을 다하여 간병에 전력하다가 홀연히 마음이 열려 '자기가 스스로 깨치는 것'이 곧 '법을 받는 것'임을 알았다 합니다. 대종사는 법을 구하는 사람이 이만한 신성이 있어야 그 법을 오롯이 받게 된다 하십니다.

구정 선사는 스승을 모시는 한 마음에 일심 집중되어 일체의 사량 분별이 떨어지고, 마침내 나를 잊어버리는 경지에 들어 성품을 바로 보는 견성을 하여, 성품을 증득하는 결과를 가져옵니다. 구도에 대한 열정과 서원으로 스승을 모시는 것이 바로 화두가 되었던 것입니다.

구정 선사에게 있어 '스승에 대해 일체의 의심이 없이 오롯이 모시는 신성'이 바로 화두의 역할이 되었던 것입니다. 이 믿는 신성이 하나로 가득하여 신성 밖이 없는 신성으로 일심이 되었던 것입니다.

신성에 일체의 사념이 다 떨어졌고, 이렇게 믿고 있는 그 마음이 눈앞에 역력하게 드러난 것입니다. 이 믿는 마음을 회광반조廻光返照하여 그 믿고 있는 역력한 마음을 직관한 것입니다. 그 자리는 공적하면서 두렷한 영지가 구족해 있습니다. 이 자리에 대한 의심이 호리도 없게 되니 믿음은 의두를 해결하는 원동력이 되는 것이요 법을 담는 그릇이 되는 것입니다.

기도나 독경을 일심으로 하는 믿음 속에서 성품이 드러나는 것입니다. 믿고 있는 나를 회광반조하는 것으로, 기도하고 독경하고 있는 나를 돌이켜 직관하는 것입니다. 눈앞의 형상形相이 떨어지면 그렇게 기도하고 독경하는 본래의 내가 드러나는 것입니다.

이처럼 스스로 자기가 자기를 깨닫는 것이 법을 받는 것이라는 믿음이 확고하게 되면, 이것이 견성이요 또한 진정한 신뢰요 확신인 것입니다.

대산 종사는 "일원상 서원문을 지성으로 외우다 보면 언어가 끊어지고 심행처가 멸한 자리에 마음이 머물게 되는데 바로 그 자리가 적멸궁이요 열반락의 자리니라." 하시며 "부처님께서는 이 자리를 알아 '나 없으매 나 아님이 없는 자리無我無不

我'에 머무시나니 이것을 알면 세세생생 잘 살 것이요 모르면 맹인이 문고리를 잡았다가 놓쳐 버림과 같은지라 참으로 안타까운 일이니라."(『대산종사법어』 훈련편 21장) 하셨습니다.

융산의 동생인 월타원 송관은 교무는 성가 132장 〈항상 밝은 빛〉에서 사은 전에 '내 영생을 이 공도와 이 회상에 바치겠다'고 서원하고 있습니다. 성가 132장은 '정녀선서식'의 노래로, '이 생명 다하여 빛이 되도록 기쁘게 정성 모아 바치겠다'는 선서의 노래입니다. 이와 같이 진정으로 바치고 헌신하는 그 마음을 바로 직면하면 그 자리가 텅 비고 광명하며 원만구족하고 지공무사한 자리인 것입니다.

그러니 '아~ 아~ 이 믿음 세상의 광명'인 것입니다. 이 믿고 있는 나, 믿음이 훤하게 깨어있는 마음에는 광명이 찬란하게 빛나고 있는 것이며, 이 믿는 줄 알고 있는 마음은 원래 부처 자리로 시공을 초월한 '성불의 어머니 영생의 보배'입니다. 그 자리는 영생을 통해 불생불멸하는 보배인 것입니다.

소태산 대종사는 "삼보를 신앙하는 데에도 타력신과 자력신이 있는데, 이 두 가지는 서로 근본이 되므로 자력과 타력의 신앙을 아울러 나가야 하나, 공부가 구경처에 이르고 보면 자타의 계한이 없이 천지만물 허공법계가 다 한 가지 삼보로 화하게 된다."(『대종경』 신성품 8장)라고 하셨습니다.

이렇게 오롯이 믿는 신성 자체가 되면 일체의 형상이 다 떨어지고 믿는 마음의 광명한 영지가 그대로 드러나게 됩니다. 이 성품자체性體가 그대로 천지만물 허공법계로 드러나게 되는 것性現입니다.

신앙과 수행은 두 가지 방법으로 결론은 깨달음에 있는 것입니다. 사람에 따라 또한 상황에 따라 신앙의 방법이 효과적일 때가 있고 수행의 방법이 적절할 때가 있는 것입니다. 경우에 따라 사용하는 것이며 궁극은 깨달음에 이르러야 하는 것입니다.

원불교 초기교서인 『수양연구요론』의 「정전요론」에 신信이 십분十分이면 의疑가 십분이고 의疑가 십분이면 깨달음이 십분이 된다 했습니다.

십분十分이란 오롯이 전부가 된다는 것으로, 믿음이 오롯해지면 알려고 하는 탐구심이 그만큼 오롯해지고, 탐구심이 오롯해지면 결국 깨닫게 되는 것입니다. 이처럼 믿음과 깨달음은 직결되어 있습니다.

대산 종사는 "대종사께서 수행하신 경로는 서원 일심이요 신심 일심이요 수행 일심이라, 우리도 일심 정력으로 의심의 뭉치를 해결하여 큰 깨달음을 이루어야 하느니라. 대종사께서도 '내 이 일을 장차 어찌할꼬.' 하는 한 생각으로 입정 삼매에 들어 대각을 이루셨느니라."(『대산종사법어』 적공편 42장) 하셨으며, "큰 의심이 있어야 크게 정하여 크게 깨칠 수 있고, 하나의 큰 의심이 오롯한 생각으로 뭉쳐 만 가지 의심이 텅 빈 경지가 되어야 대원정각을 이루나니[大疑之下 必有大定大覺 一疑專念之下 萬疑俱空大圓正覺], 이 공부로 불이문不二門에 들기 바라노라."(『대산종사법어』 적공편 41장) 당부하고 있습니다.

결국 서원과 신심과 수행에 일심 정력으로 뭉치면 그렇게 일심하는 그 본래 자리를 깨닫게 되는 것입니다. 신앙과 수행, 그리고 깨달음은 하나입니다. 둘이 만나서 하나인 것이 아니라 본래 하나로써 타력으로 보면 신앙이요 자력으로 보면 수행인 것입니다. 지혜 속에 은혜가 있고 은혜 속에 지혜가 있는 것입니다. 지혜와 은혜가 하나이면서 둘인 것입니다.

믿음은 우리의 집

송 천 은 작사
송 관 은 작곡

상 모든 고통 공부 삼 으니 일 마
의 빛이 고자 세우신 서 원 믿음

다 곳마다 기 - 쁨 이로세 아 (후렴)
으로 일관하여 거 - 울 되 셨네

아 이 믿음 세상의 광 - 명 성불
의 어머니 영생의 보 - 배

3

원음 산책

성가 133장 〈믿음은 우리의 집〉의 반주를 듣노라면 두 춤꾼이 짝을 이뤄 우아하고 장중하게 빙글빙글 돌면서 춤추는 모습이 떠오릅니다. 춤 길을 따라 바람이 휘감아 도는 맛도 있으며 부드럽게 안으로 감싸 돌아드는 바람의 포근함이 있는 듯합니다.

음을 들으면 들을수록 느리면서도 장중하여 따스한 품에 안기는 기분으로, 믿음의 품에 안기어 편안하게 안주하는 행복감이 듭니다.

성가 133장 〈믿음은 우리의 집〉은 '믿음'이 파노라마처럼 연속적으로 이어지고 있으며, '믿음'의 한 장면 한 장면마다 다른 풍경을 펼치고 있습니다.

첫 '믿음'은 잔잔하게 전체적으로 바탕을 깔아주는 맛으로, 믿음이 흔들리지 않는 반석처럼 잔잔하면서 묵직하게 자리 잡고 있습니다. 이 '믿음'이라는 첫 소절에서 믿음의 전 과정을 녹여내야 할 것이며, 부드러우면서도 분명하고 흔들림 없는 묵직한 톤으로 밀고 나가야 할 것입니다.

이 첫 '믿음'에 바탕하여 그 위에 둘째 '믿음' 셋째 '믿음' 넷째 '믿음'이 연속적으로 겹겹이 이어집니다.

첫째 '믿음'은 편안한 안식처의 집처럼 바탕의 음색이라면 둘째 '믿음'은 그 안식처의 믿음을 이어주고 있고 셋째 '믿음'에서 믿음의 핵심을 타고 있습니다.

믿음은 힘을 주는 용기의 근원이기 때문입니다. 그러니 이 '용기의 근-원'에서 일체의 공포가 없는 그 자리에서 머물도록 해야 합니다. '근-원'에서 믿음의 실상인 본래 마음자리로 쭉 파고 들어야 할 것이며, 그래서 '근-원'의 '근'에서 '-원'으로 쭉 파고 들어야 할 것입니다. 이 근원을 파고드는 이 심정에 포인트가 있는 것입니다.

2절의 '진리의 굳은 믿음'은 '부처'를 이루게 하는 것으로, 이 '굳은 믿음'에 방점이 있습니다. 정말 믿음 이외에 바깥이 없는 심정으로 음을 타야 할 것입니다. 이러할 때 네 번째 '믿음'처럼 괴로움이 없고 '아홉 분 굳은 믿음'처럼 바다를 막을 수 있는 심정이 될 것입니다.

이 세상 모든 고통이 바로 믿음공부의 교재가 되어 그 속에서 기쁨이 이루어진다는 것입니다. 그러니 믿음에 흔들림이 없듯 안정적으로 부르는 노래 속에 기쁨이 찾아오는 것입니다.

끝으로 결론의 '믿음'으로 마무리하고 있습니다. '아~ 아~ 이 믿음 세상의 광-명

성불의 어머니 영생의 보-배'라 고조시키고 있습니다. 믿음을 궁극적으로 승화시키고 있으니 이 결론의 '믿음'은 온 정성을 다해 온 호흡을 다 모아서 솟구치게 불러야 할 것입니다.

성가 133장은 셋잇단음표가 8번이나 나옵니다. 셋잇단음표는 리듬에 변화를 주기 위한 것이므로 섬세한 리듬감을 살리고, 셋잇단음표와 함께 등장하는 변음도 유의해서 부르면 좋을 것입니다.

성가 133장 〈믿음은 우리의 집〉은 월타원 송관은 교무의 작곡으로 원기75년(1990) 교화부에서 성가로 제정됩니다.

이 믿음 세상의 광 – 명 성불

의 어머니 영생의 보 – 배

둥그신 임의 광명

—

김은준 작사 / 송관은 작곡

1. 둥그신 임의 광명 영원하여라
   따뜻한 임의 은혜 한량없어라
   이 마음 이 정성을 바치오리니
   그 광명 그 은혜를 내려주소서

2. 이 한 길 믿음으로 이어가리니
   영겁을 한결같이 힘을 주소서
   위없는 보은의 길 들어섰으니
   기쁨으로 살아가는 은혜주소서

I

둥그신 임과
영주_{靈呪}

성가 134장은 심산深山 김은준 교무가 작사한 노래입니다.

둥그신 임의 광명과 은혜를 간절히 염원하고 있는 기도문으로, 둥그신 임의 광명과 은혜를 받기 위해 온 마음과 정성을 바치겠다는 기도입니다.

김은준 교무는 흥이 있는 수행자로서 신앙수행의 흥, 보은 봉공의 흥, 정진적공의 흥을 즐길 줄 아는 공부인입니다. 이러한 모든 흥을 둥그신 임에게 표출하고 있는 것입니다. 심산은 신앙의 대상인 법신불 일원상을 둥그신 임으로 부르고 있는 것입니다.

둥그신 임은 법신불 일원상입니다. 이 일원상의 진리는 사은으로 드러납니다. 그러므로 둥그신 임은 법신불 일원상인 사은입니다. 감각적으로 사량되는 현상의 사은이 아니라 진리의 작용으로서의 사은입니다. 이 법신불 사은의 광명과 은혜를 갈구하고 있는 것입니다.

'이 마음 이 정성을 바치오리니'처럼, 바치는 마음에 일원상의 진리가 드러납니다. 그때 '그 광명 그 은혜를 내려주소서'의 바람顯이 눈앞에서 펼쳐지게 됩니다. 법신불 사은의 광명과 은혜가 확연히 드러나는 것입니다.

이 바치는 정성이 지극하면, 그 바치는 마음이 가득하여 원만圓滿하게 됩니다. 마치 물이 그릇에 따라 꽉 차 있듯이 바치는 마음에는 모자람도 넘침도 없는 원만한 자리입니다. 그래서 바치는 마음 이외가 없는 텅 빈 자리입니다. 이 바치는 마음에는 일체의 분별과 망상 그리고 고뇌가 다 떨어져 버리고 텅 비게 됩니다.

그러면서 이 텅 빈 마음이 그대로 찬란하게 빛납니다. 역력하게 온 천지만물이 그대로 두렷하게 드러나게 됩니다. 찬란한 드러남입니다.

바치는 마음과 천지가 하나가 되어 천지라 할 것도 없게 됩니다. 천지와 일체가 됩니다. 그러면서 천지의 도에 따라 천지의 덕이 나타나듯이 은혜로운 기운과 하나가 됩니다. 이 자리가 바로 일원상 자리로 둥그신 임입니다. 은혜와 하나가 된 피은의 자리입니다.

영주靈呪는 바로 이 '둥그신 임'의 은혜를 노래하고 있습니다. 영주의 '천지'는 진리의 화현으로 진리를 대표하는 자리입니다. 영주의 천지는 우주의 신령한 알아차림의 존재입니다. 우주적 공적영지입니다. 그러므로 영주의 천지는 일원상의 진리요 법신불이신 천지입니다.

바치는 정성과 마음에 영주의 천지영기아심정天地靈氣我心定이 자리 잡게 됩니다. 바쳐서 일체가 텅 비면 천지영기가 마음에 그대로 자리 잡게 됩니다. 마음과 천지가 구분되지 않는, 성품의 드러남이 바로 천지가 되는 것입니다.

그러니 그대로 바치는 마음에서 성품이 드러나고, 성품이 드러난다는 것은 천지의 도를 체 받는 신앙이 됩니다. 천지영기가 그대로 성품의 드러남이 되며 마음에 그대로 자리 잡게 됩니다. 아심정定은 천지의 도를 체받아 마음에 자리 잡도록 하는 '천지하감지위'의 '모심' 공부입니다.

소태산 대종사의 대각 기연이 되는 주역의 "대인여천지합기덕 여일원합기명 여사시합기서 여귀신합기길흉大人 與天地合其德 與日月合其明 與四時合其序 與鬼神合其吉凶"의 구절처럼 천지에 합일하는 천인합일天人合一이며, 대종사의 구도 과정에서 문득 떠올라 외우셨던 우주신 적기적기宇宙神摘氣摘氣 시방신 접기접기十方神接氣接氣의 주문과도 상통합니다. 온통 바쳐서 일체의 사념이 없이 도를 체 받는 것이 강신降神과 접신接神의 진리적 의미입니다.

이 마음 이 정성을 바치는 그 자리에 천지영기가 그대로 드러나 자리 잡게 되어定, 둥그신 임의 광명과 따뜻한 임의 은혜가 한량없게 됩니다.

피은被恩이 되는 것입니다. 법신불의 은혜가 드러나는 은혜를 입는 피은이 됩니다. 피은이 된다는 것은 은혜를 입는 것으로 은혜를 안다는 것입니다. 피은 되었다는 것은 지은知恩한다는 것입니다.

2

위없는 보은의 길 들어섰으니

'이 한 길 믿음으로 이어가리니'처럼, 믿음이 한 길로 이어가면, 이 믿는 마음에 천지의 도가 늘 안주하게 됩니다. 믿음으로 이어가는 한 마음에 천지의 도가 훤히 드러나게 됩니다. 바치는 마음에 도가 살고 있는 것이 됩니다. 법신불의 은혜가 드러나는 것입니다. 은혜를 입는 것입니다. 피은이 됩니다.

피은이 된다는 것은 법신불의 은혜를 안다는 것입니다. 은혜를 입은 줄 훤히 드러나는 것입니다. 그러니 이 은혜에 보은할 길을 찾게 됩니다. 피은 된 줄을 알아 만사에 보은하는 것입니다. 만사여의아심통萬事如意我心通이 되는 것입니다. 지은 보은하게 됩니다. 만사를 작용할 때 은혜를 알아서 은혜를 생산하게 됩니다. 천지 영기를 내 마음에 정定하여 만사를 작용할 때에 천지의 도道 대로 실행하는 여의주가 내 마음에 막힘없이 통하게 된다는 것입니다.

'이 한 길 믿음으로 이어가리니'처럼 둥그신 임에게 바치는 정성을 이어가면 둥그신 임의 광명과 은혜가 늘 역력히 내 마음에 자리하게 됩니다. 바치는 마음에 둥그신 임이 드러나기 때문입니다.

그러니 우리는 '위없는 보은의 길 들어섰으니'처럼 바친다는 것은 둥그신 임의 모습인 그 광명과 그 은혜를 체 받아서 그 길대로 따르는 것입니다. 이것이 바로 위없는 보은의 길입니다. 더 이상의 다른 것이 없는 보은의 길입니다. 이 보은의 길만 닦아나가면 '기쁨으로 살아가는 은혜'가 되는 것입니다.

위없는 보은의 길은 보은만 하자는 것으로 배은은 하지 않겠다는 원력입니다. 이러한 원력의 신심에는 천지여아동일체天地與我同一體가 되는 상태입니다. 둥그신 임의 나툼인 천지와 내가 한 몸이 됩니다. 동일체가 됩니다. 천지는 성품의 천지입니다. 천지여아동일체가 되어 늘 천지처럼 은혜만 생산하여 '아여천지동심정我與天地同心正'이 됩니다. 동심정은 보은입니다. 늘 보은의 바른 길正로만 들어서서 기쁨으로 살아가는 은혜가 되는 것입니다.

이처럼, 우리가 천지의 도를 체 받아 실행하면 천지와 내가 둘이 아니요 내가 곧 천지요 천지가 곧 내가 되는 천지여아동일체天地與我同一體가 됩니다. 천지와 내가 하나로 한 몸이 되는 것입니다. 둘의 합체가 아니라 천지와 나의 구분이 없는 무경계無境界로, 마음과 신령한 천지가 분리되지 않는 인심人心이 천심天心이 되는 것입니다.

결국 천지의 도를 그대로 체 받아 실행함으로써 천지 같은 위력과 천지 같은 수명 그리고 일월 같은 밝음을 얻어 천지와 한 마음이 되어我與天地 바르게 된다는 것입니다.同心正

천지는 공적하여 직접 복락은 내리지 않더라도 천지에 보은하면 인천대중과 세상이 우대하는 천지보은의 결과가 있고, 천도天道를 본받지 못하여 배은하면 천벌의 죄해가 있게 되는(『정전』천지배은의 결과) 이것이 바로 아여천지동심정我與天地同心正입니다.

영주는 천지의 도를 체 받아 그 은혜에 보은하는 진리 불공이요 실지불공법입니다.

'둥그신 임의 광명'과 '따뜻한 임의 은혜'는 바로 일원상의 광명이며 은혜입니다. 이 은혜와 광명을 품어서 보은의 길에 나서자는 것입니다.

둥그신 임의 광명

김 은 준 작사
송 관 은 작곡

1.둥 그 신 님 의 광 명 영 원 하 여 라 니 따 뜻
2.이 한 길 믿 음 으 로 이 어 가 리 니 영 겁

한 님 의 은 혜 한 량 없 어 라 이 마
을 한 결 같 이 힘 을 주 소 라 서 위 없

음 이 정 성 을 바 치 오 리 니 그 광
는 보 은 의 길 들 어 섰 으 니 기 쁨

명 — 그 은 혜 를 내 려 주 소 서
으 로 살 아 가 는 은 혜 주 소 서

3

원음 산책

성가 134장 〈둥그신 임의 광명〉의 반주를 듣노라면, 잔잔한 호수에 파문이 일어 동심원을 그리며 퍼져나가는 물결처럼 음의 울려 퍼짐이 그윽합니다.

공간을 은은하게 채우듯 마음을 가득히 채웁니다. 충만함 같은 감정이 그득 채워져 넘쳐나는 감입니다.

첫 소절의 '둥그신 임의 광명'은 잔잔히 깔리는 소리에서 웅장히 치고 올라가는 맛이 있습니다. 둥그러운 기운이 온 마음을 꽉 채우듯 저 심연에서부터 차오르면서 천지로 뻗어나가도록 불러야 할 것입니다.

'따뜻한 임의 은혜'가 한량없도록, 따뜻한 기운을 모으듯이 음들을 세심히 품어 부르면 좋을 것입니다.

그래서 이 곡의 정점인 '이 마음 이 정성을 바치오리니'로 전개시켜야 합니다. 온 마음과 정성을 바쳐서 '그 광명 그 은혜'가 내려지도록 간절히 불러야 할 것입니다.

2절의 '위없는 보은의 길 들어섰으니'를 부를 때는 언제 어디서나 보은만 하겠다는 서원이 하늘을 치솟듯이 영생을 일관하도록 서원 일념으로 불러야 할 것입니다. '보은의 길'의 셋잇단음표의 삼연음의 리듬을 잘 살려야 보은의 감정이 우러날 것입니다.

성가 134장은 못갖춘마디로 시작하며, 각 소절마다 나오는 셋잇단음표의 음의 리듬감을 세심하게 살려서 불러야 할 것이며 올림표인 샤프(♯)와 내림표인 플랫(♭) 제자리표인 내추럴(♮)에 따라 반음 올리고 내리는 등의 변음을 또한 세심히 부르면 노래의 맛이 더욱 깊어질 것입니다.

성가 134장 〈둥그신 임의 광명〉은 월타원 송관은 교무의 작곡으로 원기75년(1990) 교화부에서 성가로 제정됩니다.

고요한 법당

—

백인혁 작사 / 송관은 작곡

1. 고요한 법당 둥그신 임이시여
   마음과 몸을 닦고 두 손을 모읍니다
   사무친 서원 일념 촛불이 되어
   영겁을 하루같이 살으오리다

2. 온누리 가득한 둥그신 임이시여
   믿음과 정진으로 두 손을 모읍니다
   고요하고 밝은 마음 샘물이 되어
   영겁을 하루같이 살으오리다

두 손을
모읍니다

성가 135장 〈고요한 법당〉은 인산印山 백인혁 교무가 작사한 노래입니다.

백인혁 교무는 완도 소남훈련원으로 첫 교무 발령을 받은 후 선禪에 정진을 하게 됩니다. 선에 정진하다 보니 어느덧 다리 아픈 줄도 모르게 오랜 시간 정진을 하게 되고 나중에는 붓글씨를 쓴다든지 산에 올라 나무를 한다든지 하는 일 등을 하게 되어도 훌쩍 시간이 지나가는 삼매 상태가 깊어지게 됩니다. 더불어 법당을 돌면서 기도문을 외우다 보면 기도삼매에 흠뻑 몰입하는 낙도생활을 경험하게 됩니다. 이후 일심삼매와 기도삼매를 계속 이어 오면서 내가 부처가 되는 것과 부처님을 모시는 것이 하나라는 감상이 깊어지게 됩니다.

이 성가는 백인혁 교무가 이러한 일심삼매와 기도삼매를 통해 얻게 된 감상을 총부에서 자전거를 타고 가다 써 내려간 감각감상입니다.

성가 135장 〈고요한 법당〉은 고요한 법당에 모셔 있고 온누리에 가득한 '둥그신 임'에게 두 손을 모으는 진리 불공을 표현하고 있습니다. '둥그신 임'은 법신불 일원상입니다. 이 일원상은 법당에도 모셔져 있고 내 마음에도 모셔 있고 우주 전체에 가득하신 진리입니다. 이를 작사가 백인혁 교무는 '둥그신 임'으로 모시고 있습니다.

소태산 대종사는 융타원 김영신 선진의 불공법에 대한 질문에 실지 불공과 진리 불공에 대해 구체적인 법문을 『대종경』 교의품 16장에서 해주시고 있습니다.

김영신金永信이 여쭙기를 "사은 당처에 실지 불공하는 외에 다른 불공법은 없나이까." 대종사 말씀하시기를 "불공하는 법이 두 가지가 있으니, 하나는 사은 당처에 직접 올리는 실지 불공이요, 둘은 형상 없는 허공 법계를 통하여 법신불께 올리는 진리 불공이라, 그대들은 이 두 가지 불공을 때와 곳과 일을 따라 적당히 활용하되 그 원하는 일이 성공되도록 까지 정성을 계속하면 시일의 차이는 있을지언정 이루지 못할 일은 없으리라."

또 여쭙기를 "진리 불공은 어떻게 올리나이까." 대종사 말씀하시기를 "몸과 마음을 재계齋戒하고 법신불을 향하여 각기 소원을 세운 후 일체 사념을 제거하고, 선정禪定에 들든지 또는 염불과 송경을 하든지 혹은 주문 등을 외어 일심으로 정성을 올리면 결국 소원을 이루는 동시에 큰 위력이 나타나 악도 중생을 제도할 능력과 백 천 사마라도 귀순시킬 능력까지 있을 것이니, 이렇게 하기로 하면 일백 골절이 다 힘이 쓰이고 일천 정성이 다 사무쳐야 되나니라."

결국 진리 불공의 방법은 심신 재계와 소원 세우기와 사념제거 그리고 일심 정성의 4가지가 중요한 포인트가 됩니다. 진리는 법신불 일원상입니다. 그러므로 진리 불공은 형상 없는 허공법계를 통해 법신불 일원상 전에 올리는 것이며, 이때 올리는 제물이 바로 심신 재계와 소원 그리고 사념제거 일심 정성입니다.

다음은 융타원 김영신 교무의 구도역정의 구도담으로, 초기교단의 기도 모습을 을 살펴볼 수 있습니다. 소태산 대종사는 기도할 때 사심이 없도록 하는 것을 가장 중요하게 지도하고 있습니다.

구룡헌 대강당 공회당에서는 아침 좌선, 예회, 야회 외에도 특별히 날을 잡아 기도를 드리기도 하였다. 기도 때는 저녁 시간을 잡았고, 방 한가운데 상 위에 청수清水동이를 놓고 양가에는 촛불 두 개 켜놓고 그것을 중심으로 둘러앉았다. 남자부와 여자부는 상호 반대 위치에서 마주 보고 각자의 단별 방위를 따라 자리 잡아 앉았다.

이 기도식에는 대종사 친히 좌정하시어 기도 알리는 죽비를 딱 치면 우리는 일제히 방위별로 옥추보경玉樞寶經을 소리 내어 외웠다. 단별 시방의 단원들이 외우는 경문은 각기 경문이 달랐다. 봉사 경문 외우듯 한다는 말처럼 제각기 다른 독경으로 방안은 장바닥처럼 시끄러웠다. 정신을 바짝 차리고 외우지 않으면 다른 구절과 섞갈렸다. 그러므로 우리들은 자연 일심을 가누어 독경하지 않을 수 없었다. 우리는 꼭 기미년 간척사업 준공 후 백일기도를 하던 구인선진이나 된 심경으로 이 기도에 온 정성을 들였다.

"천존님 말씀하사 천존이라 하심은 대자하심으로 천존대성이라 하시니 중생의 아비가 되고 만령의 스승이 되며 이제 모든 하늘이 다 어질게 보나니라"하고 외우는 사람도 있었고, "신명한 우레 할아버지 임금이요 아홉 하늘 크게 화한 임금이라도를 말하며 아홉 봉우리를 밟고 법을 가지고 기린을 타나니라", 아예 첫머리부터 시작하는 방위도 있으며, "천존이 말씀하사되 도道란 자는 정성으로써 지키며 부드러움으로써 쓰나니 정성을 쓰매 어린 것 같고 묵묵함을 쓰매 굴한 것 같으니 대범 이같이 한즉 더불어 얼굴을 잊을 것이요 가히 더불어 나를 잊을 것이요..."

옥추보경 중의 주요 부분을 외는 이도 있었다. 아무튼 우리는 이 기도에서 많은 심력을 얻은 것은 사실이다. 나도 이때 어쩐지 힘을 얻은 것 같이 여겨졌다. 생각하면 다 대종사님의 크신 위력을 입은 것이 아닌가 여겨진다.(『구도역정기』 295~6쪽)

이 일화에서 중요한 포인트는 소태산 대종사께서 기도할 때 일심을 가누어 독경하지 않을 수 없도록 방편을 쓰고 있다는 것입니다. 기도의 핵심은 사심 없이 일심 정성을 들이대는 것이라 할 것입니다. 융타원 선진도 이 기도에서 심력을 얻게 되는데 그 핵심은 바로 사심 없는 일심 정성에 있었던 것입니다.

'마음과 몸을 닦고 두 손을 모읍니다' '믿음과 정진으로 두 손을 모읍니다' 이 노랫말에 진리 불공의 핵심이 다 들어있는 것입니다. 심신 재계와 사념이 없는 믿음 그리고 일심으로 정성을 올리는 정진으로 두 손 모아 소원을 세우는 것이 바로 진리 불공인 것입니다.

『대종경』 교의품 16장의 "몸과 마음을 재계齋戒하고 법신불을 향하여 각기 소원을 세운 후"를 작사가 백인혁 교무는 '사무친 서원 일념 촛불이 되어'라는 문학적 표현으로 승화시키고 있습니다.

그리고 "일체 사념을 제거하고, 선정禪定에 들든지 또는 염불과 송경을 하든지 혹은 주문 등을 외어 일심으로 정성을 올리면"을 '고요하고 밝은 마음 샘물이 되어'라고 아름답게 표현하고 있습니다.

사념이 없는 마음은 고요한 마음이며 일심으로 정성을 올리는 마음은 밝은 마음으로 샘물처럼 청정한 것입니다. 성품의 천지가 확연히 드러나게 되는 것입니다.

2

영겁을
하루같이
살으오리다

진리 불공의 핵심은 고백에 있습니다. 고백告白은 아뢰고 사뢰는 것입니다. 마음 그대로를 법신불 사은 전에 바치는 것입니다.

이 고백 의식에 제물이 필요합니다. 그 제물은 제계齊戒와 소원 세우기와 사념제거 그리고 일심 정성입니다. 『대종경』교의품 16장 말씀처럼 계문을 지켜 심신을 가지런히 하고, 소원을 세우며, 선정·염불·송경·주문 등을 일심으로 외워 사념을 제거하고 정성을 올리는 것입니다. 고백은 진실이며 일심입니다. 자신을 있는 그대로 드러내는 투명한 공개입니다.

우리는 원망이 있고 서운함이 있으면 내 편을 찾아 전화통을 붙잡고 그곳에 마구 쏟아냅니다. 중생끼리 고백하면 사단이 생기고 중생심만 증폭됩니다. 이것은 고백이 아닙니다. 이것은 토설이요 오바이트입니다. 고약한 냄새를 풍깁니다. 우리는 이것을 조심해야 합니다.

진리는 지공무사至公無私한 기운으로 공정하게 응합니다. 그러기 때문에 정성에 대해 감응합니다. 메아리처럼 응답하는 것입니다. 허공법계를 통해서 법신불께 무선통신의 전화를 하여 법신불 사은 전에 고백의 대화를 해야 합니다. 욕심을 투사하는 것이 아니라 마음을 진실하게 그대로 고하고 사뢰면 됩니다. 이렇게 고백하면 마음과 기운이 소통되어 위로와 안정 그리고 밝은 지혜가 생깁니다. 문제가 풀리고 해소됩니다.

이 심고와 기도하는 마음 상태는 일기를 기재할 때의 마음과 통하며 선정禪定도 됩니다. 허공법계의 노트에 하루를 돌아보아 작업시간과 유무념을 반성하고, 혜시와 혜수를 체크하여 감사와 보은을 다짐하며, 심신작용처리와 감각감상을 고백하면 법신불 전에 정기일기를 기재하는 것이 되며 정定 공부의 지름길이 됩니다. (『정산종사법어』 권도편 14장)

이렇게 법신불 사은 전에 고백하면 낙 있는 생활을 하게 됩니다. 그런데 낙 있는 생활을 멀리서만 찾으면 증거 하기가 어렵습니다. 가까운 것에서부터 먼 곳으로 가야 됩니다. 이 심고와 기도의 효과는 개과천선改過遷善에서부터 시작됩니다.

악한 마음이 자주 일어나 없애기 힘들 때나 과거의 습관으로 악을 자주 범할 때는 고해苦海입니다. 이런 고의 생활을 정성스럽게 법신불 사은 전에 실심으로 고백하고 선행을 지성으로 발원하면 개과천선이 되어 낙 있는 생활을 하게 됩니다. 이것이 심고와 기도 생활의 가까운 증거입니다. (『대종경』 교의품 17장)

이 개과천선으로부터 진리의 위력인 천권을 잡는 데까지 나가야 합니다. 천권天權은 바로 사은의 도道입니다. 사은의 도를 체 받아서 보은하면 삼계의 대권을 행사할 수 있습니다. 천지 같은 위력을 발휘할 수 있는 것입니다. (『대종경』 교의품 17장, 불지품 13장) 이렇게 되기 위해서는 일천 정성이 사무쳐야 되며(『대종경』 교의품 16장) 거짓

없는 심고와 기도가 되어야 합니다. (『정산종사법어』 권도편 19장)

　이럴 때 '영겁을 하루같이' 살 수 있습니다. 영겁이라는 생각도 하루라는 생각도 다 성품 앞에 나타나는 형상形相입니다. 이런 분별을 다 떨구면 시공을 초월한 한마음이 드러납니다. 일념이 만년이 됩니다. 일념이 짧다는 분별도 만년이 길다는 분별도 없이 순간순간을 오롯이 살게 됩니다. 일심 정성으로 일관하게 됩니다.

고요한 법당

백 인 혁 작사
송 관 은 작곡

1.고 요 한 법 — 당 둥 그 신 님 이 시 여 마 음
2.온 누 리 가 — 득 한 둥 그 신 님 이 시 여 믿 음

과 몸 을 닦 고 두 손 을 모 읍 니 다 사 — 무
과 진 정 으 로 두 손 을 모 읍 니 다 고 요 하

친 서 원 일 념 촛 — 불 이 되 — 어 영 겁
고 맑 은 마 음 샘 — 물 이 되 — 어 영 겁

을 하 루 같 이 살 으 오 — 리 — 다
을 하 루 같 이 살 으 오 — 리 — 다

3

원음 산책

성가 135장 〈고요한 법당〉의 반주를 듣노라면, 법당을 가득 울리는 웅장하면서도 충만한 기운을 느끼게 됩니다.

공명되는 공간의 울림에 따라 호흡도 따라서 깊어지고 아울러 깊은 명상에 빠져들게 됩니다.

이런 공명되는 울림에 따라 명상이 깊어지듯이 성가 135장 〈고요한 법당〉은 마음에 울림이 생기도록, 첫 음인 '고요한 법--당'은 고요하면서도 법당이 가득 차도록 음색을 내야할 것입니다. '고요한'의 음색이 조용하면서 차분하다면 '법—당'의 음색은 굵으면서도 꽉 차도록 내야 할 것입니다.

'두 손을 모읍니다'는 마치 소리가 합장을 하듯이 노래에 압축미가 있어야 할 것입니다. 두 손을 모으는 합장에 성가 135장이 완성되기 때문입니다.

그래서 '사무친 서원 일념'이 '촛-불'이 되도록, 촛불이 불타오르듯 감정을 끌어올려야 할 것입니다. 또한 '고요하고 밝은 마음'이 '샘-물'이 되도록, 맑고 밝게 샘-물이 되도록 감정을 정화시켜야 할 것입니다.

이런 감정의 정화를 '영겁을 하루같이 살으오-리-다'로 이어지게 하여 이 순간에 충실하도록 노래하면 좋을 것입니다. 시공을 초월한 마음으로 노래하자는 것입니다.

성가 135장은 못갖춘마디로 시작하며, 부점附點의 악센트를 잘 살려 노래해야 하며, 각 소절마다 있는 셋잇단음표의 음의 리듬을 잘 타야 할 것이며, 제자리표(♮)와 내림표(♭)의 변음에 따라 평이한 음색이 매력적으로 바뀌게 되는 점을 유의해야 할 것입니다.

성가 135장 〈고요한 법당〉은 월타원 송관은 교무의 작곡으로 원기75년(1990) 교화부에 의해 성가로 제정됩니다.

진리는 하나

—

김대거 작사 / 김동진 작곡

진리는 하나, 세계도 하나
인류는 한 가족, 세상은 한 일터
개척하자. 하나의 세계
진리는 하나, 세계도 하나
인류는 한 가족, 세상은 한 일터
인류는 한 가족, 세상은 한 일터
개척하자. 하나의 세계
개척하자. 하나의 세계

진리는 하나
세계도 하나,
인류는 한 가족
세상은 한 일터

"진리는 하나 세계도 하나, 인류는 한 가족 세상은 한 일터"(이후 '하나송'이라 약칭)은 대산 종사의 전법의 시작이요 마무리입니다. 교단 반백년 기념대회의 주제가를 필두로 「기원문 결어」에 이르는 제생의세의 노래였던 것입니다.

이 '하나송'은 소태산 대종사의 일원주의와 정산 종사의 삼동윤리에 맥을 대어 연하고 있으며, 하나의 세계는 일원주의이며 삼동윤리의 대세계주의입니다.

교단이 반백주년 행사 준비로 온 힘을 기울이고 있을 때 대산 종사는 총부와 가까운 익산 금강리에 주석하십니다. 이때 대산 종사는 반백주년 주제인 '진리는 하나 세계도 하나 인류는 한 가족 세상은 한 일터 개척하자 일원세계'라는 염원을 단련하십니다. 어느 날 정성을 모아 한글로 쓴 '하나송'을 시봉인인 시타원 이혜선 교무에게 줍니다. 이 과정에서 이 '하나송'을 주변 제자들이 보고서 반백주년 주제로 사용하기를 청하게 됩니다. 아마 대중이 합력하길 바랐던 대산 종사의 방편인 듯합니다. (주성균, 『큰 산을 우러르며』) 이에 대산 종사의 '하나송'은 반백주년기념 주제가로 선포됩니다.

당시의 상황을 『원불교 교사』를 통해 살펴보겠습니다.

"원기56년(1971) 10월 7일부터 6일 동안 새 회상은 대종사께서 예시하신 사 오십 년 결실의 뜻을 되새겨 다지는 개교반백년 기념대회를 열었다. 대산 종법사의 제 창으로 「진리는 하나, 세계도 하나, 인류는 한 가족, 세상은 한 일터, 개척하자 일 원세계!」라는 주제 아래 열린 이 기념 대회는, 7일에, 대종사 유품 전시회, 영모전 낙성 및 묘위 봉안 봉고제, 정산종사성탑 제막식, 대회 전야제를 거행하고, 8일에, 반백년 기념관 봉불 및 낙성식을 거행한 후, 원광대학 광장에서 반백년 기념식을 거행하였다."

대산 종사는 '하나송'에 대한 구체적인 부연법문을 하십니다.

"대산 종사, 원기56년 10월 8일 개교반백년 기념대회를 맞아 '진리는 하나 세계 도 하나 인류는 한 가족 세상은 한 일터 개척하자 하나의 세계'를 천명하고 말씀하 시기를 「진리가 하나임을 깨달아 모든 종교가 한 집안을 이루어 서로 넘나들고 융 통해야 할 것이요, 세계가 하나임을 깨달아 모든 인종과 민족이 한 가족을 이루어 서로 친선하고 화목할 것이요, 세상이 한 일터 한 일임을 깨달아 세상을 경영하는 모든 지도자들이 한 살림을 이루어 서로 편달하고 병진해야 할 것이니라.」"

(『대산종사법어』 경세편 11장)

대산 종사는 대사식의 마무리로 '하나송'을 천명합니다.

"끝으로 대종사님과 정산 종사님의 경륜을 받들어 그동안 제창해 온 나의 염원 을 다시 천명하는 바입니다. 진리는 하나 세계도 하나, 인류는 한 가족 세상은 한 일터, 개척하자 하나의 세계."(『대산종사법어』 회상편 57장)

대산 종사는 이 '하나송'은 종법사로서의 중생 제도하는 교화의 중심내용이었으며 종법사를 마무리 짓는 대사식의 결론도 이 '하나송'이었으며 상사上師로 계시며 소요 자재하는 중에도 모든 생령에게 이 '하나송'을 염원하였으며 열반의 게송도 '하나송'이었던 것입니다. 대산 종사 열반과 함께 이제 '하나송'은 '하나 게송'이 된 것입니다.

2

개척하자 하나의 세계

   '하나송'에서 〈일원의 세계〉가 〈하나의 세계〉로 변경됩니다. 일원의 뜻을 잘 모를 것 같다는 대중의 의견을 수용하시어 '일원'을 '하나'로 알기 쉽게 고치신 것입니다. 하나의 세계로 선포하신 때는 대산 종사께서 원기70년(1985) 신년법문과 함께 네 가지 기원문을 대중들에게 공개하며 다 함께 "진리는 하나 세계도 하나 인류는 한 가족 세상은 한 일터 개척하자 하나의 세계"를 건설하자고 선포하십니다.(주성균, 『큰 산을 우러르며』) 이후로 일원의 세계는 하나의 세계로 불리게 됩니다.

   대산 종사는 이 '하나송'을 다양한 교화의 전법 방법으로 활용하십니다. 대세계관의 내용으로 사용하여 세계윤리의 방향을 제시합니다.

   "대세계관이란 이 세계는 인류와 일체 생령이 함께 사는 큰 집임을 알아야 할 것이다. 사생이 내 몸이요, 시방을 내 집 삼아 동척사업을 하되 불법을 활용하고 무아봉공하여 전 인류가 공생공영하는 길로 나아가야 되겠다. 진리는 하나, 세계도 하나, 인류는 한 가족, 세상은 한 일터이니 이 사대관의 실현으로 일원세계를 개척

하여 이 지상에 한량없는 낙원세계를 건설해야 하겠다."(『대산종사법문』 1집)

이런 대세계주의의 내용인 '하나의 세계'의 일환으로 대산 종사는 세계평화 3대 제언을 제시합니다.

원기69년(1984) 한국천주교 200주년 기념식 때, 교종 요한바오로 2세가 내한하였을 때 대산 종사는 한국 종교대표로 교종에게 환영사를 하게 됩니다. 이때 〈하나의 세계〉 건설의 구체적인 방법인 심전계발의 훈련, 공동시장 개척, 종교연합기구 창설의 '세계평화 삼대제언'을 제안하며 그 주제 노래인 '진리는 하나 세계도 하나 인류는 한 가족 세상은 한 일터 개척하자 하나의 세계'를 주창합니다.

대산 종사는 이 '하나의 세계' 건설을 위해 세계평화3대 제언을 제시합니다. 심전계발운동, 공동시장개척, 종교연합운동으로, 결국 하나의 세계는 평화의 세계이며 이 평화의 구체적 방법으로 이 세 가지를 전개하신 것입니다.

또한 대산 종사는 교명을 이 '하나송'으로 설명합니다.

"대산 종사, '교명'에 대해 말씀하시기를「'원圓'은 곧 하나라는 뜻이니 진리는 하나 세계도 하나 인류는 한 가족 세상은 한 일터임을 알자는 것이요, '불佛'은 불생불멸·인과보응의 진리를 깨쳐 소유하는 주인이 되자는 것이요, '교敎'는 하나의 진리를 깨달아 하나의 가족 하나의 세계를 건설해 평화로운 세상이 되도록 가르치고 깨우치자는 것이니라.」(『대산종사법어』 교리편 9장)

그리고 대산 종사는 이 '하나송'이 삼세의 전법게송을 관통하는 소태산 대종사의 '일원대도'와 이를 이어받은 정산 종사의 '삼동윤리'로 맥을 통하고 있음을 강조하고 있습니다. 일원주의가 삼동윤리로, 삼동윤리는 대세계주의로 이어진 것입니다.

"대산 종사, 시자에게 과거칠불과 삼삼조사卅三祖師의 게송을 설명하게 하신 후 말씀하시기를「우리가 과거 부처와 조사들의 게송을 공부하는 뜻은 대종사와 정산 종사께서 이 전법 계송을 많이 보시고 그 뜻을 전부 통하셨으므로 원시반본하는 때를 만난 우리도 다시 이 공부를 하자는 것이니라. 대종사와 정산 종사께서는 과거칠불과 삼삼조사께서 밝혀 주신 불일佛日을 거듭 밝혀 일원 대도를 천하에 공포하셨나니, 대종사께서는 '유는 무로 무는 유로, 돌고 돌아 지극하면, 유와 무가 구공이나, 구공 역시 구족이라.'는 게송으로, 정산 종사께서는 '동원도리同源道理 동기연계同氣連契 동척사업同拓事業'의 삼동윤리로, 나는 '진리는 하나 세계도 하나, 인류는 한 가족 세상은 한 일터, 개척하자 하나의 세계'라는 표어로 그 법맥을 잇고자 하노라.」"(『대산종사법어』 동원편 23장)

대산 종사의 '하나송'은 일원대도를 이어받은 삼동윤리와 맥이 같은 것임을 알수 있습니다.

"말씀하시기를「진리가 하나임을 깨달아 모든 종교가 한 집안을 이루어 서로 넘나들고 융통해야 할 것이요, 세계가 하나임을 깨달아 모든 인종과 민족이 한 가족을 이루어 서로 친선하고 화목할 것이요, 세상이 한 일터 한 일임을 깨달아 세상을 경영하는 모든 지도자들이 한 살림을 이루어 서로 편달하고 병진해야 할 것이니라.」"(『대산종사법어』 경세편 11장)

성가 75장 〈삼동윤리가〉의 노랫말인 "이 세상 교회마다 여러 도리 일러오나 본래는 동원도리 한 근원 한 이치라" "이 세상 모든 생령 여러 갈래 되었으나 실상은 동기연계 한 집안 한 겨레라" "이 세상 사업마다 여러 분야 갈렸으나 필경은 동척

사업 한 일터 한 일이라"와 그 본의와 경륜이 함께 하고 있는 것을 볼 수 있습니다.

성가 75장 〈삼동윤리가〉는 '일원세계 건설하자'로 결론짓고 있습니다. '하나송' 원문인 "개척하자 일원의 세계"의 근거는 바로 이 삼동윤리에 있었던 것입니다. 삼동의 한가지 동同을 대산 종사는 '하나'로 다시 읽기 하신 것입니다.

이를 대산 종사는 하나一와 열多의 관계로 부연하고 있습니다.

"대산 종사 말씀하시기를 「일원은 공空이 아니요 하나 자리며 그 하나는 낱이 아니요 열이 근원한 자리이므로, 그 열은 하나가 나타난 자리요 그 하나는 열의 본래 고향이니라. 그러므로 도에 뜻을 둔 사람은 먼저 그 하나를 얻어야 하느니라.」

(『대산종사법어』 교훈편 11장)

'하나송'의 하나는 하나 둘의 하나가 아닌 하나 밖이 없는 절대의 하나이며, 또한 전체를 포괄하는 하나입니다. 그러니 하나는 절대이면서 상대를 포월包越한 자리입니다. 상대를 초월하면서도 상대를 포괄하는 자리로, 이를 대산 종사는 그 하나는 낱이 아니요 열이 근원한 자리이므로, 그 열은 하나가 나타난 자리요 그 하나는 열의 본래 고향이라 한 것입니다.

종법사 법통을 이어받은 좌산 종사는 "안으로 안으로 하나眞我實現, 밖으로 밖으로 하나大我實現, 영겁 영겁토록 하나永劫我實現, 하나도 없고 없는 하나三昧我實現"를 노래하고 있습니다. 안으로 안으로 하나가 되는 극치에 이르면 무아무불아無我無不我의 자리요 밖으로 밖으로 하나가 되어 극치에 이르면 무가무불가無家無不家의 자리에 이르러, 이 두 가지를 갖춘 상태가 한 생을 일관하고 다생을 일관하여 영겁토록 일관하는 영겁아永劫我가 되며, 그러면서도 하나다 하는 것마저도 끼어들 틈이 없는 상태의 삼매아三昧我에 이르게 될 것입니다. (좌산 종사, 『교법의 현실구현』)

그러므로 대산 종사의 '하나' 사상은 다양한 외연으로 확대할 수 있습니다. 즉 하나는 근원이요 하나의 관계이며 평등의 하나이며 일심의 하나요 평화의 하나로, 초월된 하나요 타자성의 하나로, 하나는 소통이며 연대이며 사랑의 뜻으로 의미의 프리즘을 확대할 수 있습니다.

또한 하나의 세계와 미래의 종교, 하나의 세계와 미래의 윤리, 하나의 세계와 미래의 정치, 하나의 세계와 미래의 공익성, 하나의 세계와 미래의 심성단련 등으로 하나의 세계를 미래지향적으로 해석하는 과제가 주어져 있다 할 것입니다.

필자는 원기99년(2014)에 대산종사탄생100주년을 맞이하여 시행된 기념학술대회에 "철학적 접점을 중심으로 한 대산 종사의 '하나'의 사상과 경륜 고찰"이란 논문을 발표하였습니다. 좀 더 대산 종사의 '하나' 사상을 현대철학의 관점에서 외연을 넓히고 싶었던 것입니다.

그래서 하나와 근원, 하나와 관계, 하나와 평등, 하나와 일심, 하나와 평화 그리고 하나와 초월, 하나와 타자, 하나와 소통, 하나와 연대, 하나와 사랑의 주제에 따라 철학적 접점을 찾아보았으며, 아울러 하나의 세계와 미래의 종교, 하나의 세계와 미래의 윤리, 하나의 세계와 미래의 정치, 하나의 세계와 미래의 공익성, 하나의 세계와 미래의 심성단련 등을 제시해 하나의 세계의 미래지향적 모습을 모색해 보았습니다.

대산 종사의 '하나'의 사상은 세계주의로 미래성을 확보하는 차원으로 전개시켜 나가야 할 것입니다. 필자는 이런 마음을 담아서 대산종사탄생100주년 기념대회를 맞이하여 대산종사찬가를 지어보았습니다.

하나의 성자! 대산 종사

'하나'라 하셨네, '하나'라고 하셨네.
내 종교 네 종교, 내 주장 네 주장의 간격을 뛰어넘어
진리는 하나! 세계도 하나!
하나의 큰살림하라 하셨네.

'하나'라 하셨네, '하나'라고 하셨네.
내 집안 네 집안, 내 일 네 일의 국한을 벗어나서
인류는 한 가족! 세상은 한 일터!
하나의 큰살림하라 하셨네.

하나로 크게 소통하라
하나로 함께 연대하라

기리세, 큰 산! 대산-종사
받드세, 큰 산! 대산-스승님
개척하자! 하나의 세계

진리는 하나

김 대 거 작사
김 동 진 작곡

진 리 는 하 나　　세 계 도 하 나　　인 류 는 한 가 족

세 상 은 한 일 터 개 척 하 - 자　　하 나 의 세 계

진 리 는 하 나 세 계 도 하 나 인 류 는 한 가 족 세 상 은

한 일 터 인 류 는 한 가 족 세 상 은 한 일 터

개 척 하 자 하 나 의 세 계 개 척 하 자 하 나 의 세 계

원음 산책

성가 136장 〈진리는 하나〉 반주를 듣노라면, 골짜기를 따라 계곡물이 흘러내리는 물소리를 듣는 듯합니다. 마치 계곡물이 온갖 바위와 부딪치면서 다양한 소리를 내며 합창을 하는듯한 느낌입니다.

성가 136장 〈진리는 하나〉는 처음 시작할 때는 계곡의 물이 평탄히 흐르다가 점점 빨라져 격류를 내는 느낌이 듭니다.

첫 소절인 "진리는 하나"로 시작되는 부분은 평순히 진행되면서 반주가 진행되어 갈수록 무게감을 겹겹이 중첩되는 기분이 듭니다.
그러면서 "인류는 한 가족"에 이르러 마치 계곡물이 폭포에 이른 듯 음색에 변화의 조짐을 일으켜 폭포의 클라이맥스로 밀고 가는 맛이 있습니다.

이 골짜기 저 골짜기에서 냇물이 졸졸 흘러, 어느덧 물소리가 한데 모여 더 큰 소리로 계곡을 울리는 듯, 마치 모든 소절의 노래들이 마지막의 '개척하자 하나의 세계'로 귀결되는 것과 같다 할 것입니다.

성가 136장은 부점附點의 악센트를 잘 살려서 부르는 것과 사분쉼표(𝄽)를 잘 살려서 부르는 것이 핵심이 됩니다. 쉼표는 잘 쉬어 다음 마디의 음과 가사도 잘 챙겨 부르라는 것입니다.

성가 136장 〈진리는 하나〉는 김동진 작곡으로 원기75년(1990) 교화부에서 성가로 제정됩니다.

작곡가 김동진(1913.3.22~2009.7.31)은 평남 안주 출생으로, 11세에 안윤덕에게 바이올린 연주를 배웠고, 평양의 숭실중학교를 거쳐 1936년 숭실전문학교 문과를 졸업합니다. 숭실중학교 재학 중인 1929년부터 숭실전문학교를 졸업할 때까지 음악 교수인 드와이트 맬스버리Dwight R. Malsbary에게 바이올린과 피아노, 화성학, 작곡법 등을 배우게 되며, 1933년 '가고파' 일부를 작곡했으며, 1938년에 일본고등음악학교 기악과를 졸업합니다.

이후 만주 신경교향악단 단원, 서라벌예대 교수, 경희대학교 음대 교수 등을 역임하게 됩니다. 1978년 세종문화회관 개관기념 가극 〈심청전〉을 상연했으며 작곡집으로 『내 마음』 『목련화』 『한국정신음악 신창악곡집』이 있으며, 자전 에세이 『가고파』를 출간합니다. 신창악을 개발하고 신창악회 회장과 예술원 정회원으로 활동하였으며, 국민훈장 목단장, 3·1 문화상, 대한민국 예술원상을 수상했습니다.

(『한국작곡가사전』, 두산백과)

진 리는하 나　　　세 계도하 나　　　인류 는한가족

세 상은 한일터 개 척하 － 자　　　하 나의세 계

유는 무로

—

소태산 작사 / 김동진 작곡

유는 무로 무는 유로
돌고 돌아 지극하면
유와 무가 구공이나
구공 역시 구족이라
유와 무가 구공이나
구공 역시 구족이라
유는 무로 무는 유로 무는 유로

I

전법게송과
공전公傳

성가 137장 〈유는 무로〉는 소태산 대종사의 '게송'에 곡을 붙인 작품입니다.

경진庚辰 동선이 한창 진행 중이던 원기26년(1941) 1월 28일 오후 8시에 공회당 선방에서 소태산 대종사는 주산 송도성에게 칠판 한 가운데에 줄을 치게 하고 오른쪽에는 "유有는 무無로 무는 유로 돌고 돌아 지극하면 유와 무가 구공俱空이나 구공 역시 구족具足이라."의 게송을, 왼쪽에는 "육근六根이 무사無事하면 잡념을 제거하고 일심을 양성하며, 육근이 유사하면 불의를 제거하고 정의를 양성하라."는 동정간불리선을 쓰도록 불러 주시고, 주산 종사가 이를 다 받아쓰자 게송과 동정간불리선 공부에 대해 부연 설명을 해 주십니다.

소태산 대종사께서는 게송偈頌을 내리시며 "옛 도인들은 대개 임종 당시에 바쁘게 전법 게송을 전하였으나 나는 미리 그대들에게 이를 전하여 주며, 또는 몇 사람에게만 비밀히 전하였으나 나는 이와 같이 여러 사람에게 고루 전하여 주노라. 그러나 법을 오롯이 받고 못 받는 것은 그대들 각자의 공부에 있나니 각기 정진하여 후일에 유감이 없게 하라."(『대종경』 부촉품 2장) 당부하십니다.

그리시면서 "성현이 전법게송을 내릴 때에는 중음신中陰身들이 문고리만 잡아도 제도를 받게 된다." 하시었으며, 사가에 다녀오느라 게송을 듣지 못한 어린 제자인 헌타원 정성숙을 따로 불러 게송을 자세히 설해 준 후 "큰 불보살이 게송을 내릴 때에는 아수라들이 제도 받으러 모여든다. 그때에는 문고리만 잡아도 제도 받는다."며 "이렇게 혼자서 따로 게송을 듣게 된 것이 복이다."며 어린 헌타원을 챙겨주십니다.

대종사께서는 이미 3년 전부터 은밀히 열반의 준비를 하시며 대중에게 "나는 떠날 때에 바쁘게 봇짐을 챙기지 아니하고 미리부터 여유 있게 짐을 챙기리라." 하시었고, 게송偈頌을 지어 대중에게 내려 주시면서도 "나는 이 게송도 한두 사람에게만 가만히 전해 주지 아니하고 이렇게 여러 사람이 고루 받아 가게 지어 주노니 그대들은 누구든지 다 잘 받아가라." 하시며 "모르는 것이 있으면 유감없이 물어두라."라고까지 하셨건마는 대중은 말씀 뜻을 미처 알지 못하였습니다. (『대종경선외록』 유시계후장 1절)

열반 당년 원기28년(1943) 4월 총회를 보시고, 각 지방 교도들에게 부탁하실 만한 말씀은 다 부탁하셨고, 5월에는 지도급에 있는 3~40명에게 일일이 새 법복을 지어 주시면서 부촉하실 일은 유감없이 다 부촉하여 주셨건마는 대중은 또한 그 뜻을 짐작하지 못하였습니다. (『대종경선외록』 유시계후장 2절)

대산 종사는 우리 회상은 단전單傳이나 편전偏傳의 회상이 아니고 공전이므로 많은 불보살을 배출케 한 회상이니, 대종사께서 "나는 한 여래如來보다는 수십 출가出家, 수십 출가보다는 수천 항마降魔 수천 항마보다는 혈성血誠가진 혈통血統제자가 수없이 나와서 이 회상과 생명을 같이 할 제자들이 많이 나오기를 희망한다."고 하셨습니다.

대산 종사는 "불불계세는 윗 주세불에서 중간을 거치지 않고 바로 다음 주세불에게 전하는 것이요, 성성상전은 조사祖師와 우리 종사위宗師位의 계승을 말하는 것이다. 그러나 과거는 단전單傳이라 조사로만 내려오고 끝났으나 우리는 공전公傳의 큰 회상이므로 여래如來는 여래위로 출가위出家位는 출가위로 전해간다."라 하시며(『대산종사법문집』 3집 신성편 52장), 우리는 공전이기에 특별한 사람만 법을 이어받는 것이 아니라 모두가 공적으로 법을 이어받는 천여래 만보살의 회상이라는 것입니다.

즉 "우리 회상은 단전單傳이 아니고 공전公傳이므로 진리와 회상과 스승과 법으로부터 스스로 부여받을 수 있는 것"이라 하셨습니다. (『대산종사법어』 법위편 20장)

그러므로 공전은 법의 민주화요, 각자가 법의 주인공으로, 법의 수동자가 아니라 능동자인 것입니다.

2

유는 무로
무는 유로

게송에는 일원상의 진리가 고스란히 담겨있습니다. 일원상의 진리를 시어로 표현한 것입니다.

그러므로 게송은 '일원상 게송'이라 제목 해야 타당할 것입니다.

일원상 게송은 '교리도'에도 배치되어 있습니다. 교리도에서 게송은 일원상을 종지로 일원상의 내역과 속성을 뭉쳐서 나타내고 있는 것입니다.

그리고 일원상 게송은 일원상 절을 핵심적으로 뭉쳐서 마무리하고 있는 것입니다. 일원상 장의 임팩트 있는 결론이요 귀결입니다.

유有는 무無로 무는 유로
돌고 돌아 지극至極하면
유와 무가 구공俱空이나
구공 역시 구족具足이라.

소태산은 일원상 게송을 발표하시고 그 뜻을 『대종경』 성리품 31장에서 해설해 주십니다.

"유有는 변하는 자리요 무無는 불변하는 자리나, 유라고도 할 수 없고 무라고도 할 수 없는 자리가 이 자리며, 돌고 돈다, 지극하다 하였으나 이도 또한 가르치기 위하여 강연히 표현한 말에 불과하나니, 구공이다, 구족하다를 논할 여지가 어디 있으리요."라 부연하시며 "이 자리가 곧 성품의 진체眞體이니 사량思量으로 이 자리를 알아내려고 말고 관조觀照로써 이 자리를 깨쳐 얻으라."

사량思量으로 알려 말고 관조觀照로 깨치라는 당부입니다.

사량思量은 생각으로 헤아리는 것입니다. 생각에 생각이 꼬리를 물고 일어나는 것으로, 생각에 끌려 다니는 것입니다. 생각이라는 경계를 따라 경계에 묶이는 것입니다.

이에 비해 관조觀照는 생각하는 그 본체를 돌이켜 비추어 보는 것입니다. 생각에 붙잡혀 생각에 끌려 다니는 그 생각만 내려놓으면 바로 그 당처에서 드러나는 자리입니다. 생각의 방향을 돌려 생각에 끌려가지 말고 생각이 나오는 자리를 비추어 보는 것입니다.

게송은 일원상인 성품의 진체를 함축한 시詩이며 노래입니다. 그러므로 '일원상 게송'입니다.

일원상의 진리를 유와 무 그리고 구공과 구족이란 암유暗喩의 메타포metaphor로 표현하고 있습니다.

즉 유라는 메타포는 변하는 자리라면 무라는 메타포는 불변하는 자리라고 암유한 것입니다. 이를 '일원상 서원문'의 유상은 '게송'의 무로써 불변하는 자리라면,

'일원상 서원문'의 무상은 '게송'의 유로써 변하는 자리입니다.

무와 유, 유상과 무상은 능이성유상能以成有常하고 능이성무상能以成無常한 자리입니다. 일원상입니다.

"有는 無로"는

변하는 무상 자리를 떠나지 않는 불변하는 유상 자리입니다.

성주괴공, 생로병사, 육도변화로 무량세계를 전개하여도 그 자리는 상주하여 멸하지 않는常住不滅 늘 그대로 그러하여如如自然 무엇이라 규정하고 헤아릴量 수 없는 무량세계를 전개하는 자리입니다.

"無는 有로"는

불변하는 유상 자리에 바탕 한 변하는 무상 자리입니다.

항상 부동하여 여여하게 있는 불변 자리에 바탕하여 순환무궁하게 변화하는 것으로 진급과 은생어해로 선변善變하기도 하고 강급과 해생어은으로 악변惡變하기도 하여 한량없는 무량세계를 전개하는 자리입니다.

"돌고 돌아"는

유와 무가 둘이 아니라는 것입니다. 둘이 있어서 그것이 서로 돌고 도는 것이 아니라 원래 하나로 유와 무가 호상침투되어 원융무애하다는 것입니다. 원래 하나를 유로 보면 변하는 자리이고 무로 보면 불변하는 자리입니다.

불변하는 無에 집착하면 변하는 有에서 자유롭지 못하게 되며, 변하는 有에 집착하면 불변하는 無에서 멀어지게 됩니다. 불변하는 無도 집착하면 하나의 분별형상으로 떨어집니다.

그러므로 항상 변하는 생각과 감정을 초월하여 존재하는 無 자리를 놓치지 말아야 하며, 동시에 변하는 有 자리에서 생각과 감정의 주인공이 되어 바르게 보고 듣고 느끼고 말하고 웃고 울고 해야 합니다.

이러한 유와 무가 "돌고 돌아 至極하면" 유와 무는 본래 한 자리라는 것입니다.

유는 무로, 무는 유로 또 유는 무로, 무는 유로, 이같이 계속 돌고 돌아 지극한 경지에서 보면 유와 무가 궁극적으로 한 자리인 일원상입니다.

이처럼 유와 무가 한 자리인 일원상은 구공俱空이면서 또한 구족具足합니다.

"유와 무가 구공이나 구공 역시 구족"한 자리입니다.

변하는 유라 할 것도 없고 불변하는 무라 할 것도 없는 텅 빈 자리이면서 능히 유상하고能以成有常 능히 무상한能以成無常 자리입니다.

공空은 텅 비어 고요하되 신령스럽게 알아차리는 공적영지空寂靈知이며 진공묘유眞空妙有의 일원상一圓相입니다.

유와 무가 다 공空한 일원상입니다. 불변하는 무無자리가 여여한 공空자체라면, 변하는 유有자리는 청정한 공空의 발현입니다. 생로병사와 춘하추동으로 변하는 것도 바로 공空의 드러남입니다. 공적영지의 나툼입니다.

구공은 유와 무가 함께 다俱 공空하다는 것입니다.

일원상 자리는 유와 무가 다 텅 비어 고요한 신령스러운 자리입니다.

변하는 유라 할 것도 없고 불변하는 무라 할 것도 없는 자리입니다. 분별이 없는 자리입니다.

그러면서 또한 "구공 역시 구족"입니다. 구공한 자리가 구족한 자리입니다.

일원상은 본래 유라고도 무라고 할 것도 없는 구공한 자리이면서 능히 유하고 능히 무한 구족한 자리입니다. 유와 무의 분별이 없는 자리이면서 유와 무의 분별이 역력한 자리입니다.

구족具足은 온전히 갖추고 있는 '원만구족圓滿具足 지공무사至公無私'한 일원상 자리입니다.

분별이 없는 구공한 자리가 또한 분별이 역력한 구족한 자리입니다.

유와 무가 구공하기에 유와 무로 구족한 것입니다.

구공하기에 구족한 것입니다. 구공한 가운데 구족한 것입니다.

구공한 자리가 공空의 공덕(속성)을 다 갖추고 있는 원만구족 지공무사한 자리입니다.

공空의 공덕을 다 갖추어 공空을 구현하고 공空으로 작용하는 것입니다.

불변하는 무無자리가 공空자체로 여여하며, 변하는 유有자리가 공空으로 발현되는 것입니다.

공空은 텅 비어 고요하여 신령스럽게 알아차리는 자리입니다.

공空은 텅 비었으되 공의 공덕을 갖추고 있는 것입니다. 원만구족해서 지공무사한 덕성을 갖추고 있는 것입니다.

그러므로 구공 역시 구족으로, 구족한 이 자리에서 은혜도 나오며 공심公心도 나오며 수양력·연구력·취사력의 삼대력도 이 자리에서 나옵니다.

유는 무로 무는 유로 돌고 돌아 지극한 이 자리는

구공한 자리이면서 또한 은혜의 덩어리요 공심公心 덩어리요 삼대력三大力이 구족해 있는 자리입니다.

즉 유의 변하는 이치와 무의 불변하는 이치가 원융무애하여, 유이면 무이고, 무이면 유로써, 유라고도 할 수 없고 무라고도 할 수 없으면서 능히 유하고 능히 무한 일원상 한 자리입니다.

소태산 대종사는 「게송」을 설법하신 후에 '동정간불리선법'에 대해 설법해 주십니다.

"한 가지 더 말해 줄 것이 있다. 그대들이 어려운 세상을 살아갈 때에 동정 간에 항상 선공부를 계속하는 법 곧 동정간 불리선법을 가르쳐 주겠다. 우리의 육근에 일이 없을 때에는 모든 잡념을 제거하고 일심을 양성하며, 육근에 일이 있을 때에는 불의를 제거하고 정의를 양성하라는 것이다. 누구든지 이대로만 살아간다면 언제 어디서든 항상 선공부를 떠나지 않고 날로달로 선업을 쌓아가게 될 것이다."

「게송」은 일원상의 진리를 압축한 일원상의 시이며 일원상의 노래입니다. 그러므로 「게송」을 노래한다는 것은 일원의 성품을 떠나지 않는다는 불리자성입니다. 동정 간에 선을 떠나지 않는 동정간불리선입니다. 선을 한다는 것은 '일원상의 게송'을 동정 간에 떠나지 않는 마음공부입니다. 그러니 육근이 무사할 때 잡념을 제거하고 일심을 양성하는 것이 '일원상의 게송'을 떠나지 않는 것이며, 육근이 유사할 때 불의를 제거하고 정의를 양성하는 것이 '일원상의 게송'을 노래하는 것입니다.

왜냐하면 잡념과 불의는 공적영지한 자성 앞에 떠 있는 형상形相에 불과합니다. 이 형상에 집착하면 공적영지의 자성이 어두워집니다. '깨어있음'이 가리는 망각妄覺이 발생합니다. 그러니 정할 때 이 잡념을 성가시게 여기지 말고 간과看過해 버리고 다 놓아버리면 눈앞에 역력한 일심의 자성이 드러나고, 동할 때 불의의 경계에 끌리고 안 끌리는 대중만 잡고 있으면 지공무사한 성품이 드러나고 그 지공한 성품의 작용을 통해서 정의를 경영하는 것입니다.

그러므로 소태산 대종사는 칠판의 오른쪽에는 게송을 왼쪽에는 동정간불리선을 쓰도록 해서 일원상의 게송을 동정 간에 활용하는 선공부가 되게 하신 것입니다.

소태산 대종사는 결론지어 말씀하십니다.

"유와 무가 돌고 돌아 구공이 되고 구족이 되는 이치를 깨치게 되면 우주의 주인이 되고, 걸리고 막힐 것이 하나도 없게 되며, 임운등등任運騰騰하고 등등임운騰騰任運하게 세상을 자유자재로 살아가게 된다."

일원상의 게송을 노래하면 우주의 주인이 되어 우주를 경영하게 되는 것입니다.

유는 무로

소 태 산 작사
김 동 진 작곡

유 - 는 무 - - 로 무 - - - 는 유 - - - - -
로 - - - - - - - 돌 - -고 돌 - - -아
지 - -극 하 - - - - (아) - - - 면 - - - -

`mp`

rit. ------ *a tempo*

`mp`

3

원음 산책

성가 137장 〈유는 무로〉의 반주를 듣노라면 끊어질 듯 이어지는 음의 오르내림이 유려하며, 마치 광활한 바다에 요트를 타고 망망히 떠가는 느낌이 듭니다.

하늘도 공空하고 바다도 공하고 갈매기는 공중 정지해 있는 모습이 상상되며, 고요한 가운데 언제 움직일지 모르는 기미가 흐릅니다.

하늘도 푸르고 바다도 푸르러 온통 텅 빈 푸르름으로, 푸르름이 푸르름을 더해 가는 듯합니다.

어디선가 한 바람이 불어와 돛대를 팽팽히 드리워서 힘찬 속도감을 불러 넣기도 하며, 시원한 바람에 안도 밖도 구분되지 않는, 공간을 가로지르는 묘한 맛이 납니다.

중간중간 돌고래가 뛰어올라 무료함을 달래주고 미지未知를 안내하는 길잡이 듯이 앞장서서 유영하는 상상이 됩니다.

미지를 향한 여행이요 모험처럼 유유한 음의 고저는 한없이 마음의 세계로 미끄러져 내려가는 듯합니다.

있는 듯 없는 듯 흘러 내려가는 음감에 감정도 따라서 오르내리는 묘한 감정이 듭니다.

성가 137장에는 조금 여리게의 메조피아노(mp), rit--- a tempo 즉 점점 느리게의 리타르단도(rit)와 본디 빠르기의 아 템포a tempo, 점점 세게의 크레셴도, 음의 길이를 충분히 유지하는 테누토tenuto, 물 흐르듯이 음들을 이어주는 이음줄, 리듬에 변화를 주는 셋잇단음표가 반복적으로 나오고 있습니다.

이를 잘 소화하여 시조풍의 떨림과 세심한 리듬감과 화려한 변주감을 살려야 음색이 살아나고 음감이 충분할 것입니다.

성가 137장 〈유는 무로〉는 김동진 작곡으로, 원기75년(1990) 교화부에 의해 성가로 제정됩니다.

나 없으매

—

김대거 작사 / 김동진 작곡

나 없으매 큰 나 드러나고
내 집 없으매 천하가 내 집이라
이것이 참 나요 내 집 내 고향
삼세의 모든 성자 모든 부처님
언제나 머무시고 거기 사시네

I

나 없으매
큰 나 드러나고

성가 138장 〈나 없으매〉는 대산 종사의 한시인 '무아무불아無我無不我'를 새 성가로 편성할 때 우리말로 풀어쓴 시입니다.

이 '무아무불아無我無不我'의 시는 『대산종사수필법문』의 원기51년(1966) 3월 6일 자에 전무출신(도인)의 생활이란 제목의 "무가무불가無家無不家 무아무불아無我無不我 시즉본고[가]향是則本故[家]鄕"으로 등장하며, 향타원 박은국 교무의 수필본의 원기51년 11월 10일 자에도 "무가무불가 무아무불아 시즉본가향"으로 수필 되어 있습니다.

이후 원기65년(1980) 대산 종사는 법무실장인 동산 이병은 종사의 임종을 맞이하여 "무아무불아無我無不我라 사생시진아四生是眞我며 무가무불가無家無不家라 시방시본가十方是本家"라는 법문을 내리십니다.

그리고 원기71년(1986) 4월 15일 출가식 때 "무아무불아無我無不我 무가무불가無家無不家 시즉진가향是卽眞家鄕 성성불불거聖聖佛佛居"의 법문을 설하십니다. 이로부터

원음 산책하는 기쁨   155

'성성불불거'가 종결구로 '무아무불아'를 첫 소절로 확정되어 나타나게 됩니다.

대산종사법문 5집 『여래장』에서는 '무아무불아無我無不我'의 한시를 "나 없음에 나 아님이 없고 내 집 없음에 천하가 내 집이로다. 이것이 나의 참 집이요 참 고향이니 삼세의 모든 성자와 부처님이 늘 주거하고 사시는 곳이로다."라고 풀이하였고, 현 성가에서는 "나 없으매 큰 나 드러나고 내 집 없으매 천하가 내 집이라 이것이 참 나요 내 집 내 고향 삼세의 모든 성자 모든 부처님 언제나 머무시고 거기 사시네."라는 한글의 운치 있는 시어로 노래하고 있습니다. 나 없는 자리와 내 집 없는 자리를 큰 나와 참 나로 선명히 표현한 것이 특징입니다.

성가 138장의 '나 없으매'의 나我는 분별의 '나'입니다. 자타 분별의 '나'입니다. 이 '나'는 유식학의 입장에서 제8식의 견분見分을 나라고 여기어 제8식의 상분相分을 대상으로 삼는 제7식의 자아식입니다. 이 '나'는 분별하는 언어의 '나'입니다. '나'는 상相입니다.

이 '나'를 놓아버리면 나 아님이 없는 '큰 나'가 드러납니다. 이 '큰 나'가 참나眞我입니다. '진아'는 가假와 진眞의 상대성을 초월한 '진아'입니다. '나'라는 것도 '진아'에 의해 나타나는 형상形相입니다. 그러니 이 '나'라는 형상에 집착하지 않고 이 형상을 형상으로 아는 그 자리를 되비추어 보면返照 그 자리가 '진아'요 '큰 나'입니다.

예를 들어 흐린 물속에 조약돌이 있다 할 때, 흙탕물이 가라앉으면 물이 맑아져서 조약돌이 훤히 보이게 될 것입니다. 이때 조약돌만 보는 것이 아니라 맑음 자체를 자각하는 것입니다. 이 맑음을 자각하는 것이 바로 '참 나'를 보는 격입니다.

형상形相을 다 털어내 버리면 보이고 들리는 일체의 것들이 성품의 드러남입니다. 흐린 물을 맑히어 강물 속의 조약돌이 선명하게 보입니다. 집중이 됩니다. 이 집중이 되는 순간 그렇게 집중하는 그 자체를 자각하게 되는 것입니다. 바로 맑음 자체를 보는 것입니다. 이렇게 집중을 통해 집중하는 자체를 자각하게 되면 집중이 안 되는 그 상태도 원래 집중된 마음이라는 것을 알게 됩니다. 마치 흙탕물을 맑혀 맑음을 자각하는 것만이 아니라 흐린 흙탕물을 흐린 물인 줄 아는 마음에도 원래 소소영령한 맑음이 갖추어 있다는 것을 아는 것과 같습니다.

무아는 '나'라는 '내 것'이라는 언어의 길이 단절된 언어도단 자리입니다. 분별 집착하는 언어의 길을 끊어버리면 입정처의 '참 나'에 들게 됩니다. 나라는 형상과 내 것이라는 형상을 다 놓아버리면 그 자리에서 그대로 훤히 빛나고 있는 공적영지가 드러납니다. 이 성품의 자리에서 시방 삼계가 펼쳐집니다. 공적영지의 광명을 따라 시방 삼계가 장중의 한 구슬같이 드러납니다.

이것이 허공법계를 이전등기 내는 것이며(『대종경』 성리품 26장) 오가吾家의 소유로 삼는 것입니다. 「일원상 법어」의 "이 원상의 진리를 각覺하면 시방 삼계가 다 오가의 소유인 줄 아는 것"이며 "우주 만물이 이름은 각각 다르나 둘이 아닌 줄을 알게 되는 자리"입니다. 모든 존재는 마음의 나타남입니다. 오가吾家는 성품의 집입니다. 일원상의 집입니다. 이 집은 상대적인 집이 아니라 상대가 끊어진 절대의 집으로, 원상의 자리입니다. 이것이 바로 진가향眞家鄕으로 삼세의 모든 성자와 부처님이 거주하는 집이요 고향입니다.

대산 종사는 〈전무출신의 도〉를 종합해서 말하면 "무아무불아요 무가무불가니 시즉진가향이요 성성불불거"라고 할 수 있으며 "무아無我는 나를 없앤다는 말이니 부처님께서 아상我相으로 나라는 상相, 인상人相으로 사람이 되었다는 상, 중생상衆

生相으로 어리석은 중생이 되었다는 상, 또 수자상壽者相이니 무아는 바로 이 사상 四相이 공空한 자리인데 그것을 종합해 말하면 자타가 공한 자리요 미오迷悟가 떨어진 자리다. 자타와 미오가 떨어져야 최고 경지가 되는 것이다. 평생을 공부해도 자타와 미오를 벗어나지 못하면 늙어도 어린아이나 마찬가지다. 그러기 때문에 우리 수도인은 기위 법계에 출가를 올렸으니 사상四相을 떼는데 최고의 계문으로 알고 살아야 할 것이며 사상의 공空한 경지를 맛보아야 할 것이다."라고 하시며 무아무불아無我無不我의 시에 대해 부연해 주십니다.

"내가 없어야 나 아님이 없는 것이며 아상, 인상, 중생상, 수자상을 없애고 보면 바로 나 아님이 없는 경지가 되는데 그 자리가 곧 시방일가요 사생일신의 경지다. 그런데 시방일가 무가무불가無家無不家라. 내 집이라는 사사로운 집이 없기 때문에 집 아님이 없으니 천하가 내 집이다. 사생 일신은 부처님이나 성현이나 참으로 갑종 전무출신 거진출진은 사생이 한 몸이 되고 태란습화 구류중생이 내 한 몸이 되어 버린다. 시방일가라, 시방삼세十方三世 모든 세계가 내 집이 되기 때문에 무아무불아요 무가무불가되는 것이니 시즉진가향是卽眞家鄕이라. 이것이 나의 참 집이요 고향이기 때문에 불보살이나 과거 삼세제불제성이나 다 그 자리를 내 참 고향을 삼았던 것이다. 그러므로 성성불불거聖聖佛佛居라. 삼세 일체 제불 제성이 다 거기에 주거하고 사시는 곳이다. 그러기 때문에 전무출신의 도가 우리 교단의 핵이 되고 부처님이나 대종사님이 법을 전하는 진법眞法이 되는 것이다."라고 하십니다.

그리고 이어서 말씀하시기를 "대종사님께서 〈교무〉라는 칭호를 붙이실 때 제자들이 다른 데는 목사라든지 스승 사師 자를 부치니 우리도 사師 자를 부치는 것이 좋지 않겠습니까? 여쭈니 「앞으로 법위에 오를 때 정사正師, 원정사圓正師, 대원정사大圓正師가 있지만 교무는 똑같은 평등의 입장에서 전 교도나 전 국민이나 전 인류의 입장에서 가르치는 데 힘쓰고 노력한다」는 의미라고 하셨다. 이러한 뜻에서 전무출신의 도를 내리니 오늘부터 다시 출발하는 마음으로 법계에 서약하고 노력하여야 하겠다.” 하며 전무출신과 교무의 뜻을 밝혀주시고 있습니다.

『정전』「일원상의 수행」에는 “일원상과 같이 원만구족하고 지공무사至公無私한 각자의 마음”을 알고 양성하고 사용하자는 것이라 하고 있으며, 「일원상 법어」에서는 “이 원상의 진리를 각覺하면 원만구족한 것이며 지공무사한 것인 줄을 알리로다.”라고 밝혀져 있습니다.

일원상은 지공무사합니다. 이 원상의 진리를 각하면 지공무사합니다. 우리의 마음에 개체의식인 사私를 놓아버리고, 개체의식인 사私와 동일시하는 마음이 탈락해버리면, 만물 일체의 지공至公한 자리가 그대로 드러나게 됩니다. 큰 나의 사생일신四生一身, 큰 집인 시방일가十方一家의 오가吾家가 드러납니다.

대산 종사는 교단 원로들의 천도법문에 이 ‘무아무불아無我無不我’의 시를 결어로 끝맺음한 것은 그분들의 삶이 진정한 전무출신의 삶이었다는 찬탄이요, 영생토록 전무출신으로 다시 만나자는 송가였던 것입니다.

2

이것이 참 나요
내 집
내 고향

대산 종사는 대종경 편수 초안을 위해 부산 다대교당에 가시어, 다대포에서 "창
해만리허滄海萬里虛 무아무인천無我無人天 암상일화신岩上一化身 안전시방현眼前十方
現이라 「넓고 큰 바다 수만 리 텅 비었으니, 나도 없고 사람도 없고 하늘도 없더라.
바위 위에 한 화신이 되니, 눈앞에 시방세계 드러나더라」"라는 시를 지으십니다.

대산 종사는『대산종사법문집』5집에서 이를 부연 설명해 주시고 있습니다.

"창해만리허에, 창해 푸른 바다 만 리가 푸르게 텅 비었으니 우리도 마음 가운데
어떠한 찌꺼기를 두어도 안 된다. 명예를 두어도 안 되고 욕심을 두어도 안 되고
모두 다 비어야 한다. 자성 본체에 합일되어야 한다. 찌꺼기가 있으면 크게 튀어나
지 못한다."

'창해만리허'는 대상인 바다가 푸르고 텅 비었다는 것이 아니라 이 바다를 자각

하는 마음 자체가 원래 청정하고 어디에도 걸릴 것이 없는 텅 빈 공空한 자리라는 것입니다. 그러니 이 자리에는 일체의 명예와 욕심의 찌꺼기가 없는 것입니다. 이 자성의 바다에 합일하여 창해만리허가 되자는 것입니다.

또 말씀하시기를 "창해만리허에 무아무인천이로다. 원래 내가 없는 것이라. 나도 없고 너도 없고 사람도 없는 것이다. 그러기 때문에 우리가 한 생각 좋은데 끌릴 것도 없고 미운데 끌릴 것도 없고 무아무인천이다."

이 자리에는 주체라는 아我도 아의 대상이라는 인人도 그 대상의 배경인 천天이라는 분별도 없다는 것입니다. 이런 분별의 형상을 놓아버리면 분별이 없는 무분별無分別의 공적한 자리가 드러납니다. 이 자리에 거주하여 좋고 미운데 끌리지 말자는 것입니다.

이어서 말씀하시기를 "또 암상일화신하니 안전시방현이다. 누가 날 찾아오는 사람도 없고 찾는 사람도 없고 생각한 일도 없다. 부처님은 백억 화신이 되었지만 나는 암화신이 되었다. 우리 눈앞에 시방을 궁굴리고 있어야 한다. 시방 세계를 내가 움직이고 있어야 큰 생활을 한다."

무분별의 공적한 자리에는 성성한 영지가 갊아 있는 것입니다. 성성한 자리가 적적한 자리이고 적적한 자리가 성성한 자리입니다. 이 공적영지한 성품의 바위에 한가로이 쉬고 있으니 눈앞에 온천지가 펼쳐집니다. 공적영지의 광명을 따라 시방 삼계가 장중의 한 구슬같이 드러납니다.

그러니 대산 종사는 "고요하되 비치지 못하면 참다운 선이 아니고 비치되 고요하지 못하면 그것도 참다운 선은 아니므로[寂而照 照而寂], 대종사께서는 정신은 항상 적적한 가운데 성성함을 가지며 성성한 가운데 적적함을 가지라. 하셨나니 우리도 욕심에 끌려 소리를 내지 말고 모든 시비가 공한 자리에서 소리를 내고 그 자리를 기를 줄 알아야 한다."(『대산종사법어』 적공편 33장) 하셨습니다.

대산 종사는 '창해만리허'의 성품을 적멸보궁寂滅寶宮과 대적광전大寂光殿으로 달리 표현하며 "적멸보궁은 부처님께서 도솔천 내원궁에서 입정 삼매에 드신 것을 말함이요, 대적광전은 크게 고요하고 크게 밝은 집에 머무신 것을 이름이니라. 부처님은 사바세계에 살되 세속에 물들지 않으시므로 한 마음 내고 한 마음 들이는 칠일 입정 칠일 설법을 자유자재하셨나니 우리도 이 자리를 맛보아서 부처님과 같이 무시선 무처선 공부를 해야 할 것"(『대산종사법어』 적공편 30장) 이라고 하십니다. 창해만리허의 성품이 바로 내 집 내 고향인 것입니다.

대산 종사는 우리는 모태 중에서 자성 보물을 가지고 태어났으나 세상에 나온 후 육근의 도둑에 의해 자성 보물을 도둑맞고 사나니 안전하게 이 자성 보물을 지키도록 해야 하며(『대산종사법어』 적공편 31장), 참다운 토굴은 내 몸 안에 있음을 알아 무너지지도 어두워지지도 물들지도 않는 자성 금강을 회복하는 데 힘써야 한다.(『대산종사법어』 적공편 32장) 하셨으며, "맹자께서 말씀하신 존야기存夜氣는 밤기운을 길러 성품을 보존한다는 말로 이것이 바로 선禪이니라. 대종사께서도 저녁이면 꼭 전등을 끄고 존야기를 하셨으므로, 나도 '저녁 시간은 내 시간이다.' 하고 항상 존야기를 하느니라."(『대산종사법어』 적공편 33장) 하시며 야반청신夜半淸晨에 성품의 밤기운을 기르기를 당부하고 있습니다.

〈성가 138장〉의 노랫말처럼 자성 보물, 자성 토굴, 자성 금강이 바로 참 나요 내 집 내 고향이니, 이 보물을 지키고 이 토굴을 찾아 자성 금강을 회복하자는 것입니다. 그 곳이 바로 참 나요 내 집 내 고향이니 이 성품의 밤기운을 길러서 회복하자는 것입니다. 그래서 언제나 이 적멸보궁 대적광전에 머물러 살자는 것입니다.

나 없으매

김 대 거 작사
김 동 진 작곡

나 없음에 - 큰 나 드러나고 -
내 집 없음에 - 천하가 내 집이라 -
이것이 참 나요 - 내 집 내 고향 -
삼세의 모든 성자 - 모든 부처님 -
언제나 머무시고 - 거기 사시네

원음 산책

성가 138장 〈나 없으매〉의 반주를 듣노라면, 마치 물수리가 호수를 비행하듯 어느 때는 물 위를 낚아채듯 비행하다가도 바람을 타고 하늘 위를 자유로이 나는 모습이 연상됩니다.

하늘을 유유히 나는 물수리, 바람을 타고 자유로이 오르다가도 내려가고, 또 내려가는 듯이 하다가도 다시 올라가는 물수리의 유유자적한 모습처럼, 이 노래의 자유로운 리듬을 만끽할 수 있습니다.

첫 소절인 '나 없으매'를 부를 때는 정말 나를 다 놓아버리는 가벼운 마음으로 부르고, '내 집 없으매'를 부를 때도 국한된 소유욕과 거리를 둔 마음으로 부르면, 어딘지 '큰 나'가 드러나는 듯 하고 '천하'가 내 집이 되는 듯 기분이 육박됩니다.

물수리가 하늘을 유유히 유영하다 보금자리에 내려앉듯이, 성가 138장도 '삼세의 모든 성자'와 '모든 부처님'이 '언제나 머무시고 거기 사시네'로 활강하듯이 마무리 지으며 부르면 좋을 듯합니다.

마지막의 '거기 사시네'에 이 노래의 모든 에너지가 함축되고 귀결되는 맛이 있습니다. 또 그런 심정으로 마음을 모아 부를 때 이 노래의 맛이 깊어질 듯합니다.

성가 138장 〈나 없으매〉는 부점과 붙임줄 그리고 8분 쉼표(𝄾)를 잘 소화해야 노래의 맛이 살아날 것입니다.

붙임줄은 두 덩어리의 밀가루가 하나로 붙어 가래떡 뽑아져 나오듯이 한 음으로 쭉 뽑아져 나와야 하며, 8분 쉼표를 전후로 그다음의 음이 더 고양시키는 힘으로 삼아야 할 것입니다.

또한 부점에 강조를 두어 마음으로 가사가 음미되도록 포인트를 두는 것도 유의해야 할 것입니다.

성가 138장 〈나 없으매〉는 김동진 작곡으로 교화부에서 원기75년(1990)에 성가로 제정합니다.

삼세의모든 성자 - 모든부처님 -

언제나머무 시고 - 거기사시네

부처는 누구이며

—

손정윤 작사 / 김동진 작곡

1. 부처는 누구이며 중생은 누구런가
   부처나 중생이나 본래는 하나라네
   구름이 흩어지면 푸른하늘 비치듯이
   본래 자리 깨고 보면 우리도 부처라네

2. 부처는 누구이며 중생은 누구런가
   부처나 중생이나 본래는 하나라네
   사랑과 미움이야 연잎의 이슬이라
   한 마음 찾고 보면 우리도 부처라네

I

부처는 누구이며
중생은 누구런가

성가 139장 〈부처는 누구이며〉는 효산曉山 손정윤 교무가 작사한 노래입니다. 효산은 평소 선시禪詩를 즐겼으며 선시를 통해 선의 의문표와 느낌표에 깊은 침잠 생활을 하였습니다. 성가 139장도 이러한 선의 맛이 물씬 풍기는 내공 깊은 선시 입니다.

정산 종사는 『정산종사법어』원리편 11장에서 "본래 선악과 염정이 없는 우리의 본성에서 범성과 선악의 분별이 나타나는 것은 우리의 본성에 소소영령한 영지 가 있기 때문"으로, 분별 망상은 우리 본성에 밝은 마음이 원래 있기 때문에 생기 게 된다는 것입니다. 마치 그림자는 빛이 있기 때문에 생기는 것으로, 빛이 없다 면 그림자는 애초에 있을 수 없다는 것입니다. 그러나 반대로 그림자가 없다고 빛 이 없는 것은 아닙니다. 빛은 그림자에 영향 받지 않는 여여如如한 존재이기 때문 입니다.

파도는 바닷물이 있기에 파도가 있는 것입니다. 만일 바닷물이 없다면 파도는 처음부터 생길 수가 없는 것입니다. 만일 이 비유를 확대해서 파도가 없다면 바닷물도 없다 하면 이는 개념적 귀결일 뿐으로 결국 논리적 함정에 빠지는 것입니다.

이 비유의 진의는 바닷물이라는 본체는 파도라는 현상의 존재근거라는 것입니다. 바닷물의 본체는 파도라는 현상을 초월해 있고(현상초월성) 파도라는 현상은 바닷물이라는 본체에 의존해 있는 것입니다. (본체의존성)

물이 있기에 바람이 불어 풍상風相이 있게 됩니다. 만약 물이 멸하고 없다면 풍상이 생길 수가 없습니다. 그러나 '물이 있기에 풍상이 생긴다' 하여 '풍상이 없으면 물도 없다'는 말은 성립되지 않습니다. 물은 풍상이 있기 위해 필요조건이지만 물이 있다고 반드시 풍상이 있는 것은 아닙니다. 물이 있어도 풍상이 없을 수 있으며 거꾸로 풍상은 없어도 물은 있는 것입니다. 결국 물은 풍상이 있는가 없는가와 상관없이 있는 것입니다.

무명을 제거할 때에도 무명이 드러내는 모습 중에서 무명 자체는 파괴되지만, 그 안에 함께 있던 각성覺性은 끝까지 파괴되진 않고 남겨있는 것입니다.

본체는 현상이 없어도 있지만, 현상은 본체가 없이는 있을 수 없습니다. 그렇게 둘은 같은 것도 아니고 다른 것도 아닙니다. 본체의 성性과 현상의 상相이 같은 것이 아니라는 점에서 본체性의 현상 초월성을 확인할 수 있고, 다른 것도 아니라는 점에서 현상相의 본체 의존성을 확인할 수 있습니다.

그러므로 부처나 중생이나 본래 바닷물인 것입니다. 다만 바닷물로써 파도인지, 바닷물인 줄 모르는 풍상인지의 차이만 있는 것입니다. 이처럼 바닷물과 파도(풍상)가 하나도 아니고 둘도 아니듯 부처와 중생은 하나도 아니고 둘도 아닌 것입니다.

우리가 우리 자신의 본래 마음인 진여성을 자각하지 못하고 자신이 스스로 떠올린 망념과 동일시하여 그 망념에 이끌린다고 해도, 마음 바탕의 청정한 진여성이 사라지거나 망념으로 바뀌게 되는 것은 아닙니다. 오히려 진여성과 그 본각本覺이 근저에 놓여 있기에 그 진여 본각을 알지 못하는 미혹으로 성립될 수 있다는 것입니다.

2

부처나 중생이나
본래는 하나라네

'구름이 흩어지면 푸른하늘 비치듯이'의 노랫말처럼 푸른 하늘에 떠다니는 구름은 형상形相입니다. 마치 바다의 출렁이는 파도와 같습니다. 파도가 본래 바닷물인지 모르고 출렁이는 것이 무명입니다. 순간 출렁이는 풍상의 형상을 놓아버리면 파도가 본래 바닷물인 줄 알게 됩니다.

이처럼 푸른 하늘에 떠다니는 구름의 형상을 놓아버리고, 그 배경인 푸른 하늘을 직관하면 본래 자리에 들게 됩니다. 텅 비어서 밝게 빛나는 입정처의 본성 자리를 보게 되는 것입니다. 그 순간 우리가 본래 부처인 줄을 깨닫게 됩니다.

성품의 푸른 하늘에 흘러가는 구름은 망념에 따라 허망하게 일어나는 가상으로, 이 구름의 망념을 망념인 줄 알아두고 흘려보내면 구름의 상相 너머의 푸른 하늘의 성性이 드러납니다. 즉 생멸상 너머 불생불멸의 진여가 드러나게 되는 것입니다.

또한 노랫말의 '사랑과 미움'의 분별 간택심은 연잎의 이슬과 같습니다. 연잎의 이슬은 늘 흘러내리며, 연잎은 이슬에 젖지 않습니다. 이처럼 성품은 연잎처럼 분별 간택하는 마음에 물들 수 없는 자리입니다. 사랑과 미움은 연잎의 이슬처럼 우리의 성품에 출몰하는 형상에 불과합니다. 그 형상은 실체가 없으니 놓아버리면 사라지는 것으로, 집착하기 때문에 존재하는 것입니다. 순간 생겼다가 멸하는 무상한 존재입니다.

그러니 이 증애하는 분별심을 간택하고 집착하는 마음만 놓아버리면, 간과해 버리면 그 자리에서 청정하게 밝게 빛나는 한 마음이 드러납니다. 이 본래의 한 마음, 즉 커서 밖이 없는 무분별의 지혜를 찾고 보면 우리 모두 그 자리에서 원래 부처인 일원一圓의 한 마음에 들게 됩니다.

정산 종사는 "본래 선악과 염정이 없는 우리의 본성에서 범성과 선악의 분별이 나타나는 것은 우리의 본성에 소소영령한 영지가 있기 때문이며, 중생은 그 영지가 경계를 대하매 습관과 업력에 끌리어 종종의 망상이 나고, 부처는 영지로 경계를 비추되 항상 자성을 회광반조하는지라 그 영지가 외경에 쏠리지 아니하고 오직 청정한 혜광이 앞에 나타나나니, 이것이 부처와 중생의 다른 점이다."(『정산종사법어』 원리편 11장)라고 분명히 가르쳐주고 있습니다.

우리는『정산종사법어』응기편 7장의 가르침처럼, 본래 성품 자리를 회광반조하여 객진성에 물들지 말아야 합니다. 회광반조하여 드러나는 성품은 주인공이요 보배라면, 경계의 물物에 따라 옮겨 다니는 것은 객客이요 먼지塵인 것입니다.

이처럼 성품의 푸른 하늘과 성품의 연잎에 출몰하는 분별 집착의 구름과 이슬을 놓아버리면 그 순간 '본래 자리 깨어나고' '한 마음 찾아지게' 됩니다. 우리도 원래 부처인 것입니다.

　필자는 성가 139장과 의미상으로 통하고, 어린이들이 성품을 쉽게 알고 노래할 수 있기를 바라는 마음으로 〈찬란한 주인공〉이란 제목의 노랫말을 지어보았습니다.

찬란한 주인공

먹구름이 아무리 몰아쳐도 태양은 어찌할 수 없듯이
감정이 검게 구름 지어도 마음은 원래 해님처럼 밝아요
친구들아! 마음 해님을 함께 보자
먹구름에 물들지 않는 찬란한 주인공을
너도 빛나는 태양 나도 빛나는 태양 우리 모두 찬란한 주인공
너도 빛나는 태양 나도 빛나는 태양 우리 모두 찬란한 주인공

　이 노래를 통해 어린이들이 원래마음을 알아 자신의 찬란한 주인공을 자유롭고 활발하게 드날리기를 희망해 봅니다.

부처는 누구이며

손 정 윤 작사
김 동 진 작곡

1.부 처 는 누 구 이 며 　중 생 은 누 구 런 가
2.부 처 는 누 구 이 며 　중 생 은 누 구 런 가

부 처 나 중 생 이 나 　본 래 는 하 나 라 네
부 처 나 중 생 이 나 　본 래 는 하 나 라 네

구 름 이 흩 어 지 면 　푸 른 하 늘 비 치 듯 이
사 랑 과 미 움 이 야 　연 - 잎 의 이 슬 이 라

본 래 자 리 깨 고 보 면 　우 리 도 부 처 라 네
한 - 마 음 찾 고 보 면 　우 리 도 부 처 라 네

3

원음 산책

성가 139장 〈부처는 누구이며〉의 반주를 듣노라면, 어릴 적 친구들과 옛 골목길을 거니는 추억을 탐험하는 기분이 듭니다.

이 골목 저 골목을 신나는 발걸음으로 누비고 다니면서 다음 골목은 어떤 모습일까 하는 궁금함에, 마냥 어린 시절 그 정겨움에 푹 빠져 드는 기분입니다.

성가 139장은 성가 중 유일하게 7/4박이며 한마디에 7박이 들어가니 한 소절이 두 마디로 이루어진 곡입니다.

7박이니 '강-약-중강-약-중강-약-약'이 기본이나 둘째 음이 길기 때문에 당김음이되어 둘째 음을 강한 음색으로 불러야 할 것입니다.

그리고 첫 소절의 기본음을 바탕으로 음의 오르내림과 '푸른'과 '본래'의 가사를 붙임줄로 변주시켜, 같으면서도 다르고 다르면서도 비슷한 음색을 전개하고 있는 특징이 있습니다.

성가 139장 〈부처는 누구이며〉는 첫 소절인 '부처는 누구이며 중생은 누구런가' 를 어떤 마음으로 부르느냐에 중심 포인트가 있을 것입니다.

　정산 종사는 「법강항마위까지는 "부처는 누구며 나는 누구냐" 하는 큰 발분을 가지고 기운을 돋우며 정진하여야 하고, 법강항마위부터는 중생과 부처가 본래 하나라는 달관을 가지고 상相을 떼고 티를 없애는 것으로 공부를 삼아야 그 공부가 길이 향상된다.」(『정산종사법어』 권도편 51장)하시며, 법위에 따른 공부방법을 가르쳐 주시고 있습니다.

　이처럼 보통급·특신급·법마상전급의 삼급三級의 법위에서는 부처가 되겠다는 분발의 마음으로 원력을 돋우면서 불러야 할 것이며, 법강항마위 이상 삼위三位의 법위에서는 중생과 부처가 본래 하나라는 넓은 마음으로 확장하는 심정으로 불러야 할 것입니다.

　또한 대산 종사는 "한 생각 깨칠 때 참 부처가 나타나고, 한 생각 미혹할 때 참 부처가 숨느니라. 부처와 중생이 무슨 차별 있으랴, 다만 한 생각 미혹하고 깨친 사이에 있느니라. [一念悟時眞佛現 一念迷時眞佛隱 諸佛衆生何等別 但有一念迷悟間]" 라 하셨습니다. (『대산종사법어』 소요편 13장)

　한 생각 미오迷悟의 사이에서 '부처는 누구이며 중생은 누구런가?'의 갈림길이 생기게 된다는 것이니 부처는 누구이며 중생은 누구런가를 부를 때면 항상 마음이 깨어있도록 각성을 불러내는 심정으로 불러야 할 것입니다.

　성가 139장 〈부처는 누구이며〉는 김동진 작곡으로 원기75년(1990) 교화부에서 성가로 제정합니다.

고요한 밤 홀로 앉아

—

김대거 작사 / 김동진 작곡

1. 고요한 밤 홀로 앉아 마음 고향 찾아가니
   뜬구름도 자취 없고 바람조차 흔적 없네
   맑고 밝은 강물 속에 둥근달로 벗을 삼아
   걸림 없는 일여선에 이 내 한 몸 넌짓 싣고
   오고 감도 한가로이 두리둥실 가오리다

2. 일이 있어 동할 때는 일행삼매 놓지 말고
   일이 없어 정할 때는 일상삼매 놓지 마오
   지난날의 성현님도 이 길 따라 닦았나니
   동정 없는 일여선에 이 내 한 몸 넌짓 싣고
   자나깨나 두리둥실 삼매 중에 노닐레라

걸림 없는 일여선과
동정 없는 일여선

성가 140장 〈고요한 밤 홀로 앉아〉는 대산 종사가 원기24년(1939), 26세 때 「회보」 제58호에 〈일여선가〉라는 제목으로 발표한 창가류의 작품입니다. 미래가 창창한 26세의 젊은 청년, 대산 김대거의 치열한 수행적공의 모습을 엿볼 수 있는 노래입니다.

대산 종사는 〈일여선가〉를 선보이기 일 년 전에 〈사공〉을 발표하였는데 어딘지 은유의 기법이 비슷합니다. 사공의 '조그마한 우주선에 이 한 몸 태우고서'와 일여선가의 '걸림 없는 일여선에 이 내 한 몸 넌짓 싣고'의 선船이란 은유가 서로 통하고 있습니다.

일여선一如船은 성품의 여여한 상태를 배로 은유한 것입니다. 성품의 배는 하나 둘의 상대적 하나가 아니라 하나 밖이 없는 무외無外의 하나로 변함이 없는 불생불멸의 여여한 자리입니다. 이 절대계의 배를 타고 현상계를 자유자재하게 소요하자는 것으로, 대산의 큰 산 이미지와 메타포가 통합니다.

〈일여선가〉는 5행을 1절로 삼은 6절의 창가로, 성가 140장 〈고요한 밤 홀로 앉아〉는 이 〈일여선가〉의 1절과 5절을 윤문한 것입니다.

〈일여선가〉의 1절은 '고요한 밤 홀로 앉아 원적처圓寂處를 찾아가니 / 모든 법이 공한 곳에 영지불매靈知不昧 분명하다 / 증애심 없고 보면 통연명철 하옵나니 / 걸림 없는 일여선에 이 한 몸 넌짓 싣고 / 오고 감도 한가롭게 실렁실렁 가오리다'이며, 5절은 '일이 있어 동할 때도 일행삼매一行三昧 놓지 말고 / 일이 없어 정할 때도 일상삼매一相三昧 놓지 마소 / 과거의 성현님도 이 길을 닦았나니 / 동정일미 일여선에 이 한 몸 넌짓 싣고 / 자나 깨나 이십사시 삼매 중에 유희遊戱하니'라 노래하고 있습니다.

삼매 중에 노닐레라

〈일여선가〉에서의 '원적처圓寂處'를 성가 140장에서는 '마음고향'으로 윤문하였습니다. 마음고향은 원적처로 두렷하고 고요한 자리입니다.

『세전』에서는 원적처를 열반이라 달리 설명합니다. "열반이라 함은 우리말로는 두렷하고 고요하다는 뜻인 바, 두렷하다 함은 우리의 자성이 원래 원만구족하고 지공무사한 자리임을 이름이요, 고요하다 함은 우리의 자성이 본래 요란하지 아니하고 번뇌가 공한 자리임을 이름이니"라 구체적으로 설명하고 있습니다.

이 원적처의 마음고향은 모든 법이 공한 곳이며 소소영령한 영지가 분명한 자리로, 간택하는 증애심이 없고 보면 통연 명철하다는 것입니다.

이를 성가 140장에서는 '뜬구름도 자취 없고 바람조차 흔적 없네'라는 문학적 감각으로 표현하고 있습니다. 그러면서 '맑고 밝은 강물 속에 둥근달로 벗을 삼아'라는 은유의 메타포로 윤문하고 있습니다.

성가 140장의 '뜬구름'과 '바람'은 〈일여선가〉의 '모든 법'과 '증애심'의 다른 표현이라 할 것입니다. 모든 법인 뜬구름이 공하고 증애심인 바람이 없고 보면, 맑고 밝은 성품의 강물 속에 영지불매한 혜광의 둥근달이 통연 명철하게 떠올라 벗이 된다는 것입니다.

그리하여 '걸림 없는 원적처의 일여선에 이 내 한 몸 넌짓 싣고 오고감도 한가로이 두리둥실 소요하자'는 것입니다. 두리둥실을 〈일여선가〉에서는 실렁실렁으로 표현한 것이 재밌습니다.

'고요한 밤'은 성품의 적적한 측면의 은유라면 '홀로 앉아'는 상대가 끊어진 언어도단의 입정처의 은유입니다. 고요한 성품의 밤에 상대가 끊어진 홀로의 성품 자리에 앉아 마음고향을 찾아가자는 것입니다. 마음이 고요하여 상대가 끊어져 독존하는 원적처의 마음고향을 찾아가자는 것입니다.

마음에 일어나는 망상을 놓아버리고 그 망상을 있게 한 그 바탕을 직시하면 마음고향이 찾아지며 그 자리는 상대가 끊어져 짝이 없는不侶者 자리입니다. 망상인 줄 아는 그 마음에는 망상이라는 요란함이 있을 수 없는 절대의 고요자리이며, 망상이다 고요하다는 상대가 없는 절대의 홀로이니, 그 걸림 없는 일여선에 탑승하자는 것입니다.

2절은 동정 간에 삼매를 놓지 말자는 동정간불리자성動靜間不離自性의 공부를 말하고 있습니다. 동정 간에 삼매가 단절이 없는, 자성을 놓치지 않는 공부를 하자는 것입니다. 그래서 일이 있는 동할 때는 일행삼매一行三昧를, 일이 없는 정할 때는 일상삼매一相三昧를 하자는 것입니다.

이는 『정전』 무시선의 강령인 "육근이 무사하면 잡념을 제거하고 일심을 양성하며, 육근이 유사하면 불의를 제거하고 정의를 양성하라."와 맥을 같이 합니다. 잡념이란 망상을 놓아버리면 원만구족한 성품의 일심이 드러나며, 불의에 관심을 두지 않으면 지공무사한 성품이 드러납니다. 이 성품의 정의를 자각하여 이를 경영하자는 것입니다.

소태산 대종사는 일상삼매는 육근이 무사할 때에 잡념을 제거하고 일심을 양성하는 것이며, 일행삼매는 육근이 유사할 때에 불의를 제거하고 정의를 양성하는 것이라고 구체적으로 설명해 주시고 있습니다.

그렇다면 일이 있다는 유사와 일이 없다는 무사의 기준은 무엇일까요? 대종사는 『정전』 사리연구에서 '일이란 인간의 시비이해'라고 정의해 주셨습니다. 그러므로 일이 없다는 것은 시비이해에 무관할 때이며 일이 있다는 것은 시비이해와 밀접하다는 것입니다. 시비이해의 영향권에서 벗어나 시비이해에 초연할 때와 시비이해의 자기장 속에서 시비이해에 직면하는 때입니다. 결국 동할 때는 시비이해에 직면할 때이며 정할 때는 시비이해에 초연할 때입니다.

대산 종사는 동정 간의 일상삼매와 일행삼매를 10가지 삼매로 제시해 주셨습니다. 선정 삼매, 염불 삼매, 감로甘露 삼매, 해탈 삼매, 와선 삼매, 선보 삼매, 낙고樂苦 삼매, 독서 삼매, 설법 삼매, 사상事上 삼매입니다. 이처럼 10가지 삼매로 동정 간에 간단이 없는 동정 없는 일여선에 탑승하여 삼매 중에 노닐자는 것입니다. 사상삼매가 일행삼매의 대표가 됩니다.

〈일여선가〉에서 '이십사시'와 '유희'를 성가 140장에서는 '두리둥실'과 '노닐레라'라는 문학적 표현으로 윤문하였습니다.

고요한 밤 홀로 앉아

김 대 거 작사
김 동 진 작곡

1.고 요 한 - - 밤 홀 로 앉 - - 아
2.일 이 있 - - 어 동 할 때 - - 는

마 음 고 향 찾 아 가 - 니 뜬 구 름 - - 도
일 행 삼 매 놓 지 말 - 고 일 이 없 - - 어

자 취 없 - - 고 바 람 조 차 흔 적 없 네
정 할 때 - - 는 일 상 삼 매 놓 지 마 오

맑 고 밝 – 은 – 강 물 속 – 에 – 둥 근 달 로 벗 을 삼 아 니
지 난 날 – 의 – 성 현 님 – 도 – 이 길 따 라 닦 았 나 니

걸 림 없 는 일 여 선 에 이 내 한 몸 넌 짓 싣 고
동 정 없 는 일 여 선 에 이 내 한 몸 넌 짓 싣 고

오 고 감 도 한 가 로 이 두 리 둥 실 가 오 리 다
자 나 깨 나 두 리 둥 실 삼 매 중 에 노 닐 레 라

3

원음 산책

성가 140장 〈고요한 밤 홀로 앉아〉의 반주를 듣고 있노라면, 물새가 호수를 나르는 듯 가벼운 상쾌함이 넘나듭니다.

잔잔한 호수에 유유히 흐르는 물결처럼 부드러운 선율이 마음을 잠재우며, 부드럽게 물 허리를 넘어가는 물결처럼 그 선율이 물결물결 출렁이는 듯합니다.

이처럼 음을 따라 마음을 실어보면 한없이 미끄러져 가는 영롱한 매력이 있으며, 어떤 잔잔한 평화로움이랄까? 듣노라면 그 평화로움에 깊이깊이 깊어만 집니다.

성가 140장 〈고요한 밤 홀로 앉아〉는 3/4박자의 '고요한—밤'으로 시작하여 좀 더 밝은 4/4박자의 '맑고 밝-은-'으로 전환됩니다. 전반부의 고요하면서 잔잔한 시조풍에서 점점 밝게 고조되는 박자를 탑니다.

이는 강-약-약의 3/4박자에서 강-약-중강-약의 4/4박자로 강약의 위치가 전환되기 때문이며 후반부의 음표 배치가 많아져 빠르게 느껴집니다.

그리고 3/4박자인 전반부의 셋잇단음표를 음률 있게 불러 시조 느낌이 나도록 부르는 것도 유념할 요소라 하겠습니다.

　시작하는 '고요한-밤'은 고요한 밤처럼 고요하게 부르면 좋을 듯합니다. 정말 고요한 밤 홀로 앉아 마음을 관하는 심정으로 고요함에 빠져들듯이 가늘면서 깊숙이 파고드는 심정이 되어야 할 듯합니다.

　'뜬구름도 자취 없고 바람조차 흔적 없네'를 부를 때는 이 노래를 부르는 지금 일체의 다른 생각이 없고 편안하게 노래만 부르는 심정이어야 하며, 그래서 결국 '맑고 밝은 강물 속에 둥근 달로 벗을 삼아'처럼 노래하는 그 마음이 명랑하고 편안하게 드러나야 할 것입니다.

　또한 '걸림 없는 일여선에'를 부를 때에는 정말로 마음에 아무것도 걸릴 것이 없는 심정으로 간절히 그러면서도 진지하게 부르면 좋을 듯 하며, '걸'에서 높은음을 낸다고 너무 강하지 않게 그러면서도 음에 힘이 있도록, 간절함이 드러나도록 해야 할 것입니다.

　'이 내 한 몸 넌짓 싣고'에서는 정말 이 한 몸을 성품의 일여선에 탁 싣고 자유롭게 삼매에 노니는 심정으로 불러야 할 것입니다. 힘을 빼고 그러면서도 의지가 분명한 감정이어야 하며, 노래를 즐기면서도 너무 가볍지는 않는, 가벼운 무게감의 노래이면 좋을 것입니다.

　성가 140장 〈고요한 밤 홀로 앉아〉는 김동진 작곡으로 교화부에서 원기75년 (1990) 성가로 제정합니다.

새벽하늘 맑은 기운

—

손정윤 작사 / 김동진 작곡

1. 새벽하늘 맑은 기운 하루를 시작하며
   법신불 사은님께 서원기도 올리고
   맑은 정신 고요한 맘 큰 기운 기르네
   맑은 정신 고요한 맘 큰 기운 기르네
   새벽하늘 맑은 기운 하루를 시작하며
   법신불 사은님께 서원기도 올리네

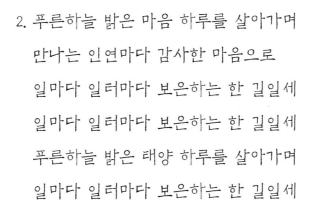

2. 푸른하늘 밝은 마음 하루를 살아가며
   만나는 인연마다 감사한 마음으로
   일마다 일터마다 보은하는 한 길일세
   일마다 일터마다 보은하는 한 길일세
   푸른하늘 밝은 태양 하루를 살아가며
   일마다 일터마다 보은하는 한 길일세

3. 고요한 밤 홀로앉아 하루를 반성하며
   법신불 사은님께 감사기도 올리고
   거듭난 새 맘으로 내일을 다짐하네
   거듭난 새 맘으로 내일을 다짐하네
   고요한 밤 홀로 앉아 하루를 반성하며
   법신불 사은님께 감사기도 올리네

I

일상 수행

성가 141장 〈새벽하늘 맑은 기운〉은 효산曉山 손정윤 교무의 작시입니다. 이 노래는 소태산 대종사께서 우리에게 제시해 주신 상시훈련의 상시 응용 주의 사항과 이를 일과수행으로 정리해 주신 대산 종사의 '수도인의 세 가지 일과'를 노래로 표현한 것입니다.

이는 마치 원곡을 새롭게 편곡한 것과 같다 할 것입니다. 효산은 소태산 대종사의 '상시훈련법'과 대산 종사의 '수도인의 일과' 법문을 먹고서 자기답게 자기 색깔로 다시 노래한 것입니다. 스승과 제자 사이의 이어받는 멋있는 모습이요 시대에 맞게 재탄생시킨 멋진 작품이라 할 것입니다.

소태산 대종사는 『정전』 '개교의 동기'에서 광대무량한 낙원으로 인도하는 방법으로 '사실적 도덕의 훈련'을 제시하며, 그 구체적인 방법으로 정기훈련과 상시훈련을 밝히고 있습니다. 정기훈련법이 공부인에게 정기로 법의 훈련을 받게 하는 것이라면, 상시훈련법은 공부인에게 상시로 수행을 훈련시키기 위한 것으로, '상시 응용 주의 사항'과 '교당내왕시주의사항'을 정해 주었습니다.

이 정기훈련과 상시훈련이 무시선의 공부이며 특히 상시 응용 주의 사항은 상시로 수행을 공부하는 중심축으로, 상시 응용 주의 사항은 일과수행이며 일상수행입니다.

이처럼 일상과 일과 속에서 수행하는 것이 원불교의 수행의 특징입니다. 그래서 '일상수행의 요법'이『정전』수행편의 첫 장을 열고 있으며, 제2장 정기훈련과 상시훈련을 통해서 정기와 상시로 나누고 특히 상시는 일상의 일과를 통해 수행하도록 하고 있습니다.

대산 종사는 이 일과를 아침, 낮, 저녁으로 크게 나누어 아침은 수양 정진 시간으로, 낮은 보은 노력하는 시간으로, 밤은 참회 반성하는 시간으로 정하여 정진하도록 하고 있습니다.

효산 손정윤 교무는 아침을 '새벽하늘 맑은 기운 하루를 시작하며'로, 낮을 '푸른 하늘 밝은 마음 하루를 살아가며'로, 저녁을 '고요한 밤 홀로 앉아 하루를 반성하며'로 하루를 구분하여 표현하였습니다.

2

상시 응용 주의 사항과 일과득력

소태산 대종사는 『정전』 수행편에서 '상시 응용 주의 사항'으로 상시훈련에 정진토록 합니다.

> 1. 응용應用하는 데 온전한 생각으로 취사하기를 주의할 것이요,
>
> 2. 응용하기 전에 응용의 형세를 보아 미리 연마하기를 주의할 것이요,
>
> 3. 노는 시간이 있고 보면 경전·법규 연습하기를 주의할 것이요,
>
> 4. 경전·법규 연습하기를 대강 마친 사람은 의두 연마하기를 주의할 것이요,
>
> 5. 석반 후 살림에 대한 일이 있으면 다 마치고 잠자기 전 남은 시간이나 또는 새벽에 정신을 수양하기 위하여 염불과 좌선하기를 주의할 것이요,
>
> 6. 모든 일을 처리한 뒤에 그 처리건을 생각하여 보되, 하자는 조목과 말자는 조목에 실행이 되었는가 못 되었는가 대조하기를 주의할 것이니라.

소태산 대종사는 하루를 '응용하는 데' '응용하기 전' '노는 시간' '석반 후' '잠자기 전' '새벽' '모든 일을 처리한 뒤' 등으로 일상을 구체적으로 구분해 주고 있습니다.

그리고 그 구체적인 일상에서 그에 맞는 구체적인 수행방법을 제시해 주고 있습니다. 일상에서 수행하고 일과에서 수행하여 힘을 얻도록 하고 있습니다.

대산 종사는 『정전』의 '일상수행의 요법'과 '상시훈련법'을 「수도인의 세 가지 일」로 요령 잡아 수행하도록 하고 있습니다.

1. 아침은 수양 정진 시간으로 정하여 마음의 때를 벗기는 선禪 공부를 계속해서 나날이 새 마음을 기를 일.
2. 낮은 보은 노력 시간으로 정하여 부지런히 활동을 해서 사은에 보답하여 나날이 새 세상을 만들 일.
3. 밤은 참회 반성 시간으로 정하여 하루 동안 신·구·의 삼업으로 남을 해친 일이 있는가 없는가 반성하여 나날이 새 생활을 개척할 일.

(대산종사법문집 1 『정전대의』)

이처럼 대산 종사는 일상과 상시를 아침, 낮, 밤으로 구분하여 수행토록 하고 있습니다.

또한, 좌산 종사는 일과 수행을 통해 일과로 득력하기를 주의시키고 있습니다.

그때 그때의 일과를 허송하면 빈 껍질만 남아 결국 영생사를 그르치게 되며, 그 일 그 일을 일심으로 하면 수양력이 쌓이고, 일마다 연마하여 알음알이를 찾아가면 연구력이 쌓이고, 대소사 간 정의만을 실행해 가면 취사력이 쌓이며, 아침은 수양정진, 낮에는 보은노력, 밤에는 반성참회를 하고 하고 또 하는데서 쌓이고, 않고 않고 또 않는 데서 무너진다. 지금 당장 착수하라. 실지로 하라, 쥐도 새도 모르게 하라. 꾸준히 하라, 그러하면 열리고야 말 것이다. 하다 말다 하다 말다 하면 결국 설익고, 하고 하고 꾸준히 하면 결국 익고야 만다. (『교법의 현실구현』, 일과에 대한 법문)

좌산 종사는 소태산 대종사와 대산 종사의 일상수행을 이어받아 일과 속에서 득력하기를 염원하고 있습니다. 일과 수행은 동정간불리선動靜間不離禪의 무시선無時禪이며 삼학병진수행인 것입니다.

효산 손정윤 교무는 아침은 수양 정진 시간으로 '새벽하늘 맑은 기운 하루를 시작하며 법신불 사은님께 서원기도 올리네.'라고 아름답게 노래하고 있으며, 낮은 보은 봉공 시간으로 '푸른하늘 밝은 태양 하루를 살아가며 일마다 일터마다 보은하는 한 길일세.'라 시감 있게 노래하며, 저녁은 참회 반성하는 시간으로 '고요한 밤 홀로 앉아 하루를 반성하며 법신불 사은님께 감사기도 올리네.'라 잔잔히 노래하고 있습니다. 일과로 수행하여 일과 속에서 득력하자는 것입니다.

효산은 이 일과수행으로 아침에는 '맑은 정신 고요한 맘 큰 기운 기르네', 낮에는 '일마다 일터마다 보은하는 한 길일세', 저녁에는 '거듭난 새 맘으로 내일을 다짐하네'라고 요점 잡아 노래 부르고 있습니다.

새벽하늘 맑은 기운

손 정 윤 작사
김 동 진 작곡

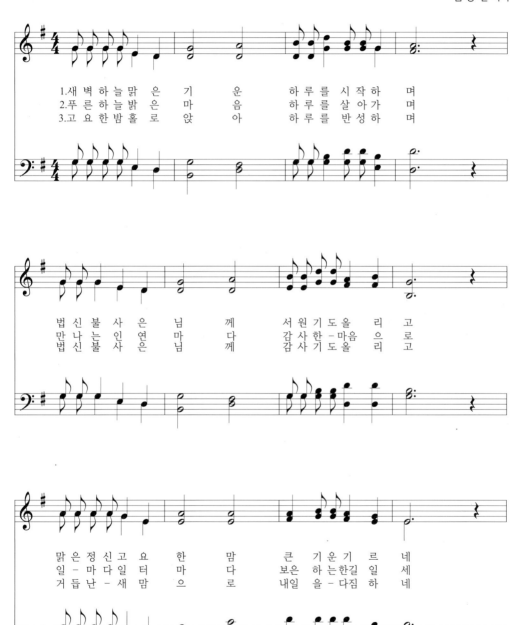

1.새 벽 하 늘 맑 은 기 운 　 하 루 를 시 작 하 며
2.푸 른 하 늘 밝 은 마 음 　 하 루 를 살 아 가 며
3.고 요 한 밤 홀 로 앉 아 　 하 루 를 반 성 하 며

법 신 불 사 은 님 께 　 서 원 기 도 올 리 고
만 나 는 인 연 마 다 　 감 사 한 – 마 음 으 로
법 신 불 사 은 님 께 　 감 사 기 도 올 리 고

맑 은 정 신 고 요 한 맘 　 큰 기 운 기 르 네
일 – 마 다 일 터 마 다 　 보 은 하 는 한 길 일 세
거 듭 난 – 새 맘 으 로 　 내 일 을 – 다 짐 하 네

맑은정신고요한 맘 큰 기운기 르 네
일 - 마다일터마 다 보은 하 는한길 일 세
거듭난 - 새 맘 으 로 내일을 - 다짐 하 네

새벽하늘맑은 기 운 하루를시작하 며
푸른하늘밝은태 양 하루를살아가 며
고요한밤홀로앉 아 하루를반성하 며

법신불사은 님 께 서원기도올 리 네
일 - 마다일터마 다 보은하 는한길 일 세
법신불사은 님 께 감사기도올 리 네

원음 산책

성가 141장 〈새벽하늘 맑은 기운〉의 반주를 듣노라면 전체적으로 경쾌하고 희망이 넘치는 템포의 노래입니다.

올림표(#) 조표가 붙어 있으므로 밝은 느낌으로 처지지 않게 4/4의 정박으로 부르면 좋을 것입니다.

이 성가 141장은 첫 소절에서 이 곡의 모든 정서가 시작되고 귀결되며, 전체의 의도가 담겨있으니 이 첫 소절에 감정을 잘 소화해야 할 것입니다.

1절, '새벽하늘 맑은 기운 하루를 시작하며'를 부를 때에는 정말 새벽하늘을 여는 듯한 마음으로 상쾌하게 부르고
2절, '푸른하늘 밝은 마음 하루를 살아가며'를 부를 때에는 하루를 힘차게 살아가는 마음으로 약동하는 마음으로 부르고

3절, '고요한 밤 홀로 앉아 하루를 반성하며'를 부를 때에는 하루를 마무리하는 마음으로 차분한 감정선을 타며 부르면 좋을 것입니다.

성가 141장은 3단락으로 구성되어 있습니다. 마치 서론 본론 결론의 구조와 비슷합니다.

첫 소절과 둘째 소절이 서론이라면 셋째와 넷째는 본론에 해당하며 다섯째와 여섯째는 결론에 해당한다고 볼 수 있습니다.

서론 부분과 결론 부분은 동어 반복적으로 서론이 결론에서 음이 변주되어 다시 한 번 서론을 강조하여 귀결되고 있는 구조입니다.

그리고 이 서론과 결론의 가운데에서 본론의 내용을 반복해서 펼치고 있습니다.

결국 이야기꾼은 이야기의 전개에 적절한 이야기 소재를 배치하듯이, 이 노래도 서론 본론 결론의 구조에 따라 노래의 흐름을 전개하는 구조미를 살려야 할 것입니다.

성가 141장 〈새벽하늘 맑은 기운〉은 김동진 작곡으로 원기75년(1990) 교화부에서 성가로 제정됩니다.

새벽하늘맑은 기 운 하루를시작하 며
푸른하늘밝은 태 양 하루를살아가 며
고요한밤홀로 앉 아 하루를반성하 며

법신불 사 은 님 께 서 원기도올 리 네
일 — 마다일터 마 다 보 은하 는한길 일 세
법신불 사 은 님 께 감 사기도올 리 네

지난날 일들을

—

김은준 작사 / 김동진 작곡

지난날 일들을 돌이켜보니
피로움도 즐거움도 내가 지었네
진정코 참회하여 임께 나아가
새 마음 새 생활 다짐하오니
마음에 지혜의 빛 날로 빛나고
온누리에 은혜의 빛 가득 하여라
지난날 일들을 돌이켜보니
피로움도 즐거움도 내가 지었네

피로움도
즐거움도
내가 지었네

성가 142장 〈지난날 일들을〉은 심산深山 김은준 교무가 지은 참회에 관한 노랫말입니다.

'지난날 일들을 돌이켜보니 괴로움도 즐거움도 내가 지었네'는 『정전』「참회문」의 "음양상승의 도를 따라 선행자는 후일에 상생의 과보를 받고 악행자는 후일에 상극의 과보를 받는 것이 호리도 틀림이 없으되"의 시적 표현이라면, '진정코 참회하여 임께 나아가 새 마음 새 생활 다짐하오니'는 「참회문」의 "영원히 참회 개과하는 사람"의 문학적 표현으로, '임'은 '일원상 진리'의 인격적 표현이며 '새 마음 새 생활'은 '참회 개과하는 사람'의 구체적 생활 태도라 할 것입니다.

그리고 '마음에 지혜의 빛 날로 빛나고 온누리에 은혜의 빛 가득 하여라'는 「참회문」의 "능히 상생 상극의 업력을 벗어나서 죄복을 자유로 할 수 있나니"와 의미적으로 통한다 할 것입니다. '지혜와 은혜의 빛'은 「참회문」의 "상생 상극의 업력을 벗어나서 죄복을 자유로 하는 것"입니다.

　지혜의 빛이 '일원상 진리'의 수행적 표현이라면 은혜의 빛은 '일원상 진리'의 신앙적 표현이라 할 수 있습니다.

　참회 개과하는 자리에는 상생이다 상극이다 할 일체의 업력이 끊어진 자리입니다. 그 업력의 기운에서 벗어나 있는 자리입니다. 죄를 죄로 알고 그 죄의 형상에 집착하지 않고 그 죄의 형상을 다 놓아버리고 관심을 주지 않고 간과하여 보아 넘기면 그 자리에 죄를 죄로 알아차리는 자성의 혜광이 드러납니다. 그 자리는 죄업이 공한 적적한 자리이면서 죄인 줄 훤히 아는 성성한 자리입니다.

　그러니 그 자리에 근거하여 마음을 작용하면 죄라 할 것도 없고 복이라 할 것도 없는 본래 마음입니다. 죄에 끌리지도 않고 복에 매이지도 않으므로, 복을 짓되 복에 매몰되지도 않는다는 것입니다. 죄복을 자유 할 수 있는 것입니다. 진정코 참회 수행하면 적적성성한 '지혜의 빛'이 날로 빛나고, 온누리에 은혜를 생산하는 '은혜의 빛'이 가득하게 되는 것입니다.

　『정전』「참회문」에서 "참회라 하는 것은 옛 생활을 버리고 새 생활을 개척하는 초보이며 악도를 놓고 선도에 들어오는 초문"이라 정의하고 있습니다. 즉 참회는 새 생활을 개척하는 첫 걸음이요 선도에 들어오는 첫 문열음이라는 것입니다. 참회 없는 새 삶과 행복의 길善道은 없는 것입니다.

　사람이 과거의 잘못을 참회하여 날로 선도를 행한 즉, 구업은 점점 사라지고 신업은 다시 짓지 아니하여, 선도는 날로 가까워지고 악도는 스스로 멀어지게 됩니다. 이는 전에 지은 구업의 악심前心作惡은 마치 구름이 해를 가린 것과 같으며, 신업을 다시 짓지 아니하여 선도는 날로 가까워지는 선심後心起善은 마치 밝은 불이 어둠을 파함과 같습니다.(『정전』「참회문」) 이는 성심으로 법신불 사은 전에 죄과를 뉘우치며 날로 모든 선을 행하는 사참事懺입니다.

또한 죄는 본래 마음으로부터 일어난 것이라 마음이 멸함을 따라 반드시 없어질 것이며, 업은 본래 무명인지라 자성의 혜광을 따라 반드시 없어지게 됩니다.(『정전』「참회문」) 이는 원래에 죄성이 공한 자리를 깨쳐 안으로 모든 번뇌 망상을 제거해 가는 이참理懺입니다.

2

모두 공한
그 자리에 그치오리다

성가 87장 〈참회의 노래〉는 범산 이공전 종사의 작사에 김성태 작곡가가 곡을 붙인 노래로 성가 142장과 연동되어 있습니다. 참회에는 사참과 이참이 있는데 이참의 내용이 성가 87장에 더 분명하게 노래하고 있습니다.

범산 종사는 1절에서 '내가 지은 모든 죄업 생각하오니 탐심 진심 어리석음 근본이 되어 몸과 입과 마음으로 지었던 바라 내 이제 모두 깊이깊이 참회합니다.'라고 노래하고 있습니다. 참회게의 "아석소조제악업我昔所造諸惡業 개유무시탐진치皆由無始貪瞋癡 종신구의지소생從身口意之所生 일체아금개참회一切我今皆懺悔"의 사참게事懺偈를 아름다운 우리말로 풀어 노래한 것입니다.

죄업의 근본은 탐진치 삼독이며 이를 몸과 입과 마음의 삼업으로 짓는다는 것으로, 사참은 바로 이런 죄의 근원과 현상을 진리 전과 당처에 참회하는 것입니다.

또한 2절에서 '죄업이 자성에는 본래 없으나 마음 따라 모든 죄가 일어났나니 그 마음 멸도 되면 죄도 공한 것 모두 공한 그 자리에 그치오리다.' 참회게의 "죄무자성종심기罪無自性從心起 심약멸시죄역망心若滅時罪亦亡 죄망심멸양구공罪亡心滅兩俱空 시즉명위진참회是卽名謂眞懺悔"의 이참게理懺偈를 멋진 우리말로 풀어쓴 것입니다.

죄의 근원인 탐진치를 완전히 제거하기 위해서는 이참을 해야 한다는 것입니다. 이참은 바로 자성에 비추어서 죄가 본래 없는 그 자리에 그쳐있는 것입니다.

자성에는 본래 죄가 없습니다. 그름도 없습니다. 그런데 그 자성을 망각하고 죄라는 형상에 집착하는 마음에 따라 죄가 일어나는 것입니다. 무명은 원래 있는 것이 아닙니다. 시작은 모르나 끝은 있습니다. 무명은 무시유종無始有終합니다.

죄는 본래 마음으로부터 일어난 것이라 마음이 멸함을 따라 반드시 없어지며, 업은 본래 무명인지라 자성의 혜광에 따라 반드시 없어지기 때문입니다.(『정전』「참회문」) 자성을 모르는 것이 무명입니다. 마치 바닷물이 바닷물인 줄 모르고 풍랑에 이는 파도인 줄만 아는 격입니다. 그러나 파도도 그 자체 그대로 바닷물인 것입니다. 바닷물인 줄 알 때 파도는 그대로 바닷물인 것입니다.

죄를 지은 줄 아는 마음에는 죄의 흔적이 없습니다. 만일 죄를 죄로 아는 마음에 죄가 있다면 그렇게 죄를 지은 줄, 죄인 줄 알 수 없습니다. 그래서 죄인 줄 아는 자성의 혜광에는 죄성罪性이 텅 빈 공한 자리입니다. 이 자성에는 내 외 중간에 털 끝만한 죄상罪相도 찾아볼 수 없는 것입니다.

죄도 다만 형상形相이니 이를 놓아버리면 그 자리에 적적성성한 자성불이 드러납니다. 이 죄를 죄인 줄 알아차리는 그 자리를 회광반조하면 적적성성한 자성불이 드러나며, 이 자성의 혜광이 항상 발하여 진대지가 정토가 됩니다. 진대지 그대로 청정하게 드러납니다.

성심으로 참회수도하면, 그 참회수도하는 자리에는 일체의 죄상이 다 떨어져버린 텅 빈 자리이며 또한 죄를 죄로 역력히 알아차리는 성성한 자리입니다. 이처럼 죄라 할 일체의 흔적이 공한 자성불을 깨쳐 마음을 적적성성한 자성불에 따라 사용하면 취할 것도 버릴 것도 미워할 것도 사랑할 것도 없게 되며, 동정 간과 순역 경계 간에 삼매 아님이 없게 됩니다. 그리고 삼계육도가 평등일미가 됩니다.(『정전』「참회문」) 삼계는 욕계, 색계, 무색계로 마음이 드러나는 현상이며 육도는 삼계의 다른 모습입니다.

이처럼 삼계육도가 다 자성불의 드러남이 되어 다 같이 청정한 한 맛平等一味이 됩니다. 욕계도 적적성성한 자성불의 드러남이요 색계 무색계도 자성불의 드러남이 되는 것입니다. 지옥도 적적성성한 자성불의 나타남이며 천당도 자성불의 드러남인 것입니다.

보통 일시적 참회심으로써 한두 가지의 복을 짓기는 하나 심중의 탐진치는 그대로 두기 때문에 죄업이 청정해 질 수 없습니다.(『정전』「참회문」) 원래 죄업의 근본인 탐진치 삼독심이 없는 본성을 깨치면 심중의 탐진치는 사라집니다. 탐진치는 형상이기 때문에 본성을 더럽히고 오염시킬 수 없습니다.

탐진치는 푸른 하늘의 구름처럼 허망할 뿐입니다. 바람에 흩날릴 뿐입니다. 내가 집착하고 관심을 주지 않는 이상 힘을 쓸 수 없습니다. 그냥 무심히 간과하면 됩니다. 관심을 주기 때문에 힘이 생기는 것입니다. 신경을 끄고 죄업으로 물들일 수 없는 죄업의 바탕인 죄성이 공한 자리를 직관하면 됩니다. 마치 구름의 배경인 푸른 하늘을 보는 것과 같습니다.

전과를 뉘우치는 사람은 많으나 후과를 범하지 않는 사람은 적습니다.(『정전』「참회문」) 사참의 궁극은 후과를 범하지 않는 것입니다. 전과만 참회하고 계속 후과를 범하면 이는 참회가 아닙니다. 참회놀이일 뿐입니다.

끓는 물을 냉하게 만들고자 하는 사람이 위에다가 약간의 냉수만 갖다 붓고 밑에 장작을 더 넣는 격입니다.

위에다가 냉수도 많이 붓는 사참도 많이 하고 밑에서 타는 장작불을 빼버려야 합니다.(『정전』「참회문」) 죄업의 근본인 탐진치 삼독의 죄상을 놓아버리고 적적성성한 자성불을 깨닫는 것입니다.

그리고 아무리 밑에서 타는 삼독의 근원을 꺼버렸다 해도 솥의 열기는 식지 않습니다. 진리의 가마솥은 식지 않습니다. 업이 다하지 않는 한 진리의 가마솥은 바로 식지 않습니다. 죄업이 공한 자성불을 깨쳤다 하여 번뇌와 착심이 바로 소멸되지는 않습니다. 정업의 죄업은 경하게 할지언정 면할 수는 없는 것입니다.(『정전』「참회문」) 밑에서 타는 장작불을 빼버리는 죄성이 본래 없는 이참과 냉수를 위에서 붓는 현실적인 뉘우침과 반성의 사참을 병행해야만 진리의 가마솥은 식는 것입니다.

지난날 일들을

김 은 준 작사
김 동 진 작곡

지 난 날 일 들 을 돌 이 켜 보 니

괴 로 움 도 즐 거 움 도 내 가 지 었 네

진 정 코 참 회 하 여 임 께 나 아 가

새 마 음 새 생 활 다 짐 하 오 니

마음에 지혜의 빛 날로 빛나고

온 누리에 은혜의 빛 가득하여라

지난날 일ー들을 돌이켜보니

괴로움도 즐거움도 내가 지었네

3

성가 142장 〈지난날 일들을〉의 반주를 듣노라면 어딘지 움츠리고 있던 꽃봉오리가 막 터지려고 하는 약동이 느껴집니다. 아직은 꽃봉오리가 활짝 피지는 못했지만 눈부신 꽃이, 그윽한 향기가 온 천지에 진동하려는 그 순간의 기운이 역력합니다.

마치 새 사람이 되어 이제는 과거와는 다른 새 생활을 막 시작하려는 설렘의 기대와 같습니다. 과거의 모든 잘못을 다 청산하고 저 꽃처럼 새롭게 피어나자는 것입니다.

작년에 핀 꽃은 작년 그대로 아름답고 올해 핀 꽃은 올해대로 아름다운 것입니다. 작년에 꽃이 된서리 맞았다고 올해 피는 꽃도 된서리 맞은 꽃은 아니기 때문입니다.
꽃은 피는 순간 그대로 피어나는 것입니다. 피어나는 그대로 아름다운 것이며 피어나는 그대로 새로운 것입니다. 그 모습 그대로 꽃다운 것입니다.

이처럼 성가 142장 〈지난날 일들을〉을 감상하고 있으면 뭉치는 기운이 느껴집니다. 꽃망울이 터지듯이 우리의 참모습이 그대로 드러나는 듯합니다. 아무리 더럽혀져도 더럽혀질 수 없는 우리의 참모습의 꽃망울이 막 터지려는 그 순간의 경이감. 이런 느낌이 있습니다.

성가 142장의 주제는 '지난날 일들을 돌이켜 보니 괴로움도 즐거움도 내가 지었네'에 있습니다. 첫 단락과 마지막 단락을 이루고 있는 이 노랫말은 이 곡의 서론이요 결론입니다. 모든 고락을 내가 지었다는 반성의 지점이 바로 참회의 시작이요 수행의 출발점이기 때문입니다.

그러니 정말 이 부분을 부를 때는 자신의 삶을 돌이켜 보는 성찰의 자세가 필요합니다. 정말로 자신을 돌이켜 보니 고락의 과보는 '내가 지은 것이구나'라는 깨달음이 일어나야 된다는 것입니다. 이런 깨달음이 일어나도록 간절히 불러야 할 것입니다.

'진정코 참회하여 임께 나아가 새 마음 새 생활 다짐하오니' 노랫말처럼 참회는 새 생활을 개척하는 초보이며 선도의 새 마음으로 들어오는 초문입니다.
그러니 참회심으로 법신불 일원상의 임께 나아가 간절히 참회가 되도록 노래해야 할 것입니다. 일체의 원망과 미움과 서운함이 없는 그 마음으로 이 대목을 불러야 할 것입니다.

성가 142장 〈지난날 일들을〉은 김동진 작곡으로 교화부에서 원기75년(1990)에 성가로 제정합니다.

자비로운 법신불

새 生命 주신 恩惠

—

손정윤 작사 / 김동진 작곡

자비로운 법신불 사은이시여
새 생명 주신 은혜 감사합니다.
부모 도리 다하도록 다짐하오니
건강과 성실함을 내려주소서

거룩하신 법신불 사은이시여
새 생명 주신 은혜 감사합니다.
법신불 큰 길 따라 살아가도록
착한 마음 밝은 지혜 내려주소서

명명식 및 출생 7주 기원식

성가 143장 〈자비로운 법신불〉인 '새 생명 주신 은혜'는 효산曉山 손정윤 교무가 『예전』 가례편의 '출생의 예'를 노랫말로 지은 것입니다.

소태산 대종사는 당시의 예법이 너무나 번거로워 사람들의 생활에 많은 구속을 주고, 경제 방면에도 공연한 낭비로 사회의 발전에 장해가 되므로 이를 개탄하여 원기11년(1926) 음력 2월에 종래의 예법을 개혁해 신정 의례를 발표하십니다.
그 대의는 사실을 주로 하여 허례를 줄이며, 정신을 주로 하여 형식을 따르는 새 예법으로 출생의 예, 성년의 예, 혼인의 예, 상장의 예, 제사의 예 등 입니다.

이 중에서 신정 의례의 출생의 예로는 입태 전후에 산모와 가권이 주의하는 법과, 산아 명명하고 출생 표기 세우는 법과, 축의 등을 저축하여 교육비에 충용하는 법 등을 정하십니다.

신정 예법을 발표한 후, 출생의 예는 회원 중에 이해하는 사람부터 실행하도록 하여 가장 먼저 실행한 사람은 원기10년(1925) 9월 1일에 태어난 진안 노덕송옥의 손자 김대봉(법명: 榮奉)이었고, 그 뒤 원기11년(1926) 12월 17일에 대종사의 셋째 아들 박길연(법명: 光振)이 태어날 때 신정 출생 의례를 행합니다. 소태산 대종사는 신정 의례를 실행하여 절약된 금액으로 공익기관 설립의 기초를 삼습니다.

『예전』 가례편 제2장의 출생편을 살펴보면, "출생은 사람이 세상에 나오는 처음이라, 그 일생에 제일 중요한 시기이며, 가정과 사회에서는 후사後事를 맡길 새 주인을 맞이함이라, 인간에 더할 수 없는 큰일이니라."고 정의하고 있습니다.

『예전』 가례편에서는 새 생명이 태어나면 명명식命名式과 출생 7주 기원식을 올리도록 권장하고 있습니다.

먼저 새 생명(유아)이 출생하여 7일이 지나면 그 이름을 짓고, 자택이나 교당에서 명명식을 하도록 하고 있습니다. 이때 유아의 부모는 법신불 일원상 전에 명첩名帖을 봉헌하고 간절히 사배를 올림으로써 새 생명의 이름이 이 아이에게 상생의 인연이 되도록 그리고 이 이름처럼 보은하는 인연이 되도록 기원하자는 것입니다. 이름은 '의미짓기'이기에 새 생명을 선도로 인도하는 지남침이 되기를 기원하는 것과 같습니다.

명명식을 마친 후에는 출생 표기出生標旗 예문 75)를 산실産室 앞에 걸었다가, 출생 제 7주일에 거두게 하고 있습니다.

이후 출생 후 7주일이 되면 새 생명(유아)의 장래 혜복을 위하여, 자택이나 교당에서 출생 7주週 기원식을 올리도록 권장하고 있습니다. 이때 유아의 부모는 간절한 마음으로 일원상 전에 유아의 지혜와 복락을 위해 헌배하고 기원하는 것입니다.

식을 마친 후에는 '출생 표기'를 거두고, 가세家勢의 정도에 따라 간소한 음식으로 친척 친우를 청하여 공양을 올리며, 친척 친우는 가세의 정도에 따라 약간의 축하금을 희사하여 불전 헌공에 보조할 것이며, 불전 헌공금은 불사佛事나 공공公共 사업에 사용하여 유아의 무형한 복을 빌 것이며, 혹은 이를 별도로 저축하였다가 유아의 장래 교육비 등에 쓰자는 것입니다.

이처럼 명명식과 출생 7주 기원식은『원불교 예전』의 시작이요 가례의 출발입니다. 이 명명식과 출생 7주 기원식이 실현될 때『원불교 예전』의 가례가 실답게 시작된다 할 것입니다.

2

새 생명
주신 은혜
감사합니다

『예전』가례편 제2장 출생을 보면, 아이가 출생하면 명첩名帖을 법신불 일원상 전에 봉헌奉獻하고 명명식 기원문命名式 祈願文을 올리도록 하고 있습니다.

〈명명식 기원문〉

원기 ○○년 ○월 ○일에, 불제자 父 ○○와 母 ○○는 ○월 ○일 ○시에 출생한 제 ○남(녀)를 [○○]라 命名하옵고, 삼가, 법신불 사은 전에 그 장래 혜복을 발원하오니, 거룩하신 은혜와 위력을 항상 가피加被하시와 이 어린이의 심신이 고루 건전 발육되게 하옵시고, 장성하여서는 바로 옳은 지도인을 만나서 정당한 법을 배우며 국한 없는 공도 사업에 헌성獻誠 활동하는 보은 인물이 되게 하여 주시옵소서. 법신불 사은의 거룩하신 은혜와 위력 아래 출생한 공변된 어린이 [○○]를 저희들도 잘 기르고 가르쳐서 반드시 그러한 인물이 되도록까지 모든 사랑과 정성을 이에 다하겠사오니, 법신불 사은이시여! 통촉하시옵소서.

위의 '명명식 기원문'을 범산 이공전 종사는 성가 40장에서 '명명식命名式 노래'로 간결하게 풀어주었습니다.

'슬기를 내리소서 건강을 내리소서 만물의 영장으로 일하러 나온 아기 새 사람 맞이하여 새 이름 주었으니 새 세상 주인 되어 큰일하게 하옵소서. 공심을 내리소서 덕행을 내리소서 네 가지 거룩하온 은혜로 나온 아기 새 사람 맞이하여 새 이름 주었으니 네 가지 크신 은혜 모두 갚게 하옵소서.'
새 세상의 주인 되어 보은자가 되기를 기원하고 있습니다.

효산 손정윤 교무는 『예전』의 명명식 기원문과 범산 종사의 성가 40장 '명명식 노래'를 이어받아서, 성가 143장 '새 생명주신 은혜'로 다시 부르기 하고 있습니다.
성가 143장 1절에서 새 생명이 태어나면 법신불 사은 전에 새 생명 주신 은혜에 감사드리며, 부모 도리 다하도록 다짐하오니 건강과 성실함을 주시기를 노래로 기도하고 있습니다.

효산은 평소 많은 법명을 짓게 되었는데, 법명을 지을 때 정성을 모아 텅 빈 마음으로 떠오르는 영감으로 이름을 지었다 합니다. 청정한 정성을 모은 기운으로 법명을 지어야 그 기운이 응하기 때문입니다.

또한 『예전』에 출생 7주가 되면 출생 7주 기원문을 올리도록 밝히고 있습니다.

〈출생 7주 기원식 기원문〉
원기 ○○년 ○월 ○일에 불제자 父 ○○와 母 ○○는 제 ○남(녀) ○○의 출생 후 7주일을 맞이하와, 삼가, 법신불 사은 전에 그 장래 혜복을 발원 하오니 거룩하신 은혜와 위력을 항상 가피하시와 이 어린이의 심신이 고루 건전 발육되게 하옵시고 장성하여서는 바로 옳은 지도인을 만나서 정당한 법을 배우며 세간의 모든 소원을 성취하는 동시에 국한 없는 공도 사업에 헌성 활동하는 보은 인물이 되게 하여 주시옵소서. 법신불 사은의 거룩하신 은혜와 위력 아래 자라는 공변된 어린이 [ㅇ 이]를 저희들도 잘 기르고 가르쳐서 반드시 그러한 인물이 되도록까지 모든 사랑과 정성을 이에 다하겠사오니, 법신불 사은이시여! 통촉하시옵소서.

다산 김근수 종사는 성가 101장 〈천진하온 어린이는〉의 '애유愛幼의 노래'에서 출생 7주 기원문에 따라 "천진하온 어린이는 이 세상의 장래 일꾼 연약한 몸 동작함이 천지공사 흡사하네. 묵은 세상 개척하고 새 세상을 이룩할 이 순진하고 귀여우신 어린이들이 아닌가. 보고 듣고 하는 것이 어른들을 본받으니 본래면목 천진성을 어김없이 길러보세. 천진난만 어린이들 보호하고 사랑하세 온 세상의 어린이를 계한 없이 사랑하세."라 노래하고 있습니다.

효산 손정윤 교무는 다산의 '애유의 노래'처럼 '출생 7주 기원문'을 내면에 침잠시켜 자기화하고 있습니다. 이는 자기 언어로 자기 삶으로 '다시 부르기'한 것입니다.
즉 성가 143장 '새 생명 주신 은혜'의 2절에서 법신불 사은 전에 새 생명 주신 은혜에 거듭 감사드리며 법신불 큰 길 따라 살아가도록 착한 마음 밝은 지혜 내려주시기를 노래하고 있습니다.

향후 '명첩名帖'과 '출생표기出生標旗'를 다양하게 현대적으로 문화화하는 작업(인터넷과 SNS 등)이 필요하며, 명명命名에 건강과 성실함과 슬기와 공심을 심어주는 의식으로 살려내야 할 것입니다.

자비로운 법신불

새生命 주신 恩惠

손 정 윤 작사
김 동 진 작곡

자 비 로 운 법 신 불 사 은 이 시 여

새 생 명 주 신 은 혜 감 사 합 니 다

부 모 도 리 다 하 도 록 다 짐 하 오 니

건 강 과 성 실 함 을 내 려 주 소 서

거룩하신 법신불 사은이시여

새 생명 주신은혜 감사합니다

법신불 큰길따라 살아가도록

착한마음 밝은지혜 내려주소서

원음 산책

'새 생명 주신 은혜'라는 부제를 달고 있는 성가 143장 〈자비로운 법신불〉의 반주를 듣노라면 하늘에서 하늘하늘 축복의 서기가 내리는 듯하며, 미풍이 어디선가 살랑살랑 불어와 얼굴에 웃음 짓도록, 기분 좋게 스치어, 기쁨이 솟아나도록 간질이는 듯합니다.

또한 반주를 들으면 들을수록 전체적으로 보자기로 포근히 감싸주는 듯 따스함이 밀려옵니다. 어느새 그 포근한 음에 안기어 새록새록 잠들고픈 기분이 들며 기분 좋은 꿈나라로 떠나 노니는 듯합니다.

성가 143장 〈새 생명 주신 은혜〉는 첫 소절의 '자비로운 법신불 사은이시여 새 생명 주신 은혜 감사합니다'의 간절한 감사기도에 모든 정성을 다해서 불러야 할 것입니다.

반주에 있어서도 첫째 소절의 '자비로운 법신불 사은이여'와 다섯째 소절의 '거룩하신 법신불 사은이시여'에서 배경반주가 폭포수 내리듯 사은의 은혜가 하늘하늘 하감하고 응감하여 은은히 퍼져 울립니다.

셋째 소절의 '부모도리 다하도록 다짐하오니'와 일곱 째 소절의 '법신불 큰 길 따라 살아가도록'이 실천의 핵심적 내용이 되니, 잔잔하면서도 마음에 다짐을 더해 불러야 할 것입니다. 마치 강물이 유유히 흐르나 아무리 큰 배라도 떠받들어 싣고 가듯이 평온하게 부르지만 내실의 다짐을 묵직이 밀고 가야 할 것입니다.

그러할 때 넷째 소절과 여덟째 소절에서 새 생명의 '건강과 성실함' 그리고 '착한 마음 밝은 지혜'를 간절히 바라듯이, 법신불 사은님과 감응될 것입니다.

성가 143장은 32마디로 4도막 형식으로 강-약-약의 3/4박자로 밝게 리듬으로, 아기의 탄생을 축복하며 감사하는 기분으로 불러야 할 것입니다.

특히, 넷째 소절의 '내려주소서'에서 올림표(♯)가 있으니, 그 간절한 기원을 그 반음올린 음정에 실어서 쭉 치고 올려 노래하면 그 간절함이 더욱 살아날 것입니다.

성가 143장 〈자비로운 법신불〉은 김동진 작곡으로 원기75년(1990)에 교화부에 의해 성가로 제정됩니다.

자 비 로 운 법 신 불 사 은 이 시 여

새 생 명 주 신 은 혜 감 사 합 니 다

해와 달이 돌고 돌아
一圓家庭의 노래

—

양해관 작사 / 김동진 작곡

해와 달이 돌고 돌아 세상 밝히고
하늘 땅이 서로 도와 만물 기르듯
어버이 품 안에서 아이 자라고
아이들의 웃음으로 즐거운 하루
우리 집 모두 모두 고마운 사랑
서로서로 감사하는 일원의 가정

우리 집
모두 모두
고마운 사랑

　성가 144장 〈해와 달이 돌고 돌아〉는 '일원가정의 노래'라는 부제가 붙은 곡으로, 혜산慧山 양해관 교무가 재가·출가 모든 가정이 감사생활하는 일원의 가정이 되기를 염원하며 작사한 노래입니다.

　양해관 교무는 유아교육을 전공하였고 유아교육기관을 오랫동안 운영해온 유아교육자이기도 하며, 월간 『원광』에 자녀의 성장 과정을 진솔히 펼쳐낸 〈하늘사람 이야기〉를 오랫동안 연재합니다.

　이 〈하늘사람 이야기〉를 통해서 자녀는 어른이 되어 보은하는 것이 아니라 성장해 가는 과정 그 자체가 부모에게 기쁨을 주고 행복을 주는 것으로, 자녀의 성장 자체가 은혜라는 감각감상을 진솔히 전개하고 있습니다.

　양해관 교무는 이러한 아이들과의 경험을 통해서 만일 사은 너머의 제5은이 있다면 '자녀은'이 될 것이라 주장합니다. 자녀는 가정의 꽃으로 부모와 자녀는 서로서로 '고마운 사랑'이기 때문으로, 사랑은 사랑이되 고마운 사랑으로 부모와 자녀는 서로에게 있어 고마운 사랑이라는 것입니다. 사랑에 고마움이 붙어야 진정한 사랑입니다.

성가 144장의 노랫말처럼 해와 달, 하늘과 땅은 부모의 역할로 표현하고 있습니다. '해와 달이 돌고 돌아 세상 밝히듯' 부모가 아이를 돌보아 자라게 하고, '하늘 땅이 서로 도와 만물 기르듯' 부모가 서로 합력하여 자녀들을 길러낸다는 것으로, 부모는 엄부嚴父와 자모慈母로 상징되는 역할에 따라 아이를 기른다는 것입니다.(『대종경』교의품 36장)

이는 생물학적 구분이 아니라 부모의 역할을 상징적으로 표현한 것으로, 가정은 부모은이 발현되는 현장이라는 것입니다.

해와 하늘의 역할과 달과 땅의 역할을 아버지와 어머니, 엄부와 자모의 역할에 연결시킨 것입니다. 그렇다고 이 역할은 고정된 것이 아니라 상황에 따라 아버지가 어느 때 엄부였다가 어느 때는 자부慈父가 되고 엄마가 어느 때는 자모였다가도 엄모嚴母가 되기도 합니다.

이러한 부모의 역할이 잘 되는 가정에서 자란 아이들은 웃음꽃이 피어나고 '즐거운 하루'가 되며, 이러한 부모의 사랑과 자녀의 효친이 있는 집안은 '서로서로 감사하는 일원의 가족'이 될 것입니다.

법신불 일원상이 드러날 때 부모는 부모은이 됩니다. 부모와 자녀 사이에 고마운 사랑이 넘쳐나게 되는 것입니다.

일원상을 마음에 모시어 일원상으로 만나야 합니다. 일원상이 드러나지 않으면 부모도 내 마음에 따라 사랑했다가도 미워하기를 반복하는 대상이 되며 설사 사랑하는 자녀도 미움의 대상으로 전락될 수도 있는 것입니다.

그러므로 일원의 가정은 일원상으로 부모를 모시고 일원상으로 자녀를 사랑하는 것입니다.

　'일원의 가정'은 일원상의 진리를 모시는 가정입니다. 서로서로 감사하는 고마운 사랑 속에서 일원상의 진리가 발현되는 것이니, 일원의 가정은 법신불 일원상을 체 받아서 '고마운 사랑'이 넘쳐나는 진급이 되고 은혜를 입는 가정인 것입니다.

2

서로서로
감사하는
일원의 가정

첫째, 가정은 인연의 원형입니다.

아버지는 세상에 태어나서 처음 만나는 남성상의 원형이며 어머니는 여성상의 원형이니, 이 원형에 어두운 상처가 있게 되면 일체의 인연관계에 장애가 발생하게 됩니다.

즉 아버지상에 상처가 있으면 모든 남자와의 관계에 문제가 발생하기 쉽습니다. 예를 들어 직장에서 권위로 상징되는 상사와의 관계에서 상처 입은 아버지상이 투사되어 그 관계에 문제가 발생하게 되며, 또한 어머니상에 상처가 있으면 어머니로 상징되는 관계에 문제가 발생되는 경우가 많게 됩니다. 배우자 선택에 있어서도 좋아하고 싫어하는 그 기저에는 이 원형의 아버지상과 어머니상이 투영되는 것입니다.

그러니 이 원형의 부모상에 상처가 있을 때는 부모와 화해할 때 모든 인연의 어두운 관계가 풀려 인연을 대하는 시각이 맑아지고 밝아질 수 있는 것입니다. 화해의 기초는 부모에 대한 어두운 생각 자체를 참회하는 것입니다. 참회를 할 때 원형의 부모상에 의해 가려져 있던 어두운 장막이 걷히어 모든 인연을 화창하게 바라볼 수 있게 되기 때문입니다.

둘째, 가정은 인연작복因緣作福의 최전선으로 인연관계 속에서 복락을 장만하는 가장 기본이 되는 현장입니다.

남편과 아내 사이, 부모와 자식 사이는 인연작복의 공식을 터득하는 일선입니다. 공식을 모르면 문제를 풀 수 없듯이 이 인연작복의 공식을 가정에서 잘 배우지 못하면 사회생활에서 문제가 발생하는 경우가 많게 되어 삶이 힘들어 집니다. 이처럼 가정은 인연작복을 체득하는 시발점입니다.

가정에는 도가 있습니다. 가까이는 부부의 도와 부모의 도, 자녀의 도, 형제 친척의 도가 있습니다. 이 도를 따라 실행하면 부부 사이에 은덕이 피어나고 부모 사이에 은덕이 솟아나고 자녀와 형제 사이에 은덕이 펼쳐집니다. 특히 일원가정은 부모보은의 실천장이며 자녀를 일원의 부처님으로 기르는 배양장이니 일원의 도를 따라 그 덕을 실천하는 첫 걸음이 됩니다.

셋째, 가정은 공익의 기반입니다.

과거의 가족이 대가족의 가문이라면 근대의 가족은 자본주의 체제를 거치면서 아빠-엄마-자녀의 단순한 삼각형 구조의 가족으로 재편되었습니다. 근대 이후의 가족은 소비의 최전선이 된 것입니다. 이처럼 아빠-엄마-아이라는 가족 삼각형은 철저하게 아이를 소비의 주체로 만들었으며, 자본으로 아이를 양육하는 구조에 포획시킨 것입니다.

이러한 닫힌 가족 삼각형을 열어야 합니다. 이것이 가족만을 위하는 사상을 공도를 위하는 사상으로 가꾸는 소태산의 가족관입니다. 소태산 대종사는『정전』'과거 공도 사업의 결함 조목'으로 "가정에 헌신하여 가정적으로 숭배함을 받는 것과 공도에 헌신하여 공중적으로 숭배함을 받는 것이 무엇인지 아는 사람이 적었음이니라."라고 제시하고 있습니다. 가족을 소비의 시장에서 선물을 나누는 나눔의 공간으로 가꾸자는 경륜입니다.

가족은 열린 가족이 되어야 합니다. 닫힌 가족은 부父-모母-자녀의 가족 삼각형만을 위한 삶이 되어 고독한 가족이 되고 맙니다. 교육 중의 교육은 관계를 열어주는 것으로, 관계는 대화이며 이는 타자를 존중하고 공감할 수 있는 인간으로 성장시키는 것입니다. 개인의 자유가 존중되면서 서로 함께하는 연대하는 관계를 가족에서부터 이루어져야 하기 때문입니다.

'자유로운 연대', '개인 있는 우리'를 실현하는 최전선이 가족입니다. 만일 개인의 가치가 존중되지 못하고 조직에 종속되고 희생하는 개인으로 길러진다면 이는 우울한 삶이 될 것입니다. 개체의 자유가 보장되면서 그런 찬란한 주인공들이 서로 함께하여 유대를 갖는 가족이 되어야 합니다. 이런 열린 가족이 될 때 개인의 자유와 타인의 권리가 동시에 존중되는 사회로 진화해 갈 것입니다.

넷째, 가정에는 뜰이 있어야 합니다.

가정의 뜰은 바로 아빠-엄마-자식의 관계성입니다. 엄마와 자식의 관계가 친밀성을 형성한다면 아빠-자녀의 관계는 사회화를 길러줍니다. 엄마로 상징되는 친밀성의 관계가 약해도 안 되고 아빠로 상징되는 사회질서의 관계도 약화되면 안 되는 것입니다. 이를 소태산은 자모와 엄부로 상징하고 있습니다. 가정이란 뜰에서 친밀성의 관계와 질서의 사회성이 아울러질 때 자녀는 주체성과 사회성이 확립

되기 때문입니다.

인간이 언제부터 가정을 형성해 왔는지는 몰라도 가정은 인간을 인간답게 하는 중요한 뿌리입니다.

대산 종사는 원기79년 가정의 해에 즈음하여 "가정은 낙원이요 불국정토라 부모님은 자비불이시니 자녀는 불보살로 진리가 부모님께 의탁시켰다. 그러므로 서로 진리와 도와 법과 철학으로 스승삼고, 상봉하교의 의무와 책임을 다하여 보은의 일꾼이 됩시다."(『대산종사수필법문집』) 하며 가정의 중요성을 강조하십니다.

또한 "내가 부모와 자녀에게 소홀하고 업신여기면 남도 그리하므로 먼저 자기 가정을 불국 정토화해야 하나니, 부모들은 각자가 자비불임을 확인하고 자비불의 행을 해야 할 것이요, 자녀들은 각자가 불보살임을 확인하고 불보살의 행을 하여야 하느니라. 그리하려면 인생의 요도와 공부의 요도를 빠짐없이 실행하여 각자가 맡은 바 의무와 책임을 다해야 하느니라."(『대산종사법어』 경세편 8장)하며 가정의 도를 강조하셨습니다.

그리고 『세전』에서는 "가정은 인간생활의 기본이라, 사람이 있으면 가정이 이루어지고 가정에는 부부로 비롯하여 부모 자녀와 형제 친척의 관계가 자연히 있게 되는 바, 그 모든 관계가 각각 그에 당한 도를 잘 행하여야 그 가정이 행복한 가정, 안락한 가정, 진화하는 가정이 될 것이니라." 밝히고 있습니다.

이렇듯 가정은 모든 관계의 근간입니다. 가정이 올바르지 못한 사회는 뿌리 썩은 나무와 같기 때문입니다. 가정은 일상생활에서 마음공부하는 터전이며 좋은 세상을 가꾸는 평천하의 기본인 것입니다.

이처럼 가정은 인간생활의 기본이요 바탕입니다. 가정을 통해서 사회생활도 잘 전개할 수 있고 국가경영도 잘 운영할 수 있는 것입니다. 가정이 바탕이라는 것입니다. 그렇다고 가정의 도를 잘 실행하지 못한다고 해서 사회생활이나 국가적인 일을 못 한다는 것은 아닙니다. 바탕이 된다는 것이지 전제가 된다는 것은 아니기 때문입니다.

결국 일원가정은 일원상과 더불어 그 진리의 깊은 맛을 체험하여 열린 부-모-자의 관계로서, 고마운 사랑이 넘치는 감사생활을 누리자는 것입니다.

해와 달이 돌고 돌아

―圓家庭의 노래

양 해 관 작사
김 동 진 작곡

해와 달이 돌고돌아 세상밝히―고 하늘땅이 서로도와

만물기르 듯 어버이 품안에서 아이자라고

아이들의 웃음으로 즐거운하 루 우리집 모두모두

고마운사 람 서로서로 감사하는 일―원의가―정

3

원음 산책

성가 144장 〈해와 달이 돌고 돌아〉의 일원가정의 노래를 듣노라면 소풍 가는 기분이 떠오릅니다. 가족들이 즐겁게 재잘거리며 소풍 떠나려 하는 그 설레는 마음이 듭니다.

리드미컬한 박자는 기분을 살려주면서 이상을 향해 가고자 하는 추진력이 있는 듯하며, 리듬 있는 발걸음 같은 박자감은 생동 있는 기운을 주면서 꿈을 향해 나아가는 힘이 있습니다.

성가 144장은 올림표(♯)가 있는 '즐거운 하루'를 음감 있게 부르면 더욱 정감어릴 것입니다. '아이들의 웃음으로'를 식구들이 저녁식사를 다 마치고 서로 모여 재잘거리는, 웃음으로 정답게 노닐 듯이, '웃음으로'에서 한 호흡 들이쉬고서 치고 오르는 산행처럼 부른 후 '즐거운 하루'의 반음올림의 변음에 따라 업up하여 부르면 노래의 맛이 더욱 좋을 것입니다.

그리고서 마지막의 '서로서로 감사하는 일-원의 가-정'에서 이 노래의 모든 정감을 다 담아서 일원의 가정을 가꾸겠다는 다짐의 원력으로 부르면 더욱 좋을 것입니다.

성가 144장 〈해와 달이 돌고 돌아〉는 김동진 작곡으로 원기75년(1990)에 교화부에 의해 성가로 제정됩니다.

길이 정정하소서

—

이종원 작사 / 김규환 작곡

1. 젊고 늙는 일은 대자연의 너른 자락
   온통 다 바쳐주고도 한 평생이 모자라
   그 서원 장강이 되어 유유히 흐르니라

2. 허구한 날 바쁜 일손도 오늘만은 놓으시고
   여기 두렷이 모신자리 무량은을 기리느니
   늘 봄을 누리신 마음 길이 정정하소서

그 서원
장강이 되어
유유히 흐르나라

　성가 145장 〈길이 정정하소서〉는 현산 이종원 종사의 작시로, 동료들의 회갑식을 맞이한 축시입니다.

　새 성가의 대부분은 첫 구절을 따서 제목으로 삼고 있으나 이 성가는 마지막 구절을 따라 제목으로 삼고 있습니다.(128장도 마지막 구절을, 154장은 중간 구절을 따서 제목으로 삼고 있음)

　현산 이종원 교무는 교단 언론계의 주역이요 산증인으로, 불법연구회 〈회보〉를 이어받은 〈원광〉 잡지를 만든 주역입니다. 6.25 한국전쟁 후 〈원광〉 제6호를 송대에서 복간할 당시 종법사인 정산 종사를 모시고 "①평범한 말을 통해 진리를 전달하라. ②마음을 열어주고 일깨우며 선행을 권장하는 희망의 글을 실어라 ③어디에 치우치지 않고 글 속에 진리가 담겨있게 하라"는 편집 방향의 부촉과 감정을 받는 행운을 얻게 됩니다.

　후일 이종원 교무는 정산 종사의 이러한 부촉에 대해 마음의 언어, 민중의 언어,

개벽의 언어가 담긴 〈원광〉을 만들라는 말씀으로, 무한한 희망을 주신 성자의 덕화라고 추모합니다.

현산 이종원 교무는 유일학림 2기로 출가하여 원광사 재직 시절, 참으로 간고한 환경 속에서도 당시 교단의 유일한 기관지인 〈원광〉을 만드는 사명감과 보람으로 혈심혈성을 다하였고, 〈원광〉과 〈원불교신문〉에 수많은 사설과 논설, 시문을 남겼으며, 1955년 동아일보 동아시단과 1986년 시조문학을 통해 등단하여 당대의 박항식, 채규판 시인 등과 어깨를 나란히 한 시인입니다. 〈생명의 의미〉를 비롯한 〈만고일월〉 〈둥두렷 누리 은혜이시여〉 등 6권의 시집을 노래한 문인으로, 시인 고은은 '이종원 시의 심상은 달빛이고, 달빛 물든 백조' 라고 평하기도 하였습니다.

이처럼 어찌 보면 성가 145장 〈길이 정정하소서〉는 현산 이종원의 자화상일지 모릅니다. 가사처럼 '온통 다 바쳐주고도 한평생이 모자란' 일생이었으며, 전무출신으로서 공도 헌신하여 언론계에 보은 봉공을 하고, 수양과 독서와 집필을 하며 할 일을 다 한 '그 서원 장강이 되어 유유히 흐르는' 멋진 인생이었습니다.

현산 이종원 교무가 원기83년(1998)에 쓴 '나의 기도'는 서원의 장강을 이루고 있습니다.

이제 나는 진리 앞에 세상 앞에 역사 앞에 조용히 나아가 직립인간의 위없는 궁지로 서서 삼가 이렇게 비느니, 이 하늘과 땅 사이 나 하나 선 자리 나 하나가 바르게 서는 자리, 나 하나가 떳떳하게 사는 삶으로 나 하나가 넉넉히 안분하는 마음으로 내가 먼저 나를 다하여 주는 걸음으로, 내가 적게 갖고 이웃과 나누어 가지며, 서로서로 살려나갈 뿐만 아니라 마침내는 나는 그대가 되고 그대는 내가 되어 푸르른 생명 하나 푸르른 지구 하나 온누리 푸르른 희망 하나를 우리가 다 함께 다 같이 살아가게 하소서.

그의 서원은 푸르른 희망의 장강이 되어 흐르고 흘러 유유히 바다의 품으로 하나가 되고 있는 것입니다.

2

늘 봄을
누리신 마음
길이 정정하소서

『예전』가례편에 "회갑은 출생 후 60주년을 맞이하는 기념이니, 소년기와 장년기를 지내서 가정·사회·국가·세계를 통하여 모든 공부와 사업에 결실을 회고하는 뜻깊은 시기라, 그러므로, 당인에 있어서는 사은의 지중하신 은혜로 긴 세월을 지내 온 감사를 다시금 회상하는 동시에 보은 사업에 얼마만큼 노력이 있었는가를 반성하여 보자는 것이며, 친척·친우에 있어서는 또한 사은의 은혜로 얻은 수壽의 기쁨을 축하하는 동시에 그의 일생에 끼친바 공덕을 찬양하고 여년을 더욱 격려하자는 것이니라."고 정의되어 있습니다.

즉 회갑은 인생의 중간 결실을 회고하는 지점으로, 지금까지 살아온 일생에 있어 사은의 은혜에 감사를 드리며, 보은사업을 돌이켜 보자는 것입니다. 또한 주위 인연들은 그동안의 공덕을 찬양하고 남은 여생을 보람되게 지내도록 격려하는 의식인 것입니다.

성가 146장 〈길이 정정하소서〉는 회갑과 관련된 노래입니다. 회갑은 일생을 뒤돌아보는 중간점검 시기가 되기 때문입니다.

정산 종사는 회갑을 맞아 기념행사를 생략하고 전무출신 요양기관의 모체인 법은재단을 설립하게 하며(『정산종사법어』 경륜편 26~27장), 임칠보화, 윤석인 등 교도들의 회갑에 법문을 설하고 계신 것을 볼 수 있습니다. (『정산종사법어』 응기편 56~57장)

소태산 대종사는 『정전』 부모은에서 "사람의 생사라 하는 것은 자연의 공도요 천지의 조화"라 하였는데 이를 현산 이종원 교무는 '젊고 늙는 일은 대자연의 너른 자락'이라는 시어로 다시 풀어내고 있습니다.

이러한 생사의 자락에서 일생을 온통 다 바치고도 더 못 드려 아쉬워하는 회갑을 당면한 공도 헌신자에게, 현산 이종원 교무는 '장강長江'이란 헌사를 올립니다. 공도헌신의 그 서원이 저 길고 긴 강처럼 유유히 흐르는 삶이었다는 것입니다. 아름답고도 깊은 표현이라 아니할 수 없습니다.

그러면서 현산은 늘 공도에 헌신하고 헌신했던 일상에서 벗어나 오늘 이날만큼은 바쁜 일손을 놓고, 그 헌신의 무량은을 두렷이 기념하고 모시고자 모인 사람들의 축하와 격려를 받으시길 기리고 있습니다.

현산은 회갑을 맞은 공도 헌신자들을 위해 최고의 존경을 올리고 있습니다. '늘 봄을 누리신 마음!'이라는 화룡정점의 결구를 헌시하고 있습니다.

즉 생사에는 늙고 젊음이 있으나 그 서원은 늘 봄이었으며 그 봉공의 마음도 또한 늘 봄이었으며 마음공부의 바탕인 성품 자리를 항상 반조하여 생사가 다 떨어진 늘 봄 자리를 누리는 삶이었다는 것입니다.

현산은 자신의 원래 마음이 늘 봄이었음을 비추어 보아 '늘 봄을 누리신 마음!'이라 하였으며, '여기 두렷이 모신자리'의 주인공들에게 늘 봄으로 '길이 정정하소서'의 헌배를 올리고 있습니다. 최고의 헌배요 마음과 마음으로 올리는 헌배입니다.

길이 정정하소서

이 종 원 작사
김 규 환 작곡

1.젊 고 늙 는 일 - - - 은 대 자 연 의 너 른 자 락
2.허 구 한 날 바 쁜 일 손 도 오 늘 만 은 놓 으 시 고

온 통 다 - - 바 쳐 주 고 도 한 평 생 이 모 - 자 라 - -
여 기 두 렷 이 모 - 신 자 리 무 량 은 을 기 리 느 니 - -

그 서 원 장 강 이 되 어 유 - 유 히 흐 르 니 - 라
늘 봄 을 누 리 신 마 음 길 이 정 정 하 - 소 - 서

3

원음 산책

성가 145장 〈길이 정정하소서〉의 반주를 듣노라면 마치 평화로운 물 위를 폴짝 폴짝 뛰어 다니는 소년 소녀들의 모습이 연상됩니다. 경쾌하면서도 자유롭게 이리저리 한 무리의 뛰어다님을 느끼게 되며, 마치 왈츠풍의 스텝이 그려집니다.

성가 145장 〈길이 정정하소서〉의 하이라이트는 마지막 소절에 있습니다.

'그 서원 장강이 되어'와 '늘 봄을 누리신 마음'을 어떤 심정으로 부르느냐에 이 노래의 맛이 결정되기 때문입니다.

둘째 소절은 정다운 친구들과 시냇가 돌다리를 사뿐히 뛰어 넘으며 노니는 기분이라면, 셋째 소절은 정중히 어른을 모시는 마음으로 묵직한 베이스 톤을 깔면서도 분위기가 가라앉지 않고 어둡지 않게 부르는 것이 중요할 것입니다.

마지막 마디의 '길이 정정하소서'에서 한 호흡까지도 온 마음을 헌사하는 기분으로 부를 때 내 마음도 노래 부르는 공간도 다 화사해질 듯합니다.

성가 145장 〈길이 정정하소서〉는 김규환 작곡으로 원기75년(1990)에 교화부에 의해 성가로 제정됩니다.

김규환(1925. 8. 25 ~ 2011. 1. 16)은 평양 출생으로 해방 후 월남하여 동덕여중고 음악교사를 역임하였으며, 1961년부터 KBS 교향악단과 합창단을 지휘하였고, 특히 1968년에서 1983년까지 KBS 합창단 단장을 역임하였습니다. 한국작곡가협회 회장을 역임하였으며 대표곡으로 가곡 '남촌' 연가곡 '눈 내리는 밤' 등이 있습니다.

『한국작곡가사전』

건강을 주소서

—

이광정 작사 / 김동진 작곡

1. 건강을 주소서 건강을 주소서
   어질고 착한 이 불자
   기쁘게 살아갈 건강을 주소서
   어질고 착한 이 불자
   모든 병마 물리쳐 승전고 울리며
   일원세계 건설할 건강을 주소서
   건강을 주소서 건강을 주소서
   어질고 착한 이 불자

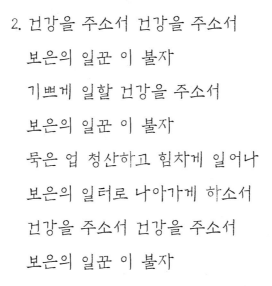

2. 건강을 주소서 건강을 주소서
   보은의 일꾼 이 불자
   기쁘게 일할 건강을 주소서
   보은의 일꾼 이 불자
   묵은 업 청산하고 힘차게 일어나
   보은의 일터로 나아가게 하소서
   건강을 주소서 건강을 주소서
   보은의 일꾼 이 불자

I

기쁘게 살아갈
건강을 주소서

성가 146장 〈건강을 주소서〉는 좌산 이광정 종사가 아픈 사람들이 건강해져서 보은의 일꾼이 되기를 바라는 마음으로 지은 가사입니다.

좌산 이광정 종사는 사상의학으로 아픈 사람들을 접하고 살피게 되다 보니, 환자들의 마음을 누구보다 깊게 이해하게 됩니다. 즉 사람들이 몸이 아프면 정신이 가라앉고 세상을 저주하고 사람들을 원망하게 되며 의욕 상실이 되어 밑바닥에 가라 앉는 모습에, 좌산 종사는 위로와 용기를 주고 싶고 정신이 되살아날 격려를 해주고 싶어 이 노랫말을 짓게 됩니다.

대산 종사는 "자력은 인격이요, 권리요, 행복이요, 건설이요, 건강이다."(『대산법문집』 1집) 하며 자력 양성의 중요한 항목 중 하나로 자기 건강을 잘 관리하는 것이라고 강조하십니다.

그러시면서 "우리의 몸은 교단의 몸이요, 인류의 몸이요 전 생령의 몸이요 대종사께서 낳아주신 분화신이기 때문에 기관을 맡은 동지들은 철저히 관리하여 소홀함이 없도록 하는 것이 항신恒身이다. 대종사께서도 '이 몸은 만사만리萬事萬理의 근본이다.'고 말씀하셨으니 이 몸 관리를 잘해야 공부도 잘할 수 있고 기관도 잘 거느릴 수 있는 것이다."(『대산법문집』 3집 수행편 104장)하시며 몸을 잘 관리하는 항신恒身을 당부하고 있습니다.

또한 그 항신의 방법으로 이어서 말씀하시기를 "나는 해방 직후에 뜻하지 않게 건강을 잃어서 약으로 치료가 안 되어 도인법導引法을 배워 몸 관리를 해오다가 요즘은 요가를 배워서 건강을 회복했다. 우리가 병을 얻는 원인이 한정된 육신에 제한 없는 정신을 쓰기 때문이다. 교단으로 보나 세계로 보나 앞으로 정신을 많이 쓸 것인데 건강관리를 잘못하여 병을 얻는다면 어찌하겠는가. 건강을 지키기 위해서 수양을 잘하여야 하지만 이 법륜대가 좋다. 수양을 통하여 수승화강水昇火降을 시키고 또 법륜대, 요가, 오단호흡으로 육신을 풀어 주어 항신恒身을 해야 한다. 밥 먹기 전에 한 번씩 하고 웃으면 소화에 좋다. 세 때에 웃는 운동을 해야 하겠다."고 하며 구체적인 건강관리법까지 제시해 주시었습니다.

좌산 이광정 종사는 대산 종사의 건강관리에 대한 당부를 이어받아, 『건강관리의 요제』라는 책을 직접 쓰시어 건강에 대한 지혜를 제시하고 있습니다.

좌산 종사는 이 책 머리말에서 "어려서부터 겪어온 병력을 돌이켜 본다면 크고 작은 병마를 모두 겪어온 세월이요 일생이었다. 그때마다 건강에 대한 지혜를 얻게 된 소중한 순간들이었다. 지금 이 순간에도 새로운 지병과 대치하고 있는 상황이다. 나는 이 상황에서도 소중한 건강 지혜를 얻게 되리라 확신한다. 당면한 건강 숙제를 화두로 걸고 합리적 방안을 모색해 가다 보면 끝내는 찾아내고야 말았다. …… 여기에는 많은 분들의 알뜰한 보살핌이 있었기에 그 은혜를 생각하면 결초보은의 마음을 게을리 할 수 없다. 그러기에 건강관리에 더 정성을 기울이며 보은 공사에 지장이 되지 않도록 지탱해 가고 있다. 아울러 나와 같이 병마에 시달리는 이들에게 선병자의 지혜를 참고 자료로 제공하고자 필을 들었다."라고 말씀하고 있습니다.

좌산 종사의 투병과 그에 따른 건강에 대한 지혜 생산을 엿볼 수 있으며, 건강관리 잘하여 보은 사업에 매진하겠다는 의지와 선병자先病者로서 지혜를 나누고자 하는 간절한 염원도 느낄 수 있습니다.

2

기쁘게 일할
건강을 주소서

좌산 종사는 성가 146장 〈건강을 주소서〉에서 '모든 병마 물리쳐 승전고 울리
며 일원세계 건설할 건강을 주소서'라고 노래하고 있으며, 또한 '묵은 업 청산하고
힘차게 일어나 보은의 일터로 나아가게 하소서'라고 건강이 회복되기를 호소하고
있습니다. 기쁘게 살아가고 기쁘게 일할 건강을 주시라고 간절히 노래하고 있습
니다.

좌산 종사는 먼저 모든 병마에 지지 않기를 갈망합니다.
좌산 종사는 『건강관리의 요제』 머리말에서 "광복 9년 전인 원기21년(1936) 일제
강점기 태평양 전쟁 중에 어머니 나이 43세 늦둥이로 태어나, 어머니의 젖이 부족
하여 2년 뒤에 태어난 큰 조카의 젖을 큰 형수로부터 나눠 먹고 자랐으니 태어나
면서부터 영양이 부족한 것은 당연한 것이었다." 라고 회고하며 "어린 시절부터 병
마에 시달렸으나 이를 당면한 숙제로 삼아 끝내는 건강회복 방안을 찾고야 말았고
앞으로도 그럴 것이다."라며 모든 병마에 물러서지 않고 끝내는 승전고를 울리자

는 다짐을 하고 있습니다.

좌산 종사는 병마에 시달리고 있는 '어질고 착한 이 불자'들이 이 병마의 전쟁터에서 병마로부터 지지 않기를 바라며, 결국은 '승전고'를 울리기를 바라고 있으며, 궁극적으로는 '일원세계 건설'에 합력하는 역군이 되기를 간절히 바라고 있는 것입니다.

둘째는 묵은 업을 청산하고 보은의 일터로 나아가는 보은의 일꾼이 되기를 바라고 있습니다.

혹여 지금 이렇게 병고에 시달리는 것이 묵은 업보라면 이를 달게 받고 원망하거나 보복하는 마음을 다 놓아버리고 이 업을 개운하게 깨끗하게 청산하기를 바라는 것입니다.

좌산 종사는 『교법의 현실구현』에서 「업장소멸의 길」로써 첫째 밀려오는 괴로움을 달게 받아 법도 있게 넘기고 둘째, 알고도 짓고 모르고도 저지른 모든 죄과를 깊이 뉘우치고 선을 발원하며 실행해 갈 것이며 셋째, 번뇌망상을 끝없이 제거하고 죄성罪性이 공한 원래 자리를 깨쳐 합일해 갈 것이며 넷째, 공公를 위하려는 큰 발원을 세우고 끝없이 적선해 가라고 제시하십니다.

그리하여 언제 어디서나 무슨 일을 하든지 보은은 할지언정 배은은 하지 않는 '보은의 일꾼, 이 불자'가 되어, 은혜는 입을지언정 해독은 입지 않는 보은자요 봉공인이 되자는 것입니다.

세계보건기구(WHO) 헌장에는 "건강이란 질병이 없거나 허약하지 않은 것만 말하는 것이 아니라 신체적·정신적·사회적으로 완전히 안녕한 상태에 놓여 있는 것"이라고 정의하고 있으며, 우리의 헌법에도 건강을 "모든 국민이 마땅히 누려야 할 기본적인 권리"라고 규정하고 있습니다.(헌법 제35조 ①모든 국민은 건강하고 쾌적한 환경에서 생활할 권리를 가지며…) 즉, 건강을 국민의 기본권 중 하나로 보고 있습니다. 또한 질병이 없는 수동적인 건강뿐만 아니라 행복을 추구하는 정서적, 사회적 관계의 건강까지를 포괄하고 있습니다.

좌산 종사는 이러한 신체적·정신적·사회적 건강을 회복하여 끝내는 일원세계 건설과 보은의 일꾼이 되기를 기원하고 있습니다. 일원세계 건설과 보은이 행복의 길이 되기 때문입니다.

이처럼 성가 146장 〈건강을 주소서〉는 '기쁘게 살아갈', '기쁘게 일할' 건강 호소문입니다. 법신불 사은 전에 일원세계를 건설하고 보은 불사의 일터로 나아갈 '건강을 주십사'라는 염원이요, 간절한 고백입니다.

건강을 주소서

이 광 정 작사
김 동 진 작곡

3

원음 산책

성가 146장 〈건강을 주소서〉는 사장조 4/4박자로, 32마디의 4도막 형식으로 간절한 음감을 전제하고 있습니다.

그래서인지 잔잔한 음이 바닥으로부터 울리는 가운데 힘찬 음으로 대지를 박차고 나아가 광장을 울려 나가는 힘이 느껴집니다.

전주는 잔잔한 걸음걸음으로 걷는 듯하다가 '묵은 병마 물리쳐 승전고 울리며'의 다섯째 소절에 다다라서는 어느새 힘찬 행진으로 나아가는 리드미컬한 증폭감이 있습니다.

성가 146장 〈건강을 주소서〉는 '건강을 주소서 건강을 주소서 어질고 착한 이 불자'로 시작하여 마무리 짓고 있습니다. '어질고 착한 이 불자' 마디에서 음이 다를 뿐이므로, 같은 듯 달리 불러야 합니다.

앞의 '어질고 착한 이 불자'가 간절히 밖으로 내놓은 간청의 마음이라면, 마무리의 '어질고 착한 이 불자'는 가슴 속 심연 깊이 자리하는 간절함이라 할 것입니다.

성가 146장 〈건강을 주소서〉는 김동진 작곡으로 원기75년(1990)에 교화부에 의해 성가로 제정됩니다.

크게 안정하리라

—

김대거 작사 / 김규환 작곡

1. 크게 안정하리라 음식 조절하리라
   병을 잊으리라 보고 듣는 것도 놓으리라
   이 생각 저 생각도 놓으리라
   새 힘 기르리라 새 힘을 기르리라

2. 크게 안정하리라 음식 조절하리라
   병을 잊으리라 보고 듣는 것도 놓으리라
   한 생각 적멸궁에 소요하면서
   새 힘 기르리라 새 힘을 기르리라

I

병을 잊으리라
보고 듣는 것도 놓으리라

성가 147장 〈크게 안정하리라〉는 대산 종사의 건강법인 대안정大安定, 절음식節飲食, 망병약忘病藥, 단견문斷見聞, 물사려勿思廬의 '정양 5칙'을 새 성가 편성할 때 우리말로 풀어쓴 작품입니다.

대산 종사는 원기34년(1949) 4월 총부 서울출장소장으로 근무하다 폐결핵이 재발하여 정산 종사의 명으로 원평교당(금평 저수지로 수몰되기 전 옛 금산과원)에 머물며 요양하십니다.

이때의 대산 종사는 망태를 어깨에 메고 구릿골 일대의 구성산, 제비산, 금산사, 귀신사, 학선암, 청련암 등지를 소요하며 약초를 캐러 다닙니다. 말이 약초이지 사실은 성품의 산야를 거니시며 성품의 약초를 캐셨던 것입니다. 최대의 불우不遇한 시기에 최대의 정진으로 최대의 행복을 만들었던 것입니다.

대산 종사는 이때의 행선에 대해 말씀하시기를 "양주楊州나 원평院坪에 있을 때는 행선行禪을 주로 하였다. 집에 있으면 아프고 저리고 하므로 산을 갔는데 심심하여 약 망태를 짊어지고 다니면서 약 뿌리 있으면 캐고, 없으면 말고 하여 선보禪步를 하였는데 한 뿌리도 한 망태, 두 뿌리도 한 망태, 못 캐도 한 망태가 되어 큼직하게 벌려 가지고 다녔다. 그때 산에만 다니므로 옷이 찢어지고 떨어져서 깁고 하였더니 거지가 나를 따라 오더라. 그래서 나는 또 거지를 따라갔다. 그런데 누가 삼베옷을 한 벌 갖다 주기에 입고 나갔더니 약 캐서 돈을 벌었느냐고 물었다" 하며 "전등록을 보니 포대화상이 그렇게 망태 걸머지고 다니면서 힘을 얻었다. 그렇다고 너희들도 선보만 하고 다녀도 안 된다. 까닭 있게 수행하라."(『대산종사법문집』 3집)며 선보에만 집착하는 것도 경계하고 있습니다.

이 시기에 지었다는 선시 몇 편을 살펴보겠습니다. 모악산 금산사 산행을 마치면서 향타원 박은국 교무에게 준 시(『조불사 대산여래』 I)입니다.

"대산 종사, 모악산에 올라 시 한 수를 읊으시니 「천산 만수 선방 삼아 비로봉 정상을 나 홀로 거닐도다. 파랑새 지저귀고 꽃 피어 웃는데 부드럽고 맑은 바람 끝이 없어라[千山萬水爲禪堂 毘盧頂上我獨行 靑鳥喃喃花笑笑 無限淸風無限長].」"(『대산종사법어』 소요편 17장)

보통사람 같으면 병이란 좌절에 빠져 인생을 한탄하고 있을 시절에 대산 종사는 이에 아랑곳하지 않고 더욱 정진 적공의 서원을 꽃피우고 있습니다. 대산 종사는 산수山水를 선방 삼아 병든 몸을 이끌고 한 걸음 한 걸음 행선을 했던 것입니다.

비로봉 정상을 대산 종사는 홀로 산행한 것입니다. 이는 성품의 산행으로 대산의 걸음은 성품의 걸음이었습니다. 나와 너의 짝이 없는 절대의 하나 자리로 독행한 것입니다. 이렇게 산행한 법신의 비로봉에는 성품의 파랑새가 지저귀고 성품의 꽃이 활짝 피었습니다. 대산 종사가 보는 산새와 꽃은 경계의 대상으로써의 산

새와 꽃이 아니라, 그대로 성품의 드러남인 것입니다. 공적영지의 광명을 따라 언어명상이 완연하여 시방 삼계가 장중의 한 구슬같이 드러나는 자리입니다.

그리고 이 치병의 시기에 지으신 선시 한 편을 살펴보겠습니다.

"청풍해외만리래淸風海外萬里來 명월운중구천개明月雲中九天開 병승한좌청도가病僧閑坐聽棹歌 천당지옥총성멸天堂地獄總成滅"(『대산종사법어』 소요편 19장)

여기의 청풍과 명월은 바로 성품을 은유한 표현입니다. 마치 소태산 대종사의 대각송 "청풍월상시 만상자연명"을 연상시키는 시로, 이 시의 포인트는 '병승한좌 청도가'에 있습니다. 병승은 바로 병마와 함께 하고 있는 대산 종사 자신을 칭하고 있는 것입니다. 병으로 인해 어려움이 있으나 대산의 마음에는 성품의 청풍과 명월이 맑은 바람에 두둥실 떠 있는 것입니다. 그래서 그 한가로움이 지극하며, 이런 한가로운 성품 자리에서 뱃노래를 듣고 있는 것입니다. 그러니 '병들어 힘드네 좀 나아졌네'의 고락이 다 흔적조차 없다는 것입니다. 병듦이 없는 자리에서 소요하고 있는 것입니다.

또 한 편을 살펴보면,

「내가 원평에 있을 때 홀연히 시 한 수가 떠올랐나니 '천년 옛 절에 한 등이 밝은데 노승이 한가로이 앉아 물소리를 듣는구나. 마도 공하고 법도 공하고 공 또한 공하여 마음도 맑고 경계도 맑고 꿈마저 맑구나[千年古寺一燈明 老僧閑坐聽水聲 魔空法空空亦空 心淸境淸夢寐淸].' 하는 글귀라, 그러므로 우리는 이 자리에 비추어 일체 업장과 마군을 다 녹이고 털어버려야 할 것이니라.」(『대산종사법어』 소요편 8장)

천년 옛 절과 일등명은 바로 대산의 성품을 은유한 표현입니다. 천년고사와 노승은 불생불멸의 자리이며 일등명은 영지의 광명을 말합니다. 대산은 밝게 빛나고 있는 불생불멸의 천년고사의 노승으로 입정처 자리에 한가로이 정좌하여 물소리를 듣고 있는 상태입니다.

이 물소리를 듣고 있는 나는 일체의 흔적이 없고 역력히 깨어있는 자리입니다. 그러니 병마도 텅 비고 병마가 다했다는 법도 텅 비었고 공했다는 공도 공하여 근根-경境-식識이 다 청정하다는 것입니다. 『대종경』 성리품 11장 '변산구곡로 석립청수성'의 소태산 법문과 상통합니다.

2

새 힘 기르리라
· 새 힘을 기르리라

대산 종사, '정양 5칙'에 대해「크게 안정함이요, 음식을 절제함이요, 병과 약을 잊음이요, 보고 듣는 것을 끊음이요, 생각을 놓음이니라[大安靜 節飮食 忘病藥 斷見聞 勿思慮].」(『대산종사법어』 소요편 3장) 라고 말씀하십니다.

정말 크게 안정하는 것은 성품 자리에 안주하는 것입니다. 병도 성품에 나타나고 사라지는 형상形相입니다. 일체의 보고 듣는 것은 다 성품에 나타났다 사라지는 형상으로, 이런 형상에 집착하면 참 마음은 가려지어 숨어버립니다. 이 형상을 놓아버리면 참 마음이 드러납니다. 그러니 보는 것, 듣는 것, 병 등의 일체를 놓아버리자는 것입니다.

놓아버리자는 것은 간과하는 것으로, 성품에서 출몰하는 생각은 무시하고 성가시게 여기지 말며 망념인 줄만 알아두자는 것입니다. 그리고 그렇게 보고 듣고 하는 그 마음 자체를 직관하자는 것입니다. 그렇게 보고 듣는 그 마음을 회광반조하면 눈앞에 언제나 역력히 드러나 있는 것입니다. 그 자리는 일체 병들지 않는 자리이며 일체에 오염되지 않는 자리이며 일체의 죄가 청정한 자리입니다.

이 적멸궁에 소요하자는 것입니다. 이 생각 저 생각 다 놓아버리면 일체가 적멸한 그 자리가 눈앞에 환히 드러나는 것입니다. 이 자리에 노닐자는 것이며, 편안히 쉬고 쉬자는 것입니다. 대휴대헐大休大歇하자는 것입니다. 그러면 성품에 바탕한 새 힘이 나오게 되며, 그 힘으로 새 힘을 기르자는 것입니다.

> 정산 종사, 요양하는 시자에게 편지하시기를 "사람이 육신이 병들지언정 근본 마음은 병이 없나니, 그 병듦이 없는 마음으로써 육신을 치료하면 육신이 따라서 건강을 얻을 수 있나니, 거기에 공부하기를 간절히 부탁하는 바이다."(『정산종사법어』 응기편 59장)

즉 병들지 않는 근본 마음을 발견하여 그 병듦이 없는 마음으로 병든 육신을 치료하라는 것입니다.

성가 88장 〈요양의 노래〉에서 정산 종사의 시자인 범산 이공전은 노래하고 있습니다.

> "이 병은 어디서 왔나, 삼세의 업장에서라, 묵은 빚 갚아가나니 앞날은 가뿐하오리. 이 병은 어디에서 왔나, 자성엔 본래 없는 것, 허공에 흰 구름 일 듯 일어났다 사월 그림자. 복될 손 믿는 우리들, 조용히 공부할 기회, 자성을 비추어보아 일체 고 해탈하오리."

범산은 이 병은 삼세의 업장이니 달게 받아 다 청산하자 하며, 또한 이 병은 자성에는 본래 없는 그림자 같은 것이니, 자성을 비추어보아 일체 병의 고통에서 해탈하자고 노래하고 있습니다.

정산 종사의 시자로서 정산 종사의 치병에 대한 구체적인 모습을 드러내고 있습니다. 성가 88장은 정산 종사의 치병의 자세에 대한 범산 이공전의 감상담인 것입니다.

또한 이런 성품의 대안정심으로 음식을 조절하자는 것입니다. 음식에 대한 거부도 과식도 조절하자는 것입니다. 먹기 싫어도 먹고 더 먹고 싶어도 존절히 하자는 것입니다. 음식의 호불호도 마음의 작용이니 이렇게 음식을 먹고 있는 나를 직관하자는 것입니다. 그래서 먹는 나의 본래면목을 드러내자는 것입니다. 먹기 싫을 것도 없고 먹고 싶을 것도 없는 그래서 먹는 것에 걸릴 것이 없는 그 성품 자리에서 음식을 존절히 먹자는 것입니다.

크게 안정하리라

김 대 거 작사
김 규 환 작곡

원음 산책

성가 147장 〈크게 안정하리라〉 반주를 듣노라면 어느 격식도 없고 결정된 계획도 없이 자유로이 발 닿는 대로 마음 가는 대로 거니는 느긋함이 느껴집니다.

물 흐르는 대로 흘러가고 바람 부는 대로 흩날리듯이 걸릴 것 없이 유유자적하게 노닐며 평화로운 햇살에 마냥 평화롭고 편안한 기분이 듭니다.

성가 147장은 깊은 숨을 들이쉬고 편안히 내쉬는 듯 리듬감이 있습니다. 긴 템포에 따라 깊숙이 그리고 길게 내쉬는 리듬감에 따라 불러야 할 것입니다.

그리고 다 놓아버리는 가운데 천지의 기운이 따스한 햇살처럼 비추는 그런 심정으로 부르면 더 좋을 듯합니다.

병을 잊고 새 힘을 기르라는 것이기에 밝게 밝음을 염원하면서 밝음으로 나아가는 분위기로 노래하면 좋을 것입니다.

첫 소절을 기본음으로 하여 약간의 변주를 주면서 진행되고 있어 전체적으로 친
숙하고 안정감이 있어 부를수록 마음을 편안하게 해 줍니다.

성가 147장 〈크게 안정하리라〉는 김규환의 작곡으로 교화부에서 원기75년(1990)
에 성가로 제정합니다.

생멸 없는 고향으로

—

이선조 작사 / 김동진 작곡

1. 생멸 없는 고향으로 떠나시는 임이시여
   고락 없는 그 곳에서 잠시 편히 쉬옵소서
   이 세상의 애착 탐착 모두 다 놓으시고
   청정한 마음으로 고이고이 쉬옵소서

2. 자취 없는 고향으로 떠나시는 임이시여
   떠나심도 다시 오실 약속이라 믿사오니
   새 몸으로 이 세상에 또 다시 오실 때엔
   성불제중 크신 서원 더욱 굳게 세우소서

생멸 없는 고향으로
떠나시는 임이시여

성가 148장 〈생멸 없는 고향으로〉는 중仲타원 이선조 교무가 지은 천도 노랫말입니다.

이선조 교무는 평소 원불교 생사관에 부합되고 대중이 쉽게 이해할 수 있는 열반인을 보내는 노래의 필요성을 절감하였으며, 하늘나라로 가면 끝이라는 단생의 생사관을 가진 사람들에게 다시 또 만나고 만나게 되는 다생의 생사 인연관을 알려주고 싶었습니다. 또한 열반자와 관계인들에게 소태산 대종사의 가르침에 따른 위로의 노래를 불러주고 싶은 바람願이 있었습니다.

그러던 중에 진산 한정원 종사의 부인이 암 투병을 하게 되어 병문안을 가게 되었는데, 그때 진산 교무의 병간호 일기를 접하게 됩니다. 진산 교무의 부인에 대한 지극한 병간호와 정성을 통해 부부가 만나 병으로 헤어지게 되는 생사의 인연법을 더욱 실감하게 됩니다.

이에 중타원 이선조 교무는 모든 만남에 있어 남편이 부인을, 가족이 가족을, 사랑하는 사람이 사랑하는 이를 보내는 심정을 헤아려, 평소 배우고 수행하였던 대종사님의 천도법문에 근거하여 이 노랫말을 짓게 됩니다.

이처럼 성가 148장 〈생멸 없는 고향으로〉는 원불교인 뿐만 아니라 일반 대중이 원불교의 생사관을 바로 이해할 수 있는 열반 의식의 노래입니다.

천도는 생사가 없는 불생불멸의 본래 자리로 건너가는 것이며 생사의 길에서 청정한 마음으로 걸림 없이 잘 떠나는 것이며, 성불제중의 서원으로 새 인연을 만나서 좋은 인연을 지어가는 것입니다.

성불제중 크신 서원
더욱 굳게 세우소서

성가 148장의 작사가 중타원 이선조 교무는 1절에서 '생멸 없는 고향으로 떠나시는 임이시여 고락 없는 그 곳에서 잠시 편히 쉬옵소서'라 노래하고 있습니다.

생멸 없는 고향은 바로 우리의 자성 자리입니다. 생멸의 집착을 놓는 그 마음이 바로 청정한 자성에 머무는 것입니다. 설사 자성에 계합되지 못한다 해도 그 기운에 포함되어 있는 격이 됩니다.

그러므로 '이 세상의 애착 탐착 모두 다 놓으시고 청정한 마음으로 고이고이 쉬옵소서'라 다시 노래하고 있습니다. 이 세상의 잡다한 애착과 탐착을 다 놓고 청정한 자성의 자리에 계합하여 편안히 안주하라는 것입니다. 즉 청정 일념의 자성에 귀의하라는 것입니다.

또한 2절에서 '자취 없는 고향으로 떠나시는 임이시여 떠나심도 다시 오실 약속이라 믿사오니'라 노래합니다.

자취 없는 고향은 바로 우리의 자성으로, 이 자성에 귀의하기를 간절히 염원하고 있는 것입니다. 이렇게 자성으로 돌아가자는 것은 다시 이 세상에 와서 더욱 지혜와 복락을 짓자는 것입니다.

즉 '새 몸으로 이 세상에 또 다시 오실 때'에 '성불제중 크신 서원 더욱 굳게 세우자'는 것입니다. 성불제중의 서원을 세워서 다시 이 인도에 수생하여 복락을 장만하고 중생을 제도하는 삶을 살자는 것입니다. 자취 없는 성품 자리에서 잠시 편히 쉬었다 다시 인도 수생하여 제중 사업하러 오자는 것입니다.

성가 148장은 정산 종사께서 부친인 구산 송벽조의 임종을 맞이하여 최후를 부탁한 "서원성불제중誓願成佛濟衆 귀의청정일념歸依淸淨一念"(『정산종사법어』 생사편 20장)과 상통하며, 이 생사편 20장의 법구는 「성주」의 풀이이기도 합니다.

성가 148장의 1절은 청정 일념을 챙기라는 당부라면 2절은 성불제중의 서원 일념을 세우라는 당부입니다.

청정 일념에 귀의하라는 것은 「성주」의 영천영지 영보장생하여 만세멸도 상독로 永天永地永保長生 萬世滅度常獨露하는 자리입니다. 천지를 지켜보고 알아차리고 있는 그 자리는 원래 청정합니다. 그래서 태어나지도 죽지도 않는 영원히 보존해 있고 길이 불생불멸한 장생의 자리입니다. 그래서 만세에 일체의 생사를 멸하고 뛰어넘은 자리입니다.

성불제중의 서원을 세우라는 것은 「성주」의 거래각도 무궁화 보보일체 대성경 去來覺道無窮花 步步一切大聖經의 자리입니다. 현상계는 가면 오고 오면 가는 것이며 주면 받고 받으면 주는 변화의 세계입니다. 우리가 청정한 성품 자리에 드는 것은 이 성품 자리에 근거해서 성품으로 오고 성품으로 가자는 것입니다. 이렇게 성품으로 오고 가는 길에는 무궁한 부처의 꽃이 피고 은혜의 꽃이 피는 성불제중의 꽃밭이며, 가고 오는 거래去來와 주고받는 여수與受가 다 성품의 성스러운 경전이 되는 것입니다.

천도는 생사가 없는 열반의 절대계로 천도하여 다시 생사가 있는 현실계로 다시 와서 잘 거래하는 것입니다. 한편으로 생사를 초월하고 다른 한편으론 생사를 잘 거래하자는 것입니다.

생멸없는 고향으로

이 선 조 작사
김 동 진 작곡

1.생멸없 – 는 고향으 – 로 떠 나시는임이시 – 여
2.자취없 – 는 고향으 – 로 떠 나시는임이시 – 여

고 락없 – 는 그곳에 – 서 잠시편히쉬시옵소 서 이
떠 나심 – 도 다시오 – 실 약 속이라믿사오 – 니 새

세 상의 애착탐착 모 두다놓으시 고
몸 으로 이세상에 또 다시오실때 엔

청 – 정한 마음으로 고 이고이쉬옵소 – 서
성 불제중 크신서원 더 욱굳게세우소 – 서

3

원음 산책

성가 148장 〈생멸 없는 고향으로〉의 반주를 듣노라면 장중함 속에서 한가로움을 느낍니다.

마치 잎사귀 하나가 물결 따라 흘러가듯, 강물이 저 건너로 고이고이 모시고 가듯, 강물은 유유히 흘러가는 듯 하고 바람은 고요히 감싸 안은 듯합니다. 그 흐름이 장중하면서도 여유롭고 한가롭습니다.

성가 148장 〈생멸 없는 고향으로〉는 어떤 구조적 매치에 따라 부르는 듯합니다. 1절과 2절은 마치 두 사람이 이어서 먼저 사람이 청하면 다음 사람이 받아서 더욱 청하는 느낌이라면 3절과 4절은 합창으로 간절히 부탁하고 염원하는 기분이 듭니다.

'생멸 없-는 고향으-로'의 첫마디를 한 사람이 끌어가면 다음 사람이 낮으면서도 깊이 있는 마음으로 '떠나시는 임이시-여'를 받아 부르게 됩니다. 그러면서 다시 '고락 없는 그 곳에-서'로 리드하면 '잠시 편히 쉬옵소-서'라 간곡히 받아 이어갑니다.

그러면서 팔분쉼표(❜)의 쉼을 거치며 이제는 합창으로 염원을 담아서 불러야 할 것입니다. '이 세상의 애착 탐착 모두 다 놓으시고'는 산 고개를 치고 올라가듯 간곡히 끌고 올라가 고개의 정점에서 올라선 기분이라면, '청-정한 마음으로 고이 고이 쉬옵소-서'는 한 고개를 넘어서서 목적지를 향해서 침착하게 내려가는 느낌으로, 당부의 합창을 부르는 기분이 듭니다.

성가 148장 〈생멸 없는 고향으로〉는 부르면 부를수록 깊이가 깊어져 가는 느낌이 듭니다. 당부와 염원의 깊이가 깊고 깊습니다.

성가 148장 〈생멸없는 고향으로〉는 김동진 작곡으로 원기75년(1990) 교화부에서 성가로 제정합니다.

청－정한　마음으로　고이고이쉬옵소－서
성불제중　크신서원　더욱굳게세우소－서

오 법신불 사은이시여

참 涅槃에 들도록

—

조정근 작사 / 김규환 작곡

1. 오 법신불 사은이시여
   오 법신불 사은이시여
   참 열반에 들도록 위력을 내리소서
   착심을 여의도록 큰 힘을 주소서
   천업이라 하여도 돌파하게 하옵소서

2. 오 열반의 주인공이시여
   오 열반의 주인공이시여
   부처님 인도하심 오롯이 받으소서
   번뇌를 끊으시고 업장을 녹이소서
   청정한 서원 일념 끝까지 챙기소서

참 열반에 들도록
위력을 내리소서

성가 149장 〈오 법신불 사은이시여〉는 '참 열반에 들도록'이란 부제가 달린 곡으로, 효산孝山 조정근 종사가 지은 천도 노랫말입니다.

효산 조정근 교무는 광주 교구장 겸 광주교당 교감으로 재직할 때 자주 교도들의 초상을 접하게 됩니다. 효산은 깊은 법정을 맺었던 교도들이 열반을 맞게 되니, 부디 천도의 길을 잘 건너가길 간절히 당부하며, 소태산 대종사께서 밝혀주신「열반 전후에 후생 길 인도하는 법설」과『대종경』천도품의 말씀을 요약해서 간곡히 일러주게 됩니다. 이때 당부했던 천도의 핵심 내용이 바로 성가 149장의 〈오 법신불 사은이시여〉 입니다.

효산 조정근 교무는 한때 팔타원 황정신행의 요청에 따라 휘경여중학교의 교장으로 발령받게 되는데, 당시 이 학교는 팔타원이 설립 이사장으로 있을 때입니다. 당시 종법사이신 대산 종사는 조정근 교무에게 효도할 효孝, 효산이란 법호를 주면서 팔타원 황정신행 선진께 큰 효를 다할 것을 당부합니다. 대산 종사는 팔타원께서 대종사님에게 올린 신성을 이야기 하시며, 팔타원에게 효 하는 것이 결국 대종사님께 효 하는 것이니, 팔타원님의 아들 역할을 잘하라고 거듭 당부하십니다.

휘경학교 재직 시 재미있는 에피소드가 있는데, 팔타원은 조정근 교무와 같이 차를 타면 사탕을 건네주며 누가 더 사탕을 오래 남기는지 시합을 하자고 제안하십니다. 이 사탕을 물고 서로 침묵을 지키며 선심禪心으로 있자는 것입니다. 이런 저런 시비에 휩쓸리지 말고 마음의 중심을 잡고 살자는 요청이었던 것입니다. 이에 효산은 그 뜻에 따라 학교의 일에 있어 일체의 다른 소리를 하지도 듣지도 전하지도 않는 신의와 대의를 지켜갑니다. 이사장과 교장이 선심禪心으로 있으니 모든 직원이 다 청정한 마음으로 안정되었던 것입니다.

이런 심경이 바로 청정 일념의 천도 심경입니다. 모든 애착과 탐착을 다 놓아버리는 청정 일념의 성품을 챙겼던 것으로, 성가 149장은 효산의 자신 천도에 근거한 타인 천도의 염원이기도 합니다.

천도는 생전에 자기가 자신을 천도하는 것이 제일이므로, 소태산 대종사께서는 "평소에 자기 마음을 밝고 조촐하고 바르게 길들여, 육식이 육진 가운데 출입해도 물들고 섞이지 아니할 정도에 이르면 남을 천도하는 데에도 큰 능력이 있을 뿐 아니라 자기 생전에 자기의 천도를 마쳤다 할 것이다."(『대종경』 천도품 38장) 하고 생전에 자기 천도의 중요성을 강조하십니다.

그러니 생전에 자기가 자신을 천도해야 합니다. 육진의 경계를 당하여 육식의 마음을 맑고 밝고 바르게 길들이고 길들여 성품의 본래 자리로 천도시켜야 하는 것입니다.

천도는 마음공부입니다. 생사도 경계입니다. 평소에 경계를 따라 있어지는 요란함과 어리석음과 그름을 성품에 바탕한 마음공부로 잘 처리해야 하듯이 생사의 경계도 마찬가지입니다. 사후 천도는 생전 천도에 근거합니다. 그러므로 생전에 자신 천도에 정진해야 합니다.

천도에 있어 공부가 깊은 영가에게는 특별히 천도 행사가 필요 없으나 대중과의 법연에 도움이 되며, 신성이 있던 영가에게는 서원을 굳혀 줌이 되며, 인연이 없는 영가에게는 불연을 맺어 줌이 됩니다. (『정산종사법어』 생사편 10장)

성가 149장은 천도 의식을 거행할 때의 축원 노래입니다. 천도 의식은 마치 응원과도 같습니다. 응원을 해주면 평소 실력의 120%를 실현하기도 하듯이 생사의 경계를 당해서 영가에게 힘을 북돋아 주는 것이 천도 의식입니다.

평소 수행이 있는 영가는 생사의 길에서 더욱 잘 건너갈 것(촉진)이고 수행이 미진한 영가에게도 정신을 차리게 하는 자극이 되기 때문입니다. 이처럼 성가 149장은 천도 의식에 있어 천도를 축원하는 노래입니다.

2

청정한 서원 일념 끝까지 챙기소서

천도에서 제일 중요한 것은 '참 열반'에 드는 것입니다. 참 열반은 성품 자리에 드는 것이며 진정한 열반은 무명업장을 다 놓아버리고 청정한 성품에 안주하는 것입니다.

『세전』「열반에 대하여」에 "열반이라 함은 우리말로는 두렷하고 고요하다는 뜻인 바, 두렷하다 함은 우리의 자성이 원래 원만 구족하고 지공무사한 자리임을 이름이요, 고요하다 함은 우리의 자성이 본래 요란하지 아니하고 번뇌가 공한 자리임을 이름이니, 사람이 이 자성의 도를 깨쳐서 자성의 원래를 회복함을 열반이라 하며, 그 자리를 단련하여 언제나 자성을 떠나지 아니하고 극락을 수용함을 일러 열반락을 얻었다 하나니라."라고 정의하고 있다.

이어서 정산 종사는 열반은 자성의 원래를 회복함이니 생전에 자성을 떠나지 아니하는 열반락을 수용하는 중에 생사의 경계에 처해서도 참다운 열반을 얻자고 부연하고 있습니다.

"세상 사람들이 열반의 참 낙을 얻어서 언제나 한결같이 원적을 수용하는 이는 극히 적으므로 불가에서 형식상 사람이 죽는 것을 열반이라 하여 왔으나, 같은 열반 가운데도 근본 진리를 잘 체득하여 실지로 열반에 드는 이도 있고 색신은 비록 열반하였으되 망연妄緣은 길이 쉬지 아니하여 참다운 열반을 얻지 못하는 이가 많으므로, 공부하는 이들이 평소부터 이 열반의 도를 잘 단련하여 생전에도 열반락을 잘 수용하는 동시에 색신이 열반하는 때를 당하여 참다운 열반을 얻자는 것이니라."

『정전』「의두요목」중에서 "세존이 열반에 드실 때에 내가 녹야원으로부터 발제하에 이르기까지 이 중간에 일찍이 한 법도 설한 바 없노라 하셨다"라는 뜻이 바로 이 청정한 성품 자리에 들었다는 것입니다.
열반은 임종했다는 생물학적 열반만을 뜻하는 것이 아니라 생멸을 초월한 성품 자리에 들었다는 뜻의 열반입니다.

성품 자리에서의 생사는 성품의 변화性變일지언정 생사는 아니라는 것입니다.(『대종경』천도품 8장) 마치 출렁이는 파도가 바닷물 자체이며 바닷물의 작용이 파도이듯이, 성품의 바다 차원에서 보면 생사의 파도도 성품바다의 발현입니다. 즉 출렁이는 생사의 파도도 바닷물인 성품의 작용이요 변화일 뿐이라는 것입니다.

평소에 적공을 하여 이 청정한 성품 자리로 이사를 해야 이것이 진정한 천도입니다. 착심만 여의면 성품의 기운을 타는 격이므로 우리는 영가를 위해 '착심을 여의도록' 응원하고 또 기운을 북돋아 주어야 할 것입니다.

효산 조정근 교무는 성가 149장 〈오! 법신불 사은이시여〉에서, 지금 천도의 과정에 있는 영가가 정신을 차리도록 '착심을 여의도록 큰 힘을 주소서'라고 응원의 기운을 보내자는 것입니다. 그러면 착심에 묶여 있는 '천업'이라 하여도 돌파할 정신을 차리게 된다는 것입니다.

또한 천도에서 중요한 것이 부처님의 인도를 받는 것이니, '부처님 인도하심 오롯이 받으소서'라 노래하고 있습니다. 부처님은 깨달은 스승님입니다. 그러므로 천도에는 법신불의 위력과 당시 법사의 도력과 기념주의 정성 및 대중의 합력이 요청됩니다.(『대종경』 천도품 33장)

특히 소태산 대종사의 법문에 따라 정신을 차리는 것이 제일 중요한 핵심입니다. 소태산 대종사의 「열반 전후에 후생 길 인도하는 법설」(『대종경』 천도품 5장)의 안내에 따라 정신을 차리는 것이 제일 요청되는 핵심이 되기 때문입니다.

이 요청에 따라 끝내는 '번뇌를 끊으시고 업장을 녹이소서'라고 응원하는 것입니다. 착심을 여의는 번뇌를 끊으시고 업을 초월하는 업장을 녹이시어 '청정한 서원 일념'을 끝까지 챙기라는 것입니다. '청정한 서원 일념' 즉 청정 일념과 서원 일심에 유념하라는 당부입니다.

정산 종사는 천도의 가장 큰 요건이 바로 서원 일심과 청정 일념으로, 욕심을 떠나 마음을 발함이 서원이요, 밉고 사랑스러운 데 끌리지 아니하면 청정해진다 하셨습니다.(『정산종사법어』 생사편 8장)

즉 애착은 사랑의 집착이요 원착은 미움의 집착이며 탐착은 욕심에 집착하는 것이므로 이러한 애증과 욕심을 다 놓는 것이 바로 청정 일념이요 청정한 가운데 발원함이 서원 일심이라는 것입니다.

소태산 대종사는 "사람의 영식이 이 육신을 떠날 때에는 처음에는 그 착심을 좇아가게 되고, 후에는 그 업을 따라 받게 되어 한없는 세상에 길이 윤회하게 된다." 하시며 "그 윤회를 자유하는 방법은 오직 착심을 여의고 업을 초월하는데 있다." 라고 말씀하십니다. (『대종경』 천도품 11장)

이처럼 먼저 착심을 놓아버리면 해탈자재한 자성이 드러나 새 인연을 잘 선택하게 되며, 다음으로 업 경계에 끌려가지 않으면 자성이 눈앞에 역력히 드러나서 업에 물들지 않게 되어 결국 한 생각 일어나고 멸하는 생사윤회에서 자유하게 됩니다. 이 자리가 바로 열반의 주인공이 거주할 천도의 자리라는 것입니다.

오 법신불 사은이시여

참 涅槃에 들도록

조 정 근 작사
김 규 환 작곡

1.오 법신불 사 은 이시여 오 법신불 사 은 이시여
2.오 열반의 주인 공이시여 오 열반의 주인 공이시여

참 열반에 들 - 도 - 록 위 력 - 을 내 리소 - 서
부 처 - 님 인 도 하 - 심 오 롯 - 이 받으 소 - 서

착 심 을 여 의 도 - 록 큰 힘을 주 - 소 - 서
번 뇌 를 끊 으 시 - 고 업 장을 녹 이 소 - 서

천 업 이 라 하 - 여 - 도 돌 파 하 게 하 옵 소 - 서
청 정 - 한 서 원 일 - 념 끝 까 - 지 챙 기 소 - 서

원음 산책

　성가 149장 〈오 법신불 사은이시여〉의 반주를 들으면 들을수록 포근한 감이 듭니다. 한 품 한 품 안아주며 감싸주는 그러면서 따스한 격려가 깔려있는 느낌이 있습니다.

　꾹꾹 찍어주는 박자가 있는데 마치 부모가 자녀의 첫 여행에 이것저것 챙겨주며 당부하는 모습 같으며, 길 떠나는 자식을 바라보며 멀어져가는 자식의 무사귀환을 기도하는 노老 부모의 심정이 떠오릅니다.

　느린 템포 속에서 간절히 기원하고 응원하는 마음이 그려집니다. 전체적으로 어딘지 슬프면서도 굳건한 의지를 내미는 기분이 듭니다.

　성가 149장 〈오 법신불 사은이시여〉는 노랫말을 잘 음미하면서 불러야 감흥이 있을 것입니다. 4/4박자라도 너무 처지지 않게 그러면서도 엄숙함이 있도록 정박으로 부르면 좋을 듯하며, 특히 부점의 강조점을 살려서 운율의 리듬감을 탈 때 엄숙하면서도 굳건한 의지가 살아날 것입니다.

성가 149장 〈오 법신불 사은이시여〉는 김규환의 작곡으로 원기75년(1990) 교화부에서 성가로 제정됩니다.

이 세상 낙원 이룰

—

최명원 작사 / 김동진 작곡

이 세상 낙원이룰 청정한 일원도량
우리들의 숙원사업 오늘에야 이룩했네
온갖 정성 한데 뭉친 우리 교당 봉불이여
일원세계 경사로세 우리 교당봉불이여

이 세상 낙원이룰
청정한 일원도량

성가 150장 〈이 세상 낙원 이룰〉은 운芸타원 최명원 교무가 작사한 노래입니다.
최명원 교무는 교당 봉불식 때 성가 4장 '법신불 찬송가' 이외에 봉불 축하에 적당한 곡이 부족한 것이 못내 아쉬웠습니다. 그러던 참에 쉽고도 간편하게 부를 수 있는 봉불 축하 노래를 새 성가 공모를 기연해서 짓게 된 것입니다. 이처럼 성가 150장 〈이 세상 낙원 이룰〉은 교당 봉불의 중요성과 의미에 대한 노래입니다.

정산 종사는 교당 설립의 중요성에 대해 강조하십니다.

"지방 교당 하나 생기는 것이 쉬운 것 같으나 그 지방에 복 있는 사람이 많아야 교당이 서는 것이며, 교당 하나 설립하는 것이 다른 물질의 보시보다 공이 훨씬 더 하나니, 흉년에 기민을 주는 것도 좋지마는 어떠한 사업 기관을 벌여 여러 사람이 생활하게 한다면 그 공이 더 클 것이며, 한때 물질적 이익을 주는 것보다 학교 하나를 설립하여 모든 인재가 배우게 한다든지, 훌륭한 연구로 만인의 편리를 도와준

다면 그 공이 더 나을 것이 아닌가. 하물며, 그 보다 더한 도학의 기관으로 교당을
세우고 도덕을 가르쳐서 모든 사람이 함께 길이 선인이 되게 한다면 그 보다 더 큰
복이 어디 있으리오."(『정산종사법어』, 무본편 16장)

교당은 도덕을 가르치는 도학 기관으로 모든 사람을 다 함께 선인善人이 되도록
인도하니, 이런 교당을 설립하는 공덕은 이루 말할 수 없다는 것입니다. 그리고 복
있는 사람이 많아야 그 지방에 교당이 세워질 수 있다는 것입니다.

여기서 복 있다는 것은 남 먼저 일원회상을 알아보고, 누구도 알아주지 않을 때
내가 먼저 신앙하고 수행하는 일원의 복된 인연을 말합니다.

교당이 세워지면 가장 중앙에 봉불奉佛합니다. 봉불은 법신불 일원상을 모시는
불사佛事입니다. 이 법신불 일원상을 신앙의 대상과 수행의 표본으로 모시고 신앙
수행하여 파란고해의 일체 생령을 광대무량한 낙원으로 인도하는 곳이 바로 교당
입니다.

그러니 교당은 '이 세상 낙원이룰 청정한 일원도량'으로 일원상을 모신 일원의
도량입니다. 그러므로 교당을 세우는 것은 '정신개벽의 숙원사업'이며 '일원세계의
경사'가 됩니다.

그래서 작사가 최명원 교무는 성가 150장에서 교당 설립은 '이 세상 낙원이룰 청
정한 일원도량'을 마련하는 것으로 '우리들의 숙원사업'이며, '온갖 정성 한데 뭉친
우리 교당 봉불'은 '일원세계 경사'라 노래하고 있습니다.

소태산 대종사는 공부인에게 상시로 수행을 훈련시키기 위해서 '상시 응용 주의
사항' 6조와 '교당 내왕시 주의 사항' 6조를 정해 주셨습니다. 상시훈련법의 상시

응용 주의 사항은 스스로의 공부라면 교당 내왕시 주의 사항은 서로서로의 공부입니다. 교당 내왕시 주의 사항의 공부는 스승과 동지의 도움을 받는 공부입니다.

이처럼 교당은 서로 문답하고 감정을 받을 수 있고 해오를 얻을 수 있는 스승과 동지가 계신 곳입니다. 상시 응용 주의 사항으로 공부하는 중에 서로 문답하고 감정 해오를 하는 곳입니다. 또한 정기훈련의 전문공부를 준비하며 매 예회 날에는 공부에만 전심하며 소득 유무를 반조하여 실생활에 활용하기를 주의하는 곳이기도 합니다.

그러므로 교당은 구전심수의 현장이며 법의 맞춤복을 짓는 곳(『대종경』 교의품 24장)으로 사람으로서 마땅히 밟아야 할 길인 인도상요법을 주체 삼아 사람을 새롭게 살려내는 곳입니다.

소태산 대종사는 옥녀봉 아래에 최초의 교당인 구간도실을 신축하시고, 도실 이름을 '대명국 영성소 좌우통달 만물건판 양생소大明局靈性巢左右通達萬物建判養生所'라 하시었습니다.(『대종경선외록』 사제제우장 13절)

교당은 바로 원래 크게 밝은 자리인 우리의 영성이 깃든 자리를 길러내는 양생소입니다. 이런 영성을 양생하는 곳이 교당입니다.

좌산 종사는 "교당이란 진리의 집이요 대도 정법의 집이요 맑힘의 집이요 깨달음의 집이요 마음 치료의 집이요 도덕을 생산 공급하는 집이요 생령구원의 집이요 새 시대 새 기운의 원천이므로 교당을 거룩하게 가꾸어 가야 한다."(『교법의 현실 구현』)라고 당부하고 있습니다.

교당의 불단佛壇에는 법신불 일원상을 봉안하고 그 아래에 초, 청수, 향을 조성합니다. 사실 불단은 법단法壇입니다. 법신불 일원상을 봉안한 법단입니다. 이 법단구조는 어떤 의미가 있을까요?

첫째 법단구조는 마음의 원리를 형상화해 놓은 것입니다.

일원상은 우리의 원래 마음이며, 불단의 초, 향, 청수는 원래 마음의 삼대력을 상징한 것입니다. 즉 청수는 일원상의 수양력을, 초는 일원상의 연구력을, 향은 일원상의 취사력을 나타냅니다.

한편으론 마음 원래의 절대계를 나타내며 다른 한편으로는 현실계에서 삼대력을 나투는 것입니다. 절대계의 측면에서는 삼대력이 구족해 있고 현실적 측면에서는 삼대력을 부지런히 수행정진해야 하는 것입니다.

이처럼 법단(불단)은 우리의 원래 마음과 현실의 몸과 마음을 상징하여 보여주고 있습니다. 법단구조는 마음의 원리를 형상화해 놓은 것으로 결국 일원의 체성에 합하도록 까지 정진하는 것입니다. 그러니 교당에 오면 내 마음을 깨달아서 수양, 연구, 취사를 증진시켜야 하는 것입니다.

둘째, 법단구조는 법신불 사은의 위력을 형상해 놓은 것입니다.

일원상은 우주만유의 본원으로 법신불이신 사은입니다. 청정한 마음에 드러난 우주만유입니다. 본원 자리에 드러난 우주만유입니다. 청수는 법신불의 본체로 무엇이라 사량할 수 없는 불가사의한 자리이며, 초는 법신불의 광명, 인과의 밝음을 상징하며, 향은 법신불의 작용, 사은의 조화를 나타낸다 할 것입니다.

법신불 일원상의 작용이 사은이요 사은의 본체가 법신불 일원상입니다. 일원상은 사은으로 발현되고 사은의 본원은 일원상입니다. 법단은 이처럼 법신불 사은의 모습을 드러내고 있는 것입니다.

법신불이신 사은이 호응하지 않으면 일이 되지 않습니다. 억지로 되지 않습니다. 쌀 한 톨도 사은의 협력과 감응이 있어야 여물어 집니다. 그러니 법신불 사은과 기운이 응해야 합니다. 막혀서는 일이 안 됩니다. 아무리 잘하려고 해도 주변 인연이 방해하고 도와주지 않으면 벅찹니다.

사은의 인연이 죄복의 권능을 지닌 절대의 존재입니다. 잘해주고 못 해주고의 권리는 상대에게 있는 것입니다. 이 인연에 인과의 묘리가 펼쳐있습니다. 그러니 이 인연에 불공해야 합니다. 인과의 진리에 순응해야 합니다. 일원의 위력을 얻도록 까지 정진해야 합니다.

2

일원세계 경사로세
우리 교당봉불이여

『예전』에서 봉불奉佛은 "법신불 일원상을 봉안함을 이름이니", "법신불의 근본을 말씀하자면 언어와 명상이 끊어진 자리며, 그 실체를 말씀하자면 우주 만유가 모두 법신불 아님이 없으므로, 따로이 일원상을 봉안할 것이 없으나, 우리 일반 대중에 있어서는 신앙의 대상을 보이지 아니하면 마음의 귀의처와 수행의 표준을 알기가 어려우며, 설령 안다 할지라도 마음 대조에 때때로 그 표준을 잃기 쉬우므로 교당이나 가정을 막론하고 법신불의 상징인 이 일원상을 봉안하여 행주좌와 어묵동정 간에 신앙의 대상과 수행의 표본으로 받들자는 것"입니다.(『정산종사법어』 원리편 1장)

향후 봉불은 봉원奉圓이라 해야 할 것입니다. 법신불 일원상의 주어는 일원상이기 때문입니다. 법신불은 일원상을 꾸며주는 수식어입니다. 일원상이 주어입니다. 일원상을 모시는 봉원이라 해야 그 의지가 분명해집니다.

대산 종사는 서성로 교당 봉불식에서 "우리가 법신불 일원상을 봉안하는 것은 시불侍佛·생불生佛·활불活佛의 뜻이 있나니, 시불을 하자는 것은 자나 깨나 진리와 부처님과 스승님을 모시고 닮아 가자는 것이요, 생불이 되자는 것은 자기에게 있는 천진불을 회복하여 완전한 권리와 원만한 능력을 갖춘 부처가 되자는 것이며, 활불이 되자는 것은 내 가정과 내 이웃과 내 국가를 비롯한 시방세계 일체 생령을 구원하는 산부처가 되자는 것"이라 말씀하셨으며,(『대산종사법어』교리편 32장)

또한 부산교구청 봉불식에서 "우리가 법신불 일원상을 봉안하는 뜻은 첫째는 마음의 고향인 일원의 진리에 돌아가자는 것이니, 이 자리는 우주 만유의 근본이요 제불 제성이 왕래하는 적멸 궁전으로 대종사께서는 이를 '무무역무무 비비역비비 無無亦無無 非非亦非非'라 하셨느니라. 불보살 성인들은 일 있을 때는 일을 하시고 일 없을 때는 마음의 고향인 자성 자리로 돌아가나니, 우리도 교당에 일원상을 봉안하듯 각자의 육신 법당에 마음 부처님을 잘 모시고 살아야 할 것이니라. 둘째는 일원의 진리 자리인 마음의 거울에 비추어 보자는 것이니, 이 자리는 원근 친소가 끊어지고 너와 내가 없는 자리인지라, 늘 회광 반조하여 마음의 달이 솟고 지혜의 달이 솟고 성품의 달이 솟아 그 빛이 시방세계를 두루 비추게 하자는 것이니라. 셋째는 일원의 진리 자리에서 마음의 꽃을 피우자는 것이니, 이 꽃은 일체 생령이 다 같이 복의 열매를 맺게 하는 꽃이라, 세존께서는 우담바라를, 공자께서는 도의 꽃을, 대종사께서는 일원의 꽃을 피우셨느니라. 그러므로 우리는 법신불 일원상을 모시고 자성과 본성과 불성으로 돌아가서 마음의 달, 지혜의 달, 성품의 달이 솟아나게 하여 온 세상에 우담바라·도화·일원화가 활짝 피어나게 해야 한다."고 하셨습니다. (『대산종사법어』교리편 33장)

시불, 생불, 활불과 마음의 고향, 마음의 거울, 마음의 꽃은 어떤 자리일까요? 소태산 대종사는 이 자리를 『정전』「일원상의 수행」에서 일원상이라 하시며 원만구족하고 지공무사한 각자의 마음이라 하셨습니다.

이런 일원상 마음을 모시는 봉불이란 무엇일까요? 바로 원만구족하고 지공무사한 각자의 마음입니다. 그러면 원만구족하고 지공무사한 마음은 어떤 마음입니까?

원만하다는 것은 컵에 물이 가득한 것과 같습니다. 그 그릇에 따라 물이 적중해서 채워져 있듯이 원래 그렇다는 것이며, 구족하다는 것은 모든 지혜와 능력이 구비되어 있다는 것입니다. 지공무사는 일체의 사가 없이 공변된 마음입니다.

소태산 대종사는 이 원만구족하고 지공무사한 마음을 『정전』 '일상수행의 요법'에서 심지로 표현해 주고 계십니다.

심지는 원래 요란하지도 어리석지도 그르지도 않다는 것입니다. 이 심지는 마음이 나오는 바탕입니다. 그 바탕은 밑이 없는 바탕입니다. 이 심지를 성품이라고도 합니다. 마음이 나오는 창고입니다. 그런데 그 창고는 벽이 없습니다. 이 심지와 성품을 또한 불성이라고도 합니다. 불성은 깨어있는 마음이며 또한 부처님의 성품입니다.

요란한 줄 아는 마음에는 요란함에 끌려 다니지 않습니다. 안정을 확보할 수 있습니다. 어리석은 줄 아는 마음에는 어리석음에 끌려 다니지 않습니다. 지혜등불을 잘 비출 수 있습니다. 그른 줄 아는 마음에는 그름에 끌리지 않습니다. 고삐를 잡아 말머리를 의도대로 돌릴 수 있는 것입니다.

이 깨어있는 마음에는 요란함, 어리석음, 그름이 없다는 것이 아니라 그 마음에 끌려 다니지 않는다는 것입니다. 요란함, 어리석음, 그름은 다만 성품에 흘러 다니는 번뇌의 구름일 뿐입니다.

그냥 흘러 다니도록 내버려두면 청정한 성품의 하늘을 오염시킬 수 없는 것입니다. 관심을 주지 않으면 힘을 발휘할 수 없는 것입니다. 요란함, 어리석음, 그름은 우리의 관심을 받을 때만 힘이 생기는 것입니다. 간과하면 됩니다. 망념을 망념인 줄로만 알아두면 즉 깨어서 지켜보면 번뇌는 무력한 것입니다.

우리의 불성은 바로 이런 자유를 추구하고 기쁨을 추구하는 마음입니다. 심지는 원래 불쾌함이 없습니다. 다만 경계를 따라 있게 되니 그 불쾌함에 끌려 다니지만 않으면 됩니다. 그 불쾌함의 형상을 불쾌함인 줄 깨어 지켜보면 불쾌함은 세력을 상실하고 그 자리에 자성의 힘이 솟아나 있는 것입니다.

우리가 자유로울 수 있는 방법은 내가 부자유로운 상황을 직시하는 것입니다. 서툴고 허접하다는 것을 깨어 지켜보는 것입니다.

자신의 생각이 옳다고 집착하기 보다는, 내가 타인에게 영향력을 행사하여 통제하고 싶어 한다는 생각을 알아차리고 있을 때, 그 경계와 상황에서 자유로울 수 있는 것입니다.

순간의 전환에 원만구족하고 지공무사한 마음이 있습니다. 화난 순간, 화난 마음을 그대로 바라봅니다. 화난 줄 아는 마음! 그 마음엔 화가 없습니다. 그 순간! 속 깊은 미소가 그려질 것입니다.

화난 순간, 화난 마음을 그대로 받아들입니다. 화를 수용하는 그 마음! 그 순간 화에서 벗어납니다. 순간! 마음이 편해집니다. 순간의 평화를 직시하게 될 것입니다.

밥하나 먹고 잠 한숨을 자도 원만구족 지공무사할 수 있습니다. 남이 어찌 볼 것인지 눈치 보고 남의 인정에 끌려 다니는 것이 아니라 자기 스스로 자기의 본래 마음을 드러내는 것입니다. 내가 밥 먹을 때 당당하게 밥 먹고 내가 쉴 때 자연스럽게 쉴 수 있는 것입니다.

이런 원만구족하고 지공무사한 주인공이 될 때, 나도 자유롭고 타인도 존중되는 사회가 될 것입니다. 남의 마음을 엿보아서 처세하는 공부가 아니라, 내 마음에 직면하고 남의 마음을 존중하는 것입니다. 내 마음에도 봉불을 하고 타인에게도 봉불을 하게 됩니다.

이 세상 낙원 이룰

최 명 원 작사
김 동 진 작곡

이 세상 낙원이룰 청정한 일원도량

우리들의 숙원사업 오늘에야 이룩했네

온갖정성 한데뭉친 우리교당봉불이여

일원세계 경사로세 우리교당봉불이여

3

원음 산책

성가 150장 〈이 세상 낙원 이룰〉을 듣고 있으면 봄 햇살에 온 대지의 새싹이 움 터 오르는 우쭐거림이 느껴집니다.

대지를 박차고 오르는 새싹들이 서로를 격려하면서 솟아올라 봄을 사모하는 봄 기운의 생기가 느껴집니다.

성가 150장 〈이 세상 낙원 이룰〉은 마장조이므로 밝게 부르는 것이 좋을 것입 니다.

봉불을 축하하는 노래이기에 밝고 희망차게 부르는 것이 훨씬 이 노래의 분위기 를 살리는 것이 될 것입니다.

그래서인지 각 마디마다 거의 빠지지 않고 부점이 있습니다. 이 부점을 살려서 처지지 않게, 신나고 경쾌한 음색으로 부르면 좋을 것입니다.

'일원세계 경사로세 우리 교당 봉불이여'에 클라이맥스가 있습니다. 그러니 한 음 한 음을 강조하여 힘차게 끊어서 부르는 것도 좋을 것입니다. 행진곡 풍의 맛이 나게 부르는 것도 한 방법이 될 것입니다.

성가 150장 〈이 세상 낙원 이룰〉은 김동진 작곡으로 원기75년(1990) 교화부에서 성가로 제정합니다.

이 곡의 작사가 운타원 최명원 교무는 작곡가이기도 합니다. 원불교 교무로서 오랜 신앙과 수행의 경험자인 최명원 교무가 이 곡을 작곡했다면 어떤 분위기일까 하는 궁금함도 들게 됩니다.

저희들의 이 가정(일터)에

—

손정윤 작사 / 김동진 작곡

1. 저희들의 이 가정에 법신불을 모십니다
   뜻을 모아 정성 다해 법신불을 모십니다
   거룩하신 법신불 사은이시여
   밝고 크신 그 은혜 한량없이 내리소서

2. 저희들의 마음마다 법신불을 모십니다
   생각생각 걸음걸음 법신불을 모십니다
   저희 모두 새 맘으로 거듭나게 하소서
   평온하고 행복함이 넘쳐나게 하소서

I

저희들의 이 가정에
법신불을 모십니다

성가 151장 〈저희들의 이 가정에〉는 효산曉山 손정윤 교무의 작사로, 가정과 일터에 법신불을 봉안하는 봉불의 마음가짐을 노래하고 있습니다.

『예전』교례편의 봉불奉佛 조항을 살펴보면, 법신불 일원상을 봉안하는 법당法堂은 '대각전'이라 하며, 개인 가정의 봉안 처소는 다만 '불단佛壇'이라고 통칭하며, 가정의 불단은 가옥 안의 제일 정결한 곳에 설치하되, 가옥을 신축할 때에는 될 수 있는 대로 불단을 미리 설계에 넣어야 할 것이며, 대각전이나 개인 가정을 막론하고 불단은 그 실내의 정면 중앙에 위치하도록 하고 있습니다.

『예전』을 보면 교당뿐만 아니라 개개 교도의 집안 중앙에 불단을 설치하여 법신불 일원상을 모시도록 하고 있으며, 일터에도 정결한 곳에 법신불 일원상을 모시도록 권하고 있습니다. 사실 불단은 법신불 일원상을 모신 법단입니다.

『정전』「교법의 총설」에서 우주만유의 본원이요 제불제성의 심인인 법신불 일원상을 신앙의 대상과 수행의 표본으로 모시도록 하고 있습니다. 즉 법신불 일원상은 우주만유의 본원이요 제불제성의 심인으로 신앙의 대상이요 수행의 표본입니다. 일원상을 모신다는 것은 은혜의 본원과 마음의 근원을 믿고 수행하는 것입니다.

그러므로 가정과 일터에 법신불 일원상을 모시는 것은 내 마음의 근본을 잃지 않겠다는 것이며 은혜의 본원을 실현하겠다는 것입니다. 이렇게 은혜를 실현하고 원래 마음을 발현하는 가정과 일터에 어찌 복락이 없지 않겠습니까?

법신불 사은은 법신불이신 사은입니다. 감각적으로 우리에게 고락을 주는 상대적인 낙만이 아닙니다. 진리적인 은혜로 이는 도의 선상에 있는 덕으로 낙뿐만 아니라 고도 진리적 의미가 있는 은혜가 됩니다. 법신불은 은혜의 본원이며 사은은 법신불의 드러남입니다.

거리를 나설 때면 각종 기업의 상표나 간판 등 많은 표시판을 만나게 됩니다. 자기 회사의 이미지를 한눈에 띄게 하려는 독특한 간판과 안내판 등, 이런 다양하고 독특한 표시, 상표 속을 거니노라면 무언가의 이끌림에 나도 모르게 동화되곤 합니다.

술을 좋아하면 술집 간판만 보아도 그 매력에 끌리고, 쇼핑을 즐기면 백화점 간판만 보아도 그 힘에 이끌리게 될 것입니다.

그렇다면 일원상을 볼 때는 어떤 느낌이 들까요? 은혜의 이끌림과 원래 마음으로의 강력한 회복력이 있어야 할 것입니다. 만일 이런 진리적 자기장을 느끼지 못한다면 점검이 요청됩니다.

그 포인트는『법신불 일원상』을 '학습의 대상'만이 아니라 간절한 '사모의 대상'이어야 합니다.

간절한 그리움! 사모! 사모는 피를 끓게 합니다. 사모는 가슴을 뛰게 합니다. 사모는 마음을 달굽니다.

이처럼 일원상을 사모한다는 것은 뛰는 가슴으로, 끓는 피로, 달아오른 가슴으로 받드는 것입니다. 이럴 때 일원상의 강력한 끌림, 인력을 느끼게 되는 것입니다.

일원상을 간절히 모십시다. 그러면 일원상 진리의 따스한 품에 안기게 됩니다. 포근히 이끄는 힘에 빨려들 것입니다. 일원상만 보면 우주에 충만한 은혜의 기운에 빨려들고 은혜로움에 포근히 안기게 됩니다.

또한 일원상만 보면 순간 내 마음의 원래를 반조하게 되어 원래 마음에 머무르게 됩니다. 마음의 충만함에 전율합니다.

일원상을 사모합시다. 그러면 일원상의 진리가 순간 다가올 것입니다. 어느새 내 눈앞에서 환히 웃음 짓고 계실 것입니다. 지금 이 순간 여기에서 일원상 앞에 두 손 모아 간절히 가슴에 영접합시다.

일원상을 가정에 일터에 모신다는 것은 삶 속에서 일원상을 사모하는 것입니다. 일원상의 진리와 삶을 연락시키는 것입니다.

성가 151장의 작사가 효산 손정윤 교무는 '가정은 인생의 뿌리'이며 '일터는 복전의 뿌리'가 되니 각자의 가정과 일터에 '뜻을 모아 정성 다해' 법신불을 모시자고 노래하고 있습니다. 또한 '생각생각 걸음걸음' 법신불을 모시자고 노래합니다. 그리하여 '밝고 크신 법신불 사은의 그 은혜가 한량없이 내리기'를 간절히 염원하고 있습니다.

법신불은 법신불 일원상입니다. 법신불은 일원상을 수식하는 역할입니다. 법신불을 모신다는 것은 법신불 일원상을 모시는 것입니다. 우리는 이제 법신불을 통해 본존인 일원상을 모셔야겠습니다. 일원상에 닿지 않는 법신불은 소태산의 뜻이 아니기 때문입니다.

2

저희들의 마음마다
법신불을 모십니다

소태산 대종사 당대의 초기간행물인 「회보」 제40호에 구타원 이공주가 수필한 '일원상을 모본하라'는 제목의 대종사 법설이 나옵니다.

법문의 배경은 하선 해제식입니다. 해제 법문으로 대종사는 하선했던 선력禪力을 일상생활에 연락해서 활용해야 된다고 당부 당부하십니다.

그러면서 일상생활에 연락할 수 있는 쉬운 방법을 하선 해제 선물로 제시해 주십니다.

연락한다는 것은 누구와 전화 통화하듯이 연결된다는 뜻입니다. 온몸에 경락이 연결되는 것과 같습니다. 그 연락방식은 도형 일원상을 만들어서 그 진리를 체 받으라는 것입니다.

도형 일원상을 몸에 지니든지 벽에 모시든지 하여 그 진리를 본받아서 내 삶에 적용하라는 것입니다. 대종사는 비유를 들어 설명하십니다. 붓글씨를 배우는 학생이 선생님의 붓글씨 체본을 받아서 그대로 따라 쓰듯이, 일원상의 원만한 모습을 내 삶에 본뜨라는 것입니다.

도형의 일원상(○)은 진리(법신불)의 상징(『정산종사법어』 원리편 1장)이며 또한 진리 당체의 사진(『정산종사법어』 원리편 6장)이며 진리불의 도면(『정산종사법어』 경의편 3장) 입니다.
이처럼 도형 일원상은 참 일원을 알리기 위한 표본(『대종경』 교의품 6장)의 기능을 하고 있습니다.

도형의 일원상은 시각적 기능을 갖고 있습니다. 이 시각을 통해서 어떤 의미를 나타내고 있습니다. 생각을 깊게 해서 이해되는 것이 아니라 즉각적인 느낌을 유발시키는 것입니다.
일원상은 진리의 상징이요 그림이요 사진입니다. 이 둥근 일원상은 즉각적인 표준이 됩니다.
사고(생각)에 앞선 즉각적인 거울입니다. 거울을 보면 바로 자신의 상태를 비춰볼 수 있듯이 도형의 일원상은 깨달음의 거울이 됩니다.
이 시각적 일원상은 바로 즉발적으로 어떤 의미와 뜻을 드러냅니다.
이 둥근 도형은 원만한 모습, 하나의 모습, 텅 비었으면서 충만한 모습, 돌고 도는 인과와 생사의 뜻, 은혜로운 품의 모습을 시각적으로 바로 보여줍니다.

첫째, 도형의 일원상은 텅 빈 모습을 보여줍니다.
일원상을 표본 삼을 때마다 그 일원상의 텅 빈 모습을 보면서 즉각적으로 마음을 비우는 공부를 할 수 있습니다. 생각을 해서가 아니라 바로 그 자리에서 그 모습을 따라 비우는 것입니다.
소태산 대종사는 하선 해제식 법문에서 그 한 예로 사심 잡념이 생기면 일원상의 텅 빈 공한 모습을 생각하여 사심 잡념을 떼어버리라 하셨습니다.

둘째, 도형의 일원상은 꽉 찬 충만한 모습을 보여주고 있습니다.

텅 비었으되 또 한편으로는 충만한 모습인 것입니다. 비우면 충만할 수 있는 것입니다. 빈 그릇이 물을 담을 수 있듯이 비웠기에 충만할 수 있는 것입니다.

셋째, 도형의 일원상은 둥그러운 원만한 모습을 보여주고 있습니다.

공의 복원력처럼 원래 둥근 도형의 일원상을 대조하여, 경계를 따라 찌그러지는 마음을 원래 둥근 원만한 마음으로 회복하자는 것입니다. 도형의 일원상을 모본하여 요란하고 어리석고 그른 마음을 맑고 밝고 훈훈한 마음으로 복원시키는 것입니다.

소태산 대종사는 하선 해제식 법문에서 구체적인 사례를 들어 설명해 주시고 계십니다.

"즉 하기 싫은 사심이 일어날 때, 불의한 재물이나 부당한 음식을 먹고 싶을 때, 미운 데에 끌리든지 사랑스러운 데에 끌려 중도를 잡지 못할 때, 이런 마음은 둥근 일원상을 위반한 것이니 일원상의 텅 비고 둥근 모습을 체 받아서 온전하고 청렴하며 공정한 일원상 마음으로 전환시키라는 것입니다. 옛부터 인물도 잘난 것을 보고 원만하다 하고 일 처리도 잘된 것을 보고 원만하다 하나니, 원만이란 것은 곧 일원상을 말하는 것"이라 하셨습니다.

소태산 대종사는 제자들에게 삐뚤어진 일원상과 둥그런 일원상을 그려놓고 "어떤 일원상이 좋게 보이느냐?" 물으시고 "마음을 쓸 때에도 저 둥근 일원상처럼 쓸지언정 모난 일원상은 되지 않도록 유의하라." 하셨습니다.

우리는 소태산 대종사께서 주신 이 원상을 법 받아 육근을 법 있게 사용해야 합니다.

넷째, 도형의 일원상은 모든 것을 품고 있는 씨알을 나타내고 있습니다. 씨앗에서 싹이 터 나무가 될 수도 있고, 알이 부화되어 새 생명이 탄생하듯이, 도형 일원상은 모든 가능성을 함축하고 있습니다. 우리가 원래 부처이며 지혜와 복락을 생산할 수 있는 잠재능력을 가리키고 있는 것입니다.

다섯째, 도형의 일원상은 은혜로운 품을 나타내고 있습니다.

도형의 둥근 모습을 볼 때마다 어머니 품처럼 따스한 은혜를 느낄 수 있습니다. 일원상을 볼 때마다 그 은혜의 바다에 유영하는 것이며 그 품을 만끽할 수 있는 것입니다.

소태산 대종사는 "순경이나 역경이나 그 어떠한 경계를 당하든지 원망심을 버리고 감사생활을 하라." 하셨습니다. 즉 원망심이 생길 때마다 도형의 일원상의 은혜로운 품을 체 받아서 감사생활을 하라는 것입니다.

여섯째, 도형 일원상은 돌고 도는 생사와 인과의 모습을 나타내고 있습니다.

도형의 일원상을 볼 때마다 삶과 죽음이 돌고 도는 변화이며, 인과가 주고받는 거래임을 자각하라는 것입니다. 이런 진리의 역동성을 즉각적으로 감지하여 생사에 해탈하고 인과를 수용하여 은혜를 심고 선업善業을 짓자는 것입니다.

일곱째, 도형의 일원상은 하나의 모습을 나타내고 있습니다.

도형 일원상을 볼 때마다 서로서로 의지하고 바탕이 되어 하나로 연결된 없어서는 살 수 없는 관계를 자각하는 것입니다. 둘인 것 같지만 밀접한 관계가 있는 떨어질 수 없는 관계로, 도형의 일원상은 두 손을 맞잡은 듯 연결된 하나의 모습입니다.

여덟째, 도형 일원상은 돌리는 공부를 나타내고 있습니다.

소태산 대종사는 "타력심을 버리고 자력생활을 하며, 모르는 것은 배우기를 노력하고, 아는 것은 가르치기에 노력하며, 남은 나에게 어떻게 하든지 나는 남에게 유익을 주며, 이 외에도 사은사요와 솔성요론 등 하여간 자리이타법을 쓸 것 같으면 일원상의 체를 받는 동시에 공부한 효과가 나타나서 한량없는 지자智者 복인福人이 될 것이요, 만약, 그 반대로 삼십 계문 등의 나쁜 일을 행한다면 일원상에 위반되는 동시에 적악積惡이 되어 무궁한 죄고를 받게 될 것"이라 하셨습니다.

이처럼 도형 일원상은 타력생활을 자력생활로 돌리고, 배울 줄 모르고 가르칠 줄 모르는 사람을 잘 배우고 잘 가르치는 사람으로 돌리고, 공익심 없는 사람을 공익심 있는 사람으로 돌리는 공부를 상징하고 있습니다. 일원상을 모시면 바로 진리로 돌릴 수 있는 것입니다.

이 도형의 일원상은 「교리도」와 『정전』의 '일원상 법어'에 그려져 있습니다.

일원상 법어의 큰 원상과 작은 원상 여섯 개는 바로 이런 시각적인 기능이 있는 것입니다.

이러한 시각적 의미로서의 일원상을 새롭게 이해할 필요가 있습니다. 도형 일원상의 시각적 가르침을 새롭게 자각해야 할 것입니다.

이것이 소태산 대종사의 교화 자비입니다. 우리에게 쉬운 길을 인도해 주신 것입니다.

무슨 일이나 일원상을 체 받으면 정의가 실현될 것이며 그 반면에 일원상을 체 받지 못하여 불의하게 되면 일이 잘못되어 괴로울 것입니다. 그러니 소태산 대종사의 당부처럼 일원상을 본받아서 실생활에 활용해야 할 것입니다.

효산 손정윤 교무는 성가 151장 〈저희들의 이 가정에〉에서 각자의 마음에 법신불을 모시고 더 나아가 '생각생각 걸음걸음 법신불을 모시자'고 간절히 노래하고 있습니다. 그리하여 '새 맘으로 거듭나서 평온하고 행복함이 넘쳐나기'를 기도하고 있습니다.

저희들의 이 가정(일터)에

손정윤 작사
김동진 작곡

1.저 희 들 의 이 가 정 에 법 신 불 을 모 십 니 다
2.저 희 들 의 마 음 마 다 법 신 불 을 모 십 니 다

뜻 을 모 아 정 성 다 해 법 신 불 을 모 십 니 다
생 각 생 각 걸 음 걸 음 법 신 불 을 모 십 니 다

거 룩 하 신 법 신 불 – 사 은 이 – 시 – 여
저 희 모 두 새 맘 으 로 거 듭 나 게 하 소 서

밝 고 크 신 그 – 은 – 혜 한 량 없 이 내 리 소 서
평 온 하 온 행 복 함 – 이 넘 쳐 나 게 하 – 소 서

3

원음 산책

성가 151장 〈저희들의 이 가정에〉의 반주를 듣노라면, 창밖으로 내리는 비를 평화롭게 바라보는 기분이 듭니다.

비 오는 풍경에 일체의 번잡함이 다 놓아지어 마냥 차분해 지는 듯 하며, 온 대지가 다 빗물에 씻기어 깨끗해지며, 빗속에서 마음이 침착하게 가라앉아 한가로워지는 감정이 듭니다.

성가 151장의 1절과 2절의 첫마디인 '저희들의 이 가정에 법신불을 모십니다'와 '저희들의 마음마다 법신불을 모십니다'에 포인트를 주어야 맛이 살아날 듯합니다. '모십니다'는 모시듯이 또박또박 불러야 할 것입니다.

다음 절의 '뜻을 모아 정성 다해 법신불을 모십니다'와 '생각생각 걸음걸음 법신불을 모십니다'의 가사처럼 뜻과 정성을 다해 나의 보금자리에 법신불을 모시며, 생각마다 걸음마다 법신불을 모시는 마음으로 노래를 불러야 할 것입니다.

성가 151장은 3/4박자이니 강-약-약으로 불러야 하나, '저희들의'의 '들'은 당김음으로 강박으로 당겨 부르게 되며,

'모십니다'와 '내리소서'의 셋잇단음표는 세 음을 모아서 한 박자의 분위기로 물 흐르듯이 부드럽게 흘러가듯 음의 리듬감을 살려야 할 것입니다. 거칠지 않게 단절시키지 말고 여유롭게 이어지도록 각 음을 살려서 부르자는 것입니다.

'가정'과 '마음'에 '법신불'을 모시면 새 맘으로 거듭나게 될 것입니다.

이런 모시는 마음으로 부를 때 자연스럽게 '밝고 크신 그 은혜 한량없이 내리소서'와 '평온하고 행복함이 넘쳐나게 하소서'로 이어져 불러질 것입니다.

'그-은-혜'의 '혜'에 붙어 있는 늘임표인 페르마타(⌒)에 따라 2~3배 길게 부르고 '한량없이'의 음을 부점에 따라 각 음을 강조해서 부르면 좋을 것입니다.

성가 151장 〈저희들의 이 가정에〉는 김동진 작곡으로 원기75년(1990) 교화부에서 성가로 제정합니다.

사은님 가호 아래

—

최명원 작사 / 김규환 작곡

1. 사은님 가호 아래 오늘을 맞이하니
   은혜로운 새 일터 보은하는 새 일터
   뜻하온 이 사업이 나날이 번영토록
   법신불 사은이시여 은혜를 버리소서

2. 온 가족 한맘 되어 오늘을 맞이하니
   공부하는 새 일터 보은하는 새 일터
   공부하는 마음으로 이뤄가는 복의 터전
   법신불 사은이시여 광명을 버리소서

은혜로운 새 일터
보은하는 새 일터

성가 152장 〈사은님 가호 아래〉는 운타원 최명원 교무가 지은 개업축하 노래입
니다. 사은님 가호 아래 보은할 수 있는 새 일터를 주신 은혜에 감사하며 개업의
일터를 통해서 보은할 수 있기를 간절히 기도하고 있습니다.

이 성가는 최명원 교무가 부교무 시절, 교도님의 개업을 맞아 개업독경을 하러
갈 때 그 상황에 적합한 성가가 없어 못내 아쉬워합니다. 개업을 축하하는 노래가
절실히 필요함을 느낀 것입니다. 이러한 염원을 간직하고 있다가 새 성가 공모에
개업축하 노랫말을 짓게 된 것입니다.

소태산 대종사는 직업을 무척 강조합니다. 『정전』「동포피은의 강령」에서 '이 세
상은 사농공상의 네 가지 생활 강령이 있다'고 하시며, '사람들은 그 강령 직업 하
에서 활동하여, 각자의 소득으로 천만 물질을 서로 교환할 때에 오직 자리이타自利
利他로써 서로 도움이 되게 하라'고 하시며, 이것이 바로 '동포 피은'이라 하십니다.

즉 사농공상을 생활의 강령이요 공익의 기초로 보신 것입니다. (『정전』 공도자 숭배)

그러므로 개업은 생활의 강령이 되는 사농공상 중의 하나에 참여하여 서로 도움이 되는 공익의 기초를 열고 닦는 것입니다.

또한 소태산 대종사는 직업의 선택에 있어 "직업을 가지되 가림이 있어서 살생하는 직업이나 남의 정신 마취시키는 직업을 가지지 말며, 또는 권리를 남용하여 남의 생명·재산을 위협하거나 가슴을 아프게 하는 일이 없게 할 것"이라 하시었으며, (『대종경』 인도품 43장)

정산 종사는 『세전』 「국민의 도」 중의 하나로 직업을 말하고 있습니다. 즉 "직업 영역 안에서 봉공함이니, 모든 국민이 각자의 직업 영역 안에서 항상 자리이타와 봉공 정신으로써 활동하여 자기의 생활을 건실히 향상시키는 것으로 나라의 생산과 문화에도 봉공이 되게 할 것이요"라고 말씀하십니다.

소태산은 직업 등을 가질 때 고혈마의 삶을 살지 말라고 당부하였습니다.

"우리는 고혈마膏血魔가 되지 말아야 할지니, 자기의 지위나 권세를 이용하고 간교奸巧한 수단을 부리어 자기만 못한 사람들의 피땀으로 모인 재산을 정당한 대가 없이 취하여 먹으며, 또는 친척이나 친우라 하여 정당하지 못한 의뢰심으로 이유 없는 의식을 구하여, 자기만 편히 살기를 도모한다면 이러한 무리를 일러 고혈마라고 하나니라."

이어서 말씀하시기를

"그런즉, 우리도 우리의 생활을 항시 반성하여 보되 매일 여러 사람을 위하여 얼마나 이익을 주고, 이와 같은 의식 생활을 하는가 대조하여 만일 그만한 노력이 있었다면 이는 스스로 안심하려니와, 그만한 노력이 없이 다만 공중을 빙자하여 자기의 의식이나 안일만을 도모한다면 이는 한없는 세상에 큰 빚을 지는 것이며, 따라서 고혈마임을 면하지 못하나니 그대들은 이에 크게 각성할지어다."(『대종경』 교단품 10장)

라고 거듭 당부하십니다.

직업을 잘 선택하라는 것입니다. 남의 고혈을 빨아먹는 직업이 되어서는 안 될 것이며, 자기 직업의 성실한 활동을 통해서 남에게 도움도 주고 세상에도 협력하여 자리이타로 봉공하는 일원이 되자는 것입니다.

2

공부하는 새 일터
보은하는 새 일터

'은혜로운 새 일터 보은하는 새 일터'는 은혜에 보은할 수 있는 복의 터전으로 '뜻하여 온 이 사업이 나날이 번영하여' 보은자가 되도록 법신불 사은의 은혜와 광명을 바라고 있습니다.

새 일터 새 사업이 날로달로 발전하기를 바라는 목적은 보은하기 위해서입니다. 사업이 잘되어 나도 잘되고 주변에도 보은하는 자리이타의 보은자가 되려는 자세입니다. 보은하면 번영하는 것입니다.

'뜻하온 이 사업'은 생활의 강령인 사농공상 중의 하나에 참여하는 개업입니다. 새로운 일터를 여는 개업은 동포피은의 보은의 장으로, 사은님의 가호 아래 개업을 하여 사은님의 뜻에 동참하는 것입니다.

사은님의 뜻은 바로 각자의 소득으로 천만 물질을 서로 교환하여 자리이타自利利他가 되도록 하여 서로 도움이 되게 하는 것입니다. 직업을 통해 생활을 도모하면서도 공익에 보탬이 되도록 법신불 사은님의 광명을 바라는 것입니다.

또한 이 새로운 일터가 '공부하는 새 일터 보은하는 새 일터'가 되어 '공부하는 마음'으로 '복의 터전'을 이뤄가기를 법신불 사은 전에 간절히 기원하고 있습니다. '온 가족이 한맘 되어' 새로운 일터를 개업하니 법신불 사은의 광명을 간절히 바라고 있는 것입니다.

공부하는 일터는 지혜로운 일터이며 온 가족이 한맘 되는 일터는 복락의 일터입니다.

소태산 대종사는 "사람의 직업 가운데에 복을 짓는 직업도 있고 죄를 짓는 직업도 있나니, 복을 짓는 직업은 그 직업을 가짐으로써 모든 사회에 이익이 미쳐 가며 나의 마음도 자연히 선하여지는 직업이요, 죄를 짓는 직업은 그 직업을 가짐으로써 모든 사회에 해독이 미쳐 가며 나의 마음도 자연히 악해지는 직업이라, 그러므로 사람이 직업을 가지는 데에도 반드시 가리는 바가 있어야 할 것이며, 이 모든 직업 가운데에 제일 좋은 직업은 일체 중생의 마음을 바르게 인도하여 고해에서 낙원으로 제도하는 부처님의 사업이니라."(『대종경』 인도품 40장)라고 말씀하십니다.

공부하는 일터는 바로 자신의 직업이 복을 짓는 직업인지? 죄를 짓는 직업인지? 살펴봐야 합니다. 개업을 하여 영업을 하는 것 자체가 그 직업을 통해서 사회에 도움이 되면서도 자신도 자연 좋은 관계가 되어야 하기 때문입니다.

개업은 법신불이신 사은의 품에서 지혜와 보은을 여는 창작 예술입니다.

사은님 가호아래

최 명 원 작사
김 규 환 작곡

1.사 은 님 가호아 - 래 오 늘을맞이하 - 니
2.온 가 족 한맘되 - 어 오 늘을맞이하 - 니

은 혜로 운 새 일 - 터 보 은하는새 일 터
공 부하 는 새 일 - 터 보 은하는새 일 터

뜻 - - 하온 이 사 업 이 나 - 날이번영토 록
공 부하 는 마 음 으 로 이 뤄가 는복의터 전

법 신 불 사 은이시 여 은 혜를 내 리 소 서
법 신 불 사 은이시 여 광 명을 내 리 소 서

3

원음 산책

성가 152장 〈사은님 가호 아래〉의 반주를 듣노라면, 나팔 소리가 광활한 하늘에 울려 퍼지는 느낌이 들며, 하늘에서 축포가 터지기를 바라는 마음이 듭니다.

하늘을 향하여 푸른 서기가 어리도록 펌프질하는 기분이 듭니다.

첫 소절의 '사은님 가호 아래'도 서기가 길게 이어지듯이 '사은님'의 '사~'를 길게 불러 감정을 펌프질해야 할 것이며, 둘째 소절의 '은혜로운 새 일터'에서도 '은~'을 좀 더 감정 있게 펌프질해서 불러야 할 것입니다.

그러할 때 이렇게 펌프질 된 감정을 따라 셋째 소절로 자연스럽게 이어질 듯합니다.

마지막 소절의 '법신불 사은이시여 은혜를 내리소서'와 '법신불 사은이시여 광명을 내리소서'는 정말 하늘에서 축포가 터지고 서기가 어리듯이 법신불의 은혜와 광명이 내리기를 바라는 심정으로 부르면 좋을 것입니다. 특히 '내리소서'에서 언덕을 박차 오르고서 자연스럽게 내리막을 타듯이 리듬을 타야 할 것입니다.

성가 152장 〈저희들의 이 가정에〉는 김규환 작곡으로 원기75년(1990) 교화부에서 성가로 제정합니다.

은 혜 로 운 새 일 – 터   보   은 하 는 새 일 터
공 부 하 는 새 일 – 터   보   은 하 는 새 일 터

일터를 주셨네

—

이광정 작사 / 김동진 작곡

일터를 주셨네 일터를 주셨네
사은에 보은할 일터를 주셨네
천지 부모 동포 법률 지중한 은혜
일터를 주시니 감사합니다
보은의 일터요 봉공의 일터라
동녘에 솟는 햇살 한 아름 안고
어기여차 일할 곳 우리의 복전
낙원 건설하리라 불국 건설하리라

I

사은에 보은할
일터를 주셨네

성가 153장 〈일터를 주셨네〉는 좌산左山 이광정 종사가 작사한 곡으로, "어느 일터든지 '마음에 드네 안 드네', '양에 차네 안 차네', '좋네 나쁘네' 하며 못마땅해 하기보다는, 보은의 일꾼이 되어 어느 곳을 가든지 어느 처지에 있든지 보은의 일감을 찾아서 기뚱차게 보은에 노력하자."는 좌산 종사의 당부입니다.

성가 153장은 일터와 보은에 대한 좌산 종사의 문학적 표현이요 감상담입니다.

좌산 종사는 『교법의 현실구현』에서 미래시대의 윤리로 보은의 길을 제창하면서 보은을 성찰하는 9가지 조항報恩省九條을 자세히 부연 설명하십니다. 그리고 그 결론으로 "사은에 대한 보은은 우주만유와 윤기가 통하게 하는 길이요, 우주만유를 은恩으로 만드는 길이요, 우주만유를 선연善緣으로 만드는 길이요, 우주만유를 복전으로 만드는 길이다."라고 선언하고 있습니다.

일터는 사은에 보은할 창구요 통로입니다. 일터가 없으면 사은에 보은할 수 없습니다. 일터는 복전입니다. '천지 부모 동포 법률 지중한 은혜'에 보은할 복전인 것입니다. 그러므로 '어기여차 일할 곳 우리의 복전'이라 노래할 수 있는 것입니다.

이에 좌산 종사는 "그 지역에서 제일 불쌍한 사람을 찾아 도와주고, 교도가 없다고만 하지 말고 교도가 없으니 더 보은할 일터라 여기라. 교도가 없으니 일터의 가치가 더 높은 것이다. 교법정신으로 활동하면 교화가 발전하게 되는 것이다. 어떤 자리에 가든지 보은할 일터라는 관점에서 일하면 된다."라고 역설하십니다.

도통하려는 것도 견성하려는 것도 바로 보은하기 위한 것입니다. 견성이 필요조건이라면 보은은 필요충분조건입니다. 견성이 자리自利라면 보은은 자리이타自利利他입니다. 그래야 우리는 「일원상 서원문」에서처럼 진급이 되고 은혜를 입게 되는 것입니다.

보은의 길을 떠나지 않고 영원히 보은하며 살겠다는 삶은 우리가 추구해야 할 영생의 서원입니다. 지은보은하면 사은이 곧 복전이 되고 배은망덕하면 사은이 곧 죄전罪田이 됩니다.

은혜를 알아 보은하면 이 세계가 다 복의 터전이 되고, 은혜의 내역을 모르거나 혹 안다고 할지라도 배은하면 이 세계가 다 죄의 터전으로 화하게 됩니다.

소태산 대종사는 『정전』 「사은」 장에서 '피은의 길'과 '보은의 길' 그리고 '배은의 길'을 구체적으로 가르쳐 주고 있습니다. 그래서 영생에 보은은 할지언정 배은은 하지 말도록 간곡히 당부하고 계십니다.

『정전』 「개교의 동기」의 광대무량한 낙원도 바로 이 보은의 길에서 찾을 수 있는 것이며 이 보은을 통해 낙원으로 인도되는 것입니다.

좌산 종사는 성가 153장에서 이 일터를 통해서 보은하자고 노래하십니다. 일터는 활동의 장이요 사업장입니다. 대종사는 『대종경』 불지품 23장에서 "불보살들은 이 천지를 편안히 살고 가는 안주처를 삼기도 하고, 일을 하고 가는 사업장을 삼기도 하며, 유유 자재하게 놀고 가는 유희장을 삼기도 한다." 라고 하셨습니다.

앞으로의 시대는 활동의 시대이므로 불보살이 주로 일을 하고 가는 사업장으로 삼을 것입니다. 그래서 대산 종사는 "이제는 활동 시대이므로 활불이 되어야 하나니, 도통하러 왔다 하지 말고 세계 사업하러 왔다고 하라. 세계 사업을 잘하면 깨달음은 그 가운데 있느니라."(『대산종사법어』 공심편 14장)하며 일의 중요성을 강조하고 있습니다. 세계 사업을 잘하면 깨달음은 그 가운데 있기 때문입니다.

우리는 세계사업을 하는 봉사대입니다. 비록 작은 것일지라도 세계의 한 모퉁이를 개척하는 일이 되기 때문입니다.(『대산종사법문집』 3집, 법훈편 127장) 자신이 머무는 공가公家의 한 모퉁이를 쓰는 것이 세계의 한 구석을 쓰는 것이 됩니다. 이렇게 세계에 보은하는 심정이 되어야 합니다.

초기 교단에서는 출가出家를 '세계사업 하러 왔다'거나 '세계일 하러 왔다'라고 달리 말하고 있습니다. 이는 출가를 사사로는 집을 떠나 세계사업의 공도에 헌신하는 집으로 이사하자는 뜻으로 여기고 있는 것입니다.

일터는 우리의 복전이므로, 이 복전에 보은하여 보은의 세계를 만들어 낙원을 건설하고 불국을 건설하자는 것입니다. 일은 보은의 통로이며 창구입니다. 일을 통해 보은할 수 있고 낙원과 불국을 건설할 수 있다는 것입니다.

좌산 종사께서 '일터를 주시니 감사합니다'라는 법열의 노래를 부르듯이, 우리도 일터에서 사은에 보은하고 사요에 봉공함으로써 낙원과 불국을 건설하는데 원력을 세워야 할 것입니다.

보은의 일터요
봉공의 일터라

봉공은 보은의 또 다른 모습입니다. 봉공은 보은의 변주입니다.

법신불은 천지·부모·동포·법률의 은혜성입니다. 은혜의 본원입니다. 은혜의 본질을 법신불이라 하며, 없어서는 살 수 없는 관계성을 사은이라 합니다. 이런 법신불인 사은을 인간사회의 입장과 관점에서 다시 읽은 것이 사요입니다. 사요는 인간사회의 관점에서 사은에 보은하는 창구입니다.

사요의 자력양성은 사은의 '자력 공급성'을 체 받는 창구입니다. 자력으로 살 수 있도록 서로서로 바탕이 되고 의지가 되는, 사은의 '무자력자 보호의 도'인 자력공급의 은혜성을 실천하는 봉공奉公입니다.

지자본위는 법신불의 '지력智力 공급성'을 체 받는 창구입니다. 온갖 어려움과 해결점에서 이를 풀어갈 수 있도록 스승과 지도인 또는 자극하는 경계와 실마리를 통해서 제공되는 지혜공급의 은혜성을 실천하는 봉공입니다.

타자녀교육은 법신불의 '교육 공급성'을 체 받는 창구로, 인간사회의 관계 속에서 서로서로 가르쳐주고 길러주는 교육공급의 은혜성을 실천하는 봉공입니다.

공도자숭배는 법신불의 '공익 공급성'을 체 받는 창구로, 더불어 함께 살 수 있도록 관계의 토대를 공급해 주는 공익공급의 은혜성을 실천하는 봉공입니다.

즉 법신불이신 사은이 인간사회의 관계 속에서 은혜를 나투는 것으로, 사요는 법신불의 사회성이며 인간사회라는 장에서 사은이 구체적으로 실현되는 모습입니다.

사요는 사은의 은혜가 인간사회의 자력성으로·지혜성으로·교육성으로·공익성으로 변주되어 나투어지는 것입니다. 사요는 사은의 또 다른 모습입니다.

그러니 사은의 자력공급성을 체받아서 자력을 양성하여 무자력자를 보호하며, 사은의 지력智力공급성을 체 받아서 지자智者를 본위하여 잘 배우는 사람으로 돌리며, 사은의 교육공급성을 체 받아서 자타의 국한을 벗어나서 타자녀를 교육하고 잘 가르치는 사람으로 돌리며, 사은의 공익공급성을 체 받아서 공도자를 숭배하고 공도헌신하자는 것입니다.

이처럼 사요는 사은의 변주로 인간사회관계에 적용되는 또 다른 버전입니다.

요要는 요긴한 방식으로 부채의 모아지는 중심이며 문지도리樞와 같은 핵심역할입니다. 사은이 없어서는 살 수 없는 은적 관계라면 사요는 이런 은적 관계를 인간 사회 관계에 변주시킨 요긴한 핵심입니다. 사요는 사은의 인간사회관계의 변주라 할 수 있습니다. 사요는 인간사회 불공인 것입니다.

사은은 깨달음의 눈으로 보면 처처불상으로 모두가 불공의 대상이며, 인연의 관점으로 보면 처처만물이 다 은혜로 보은의 대상이 되며, 인간사회적 관계로 보면 모두가 공중公衆의 공물公物인 봉공의 대상이 됩니다.

나누면 불공, 보은, 봉공의 대상이지만 다 일원상의 진리로 신앙하는 동일 대상입니다.

사요에 봉공하는 것은 사은에 보은하는 또 다른 모습입니다. 보은 즉 불공이며 공심公心의 봉공입니다.

그러므로 '보은의 일터'는 '봉공의 일터'요 '봉공의 일터'는 '보은의 일터'입니다.

'동녘에 솟는 햇살 한 아름 안고 어기여차 일할 곳 우리의 복전'입니다.

'낙원건설하리라' '불국건설하리라'로 나아가자는 것입니다.

일터를 주셨네

이 광 정 작사
김 동 진 작곡

일 터 를 주 셨 네 일 터 를 주 셨 네 사 은 에 보 은 할

일 터 를 주 셨 네 천 지 부 모 동 포 법 률 지 중 한 은 - 혜

일 터 를 주 시 니 감 사 합 니 다 보 - 은 의 일 터 요

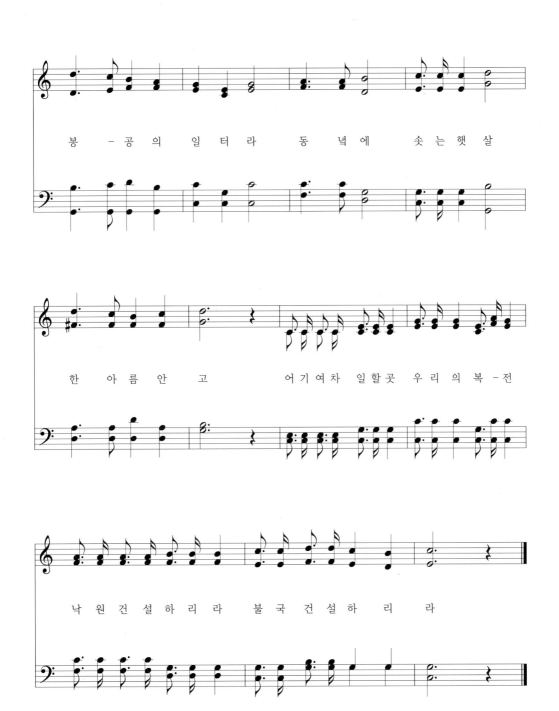

봉 공의 일 터 라 동 녘 에 솟 는 햇 살

한 아 름 안 고 어 기 여 차 일 할 곳 우 리 의 복 전

낙 원 건 설 하 리 라 불 국 건 설 하 리 라

3

원음 산책

성가 153장 〈일터를 주셨네〉의 반주를 듣노라면 심장 박동이 연상되며, 이 박동에 맞추어 대지를 달려가고 싶은 기분이 듭니다.

들으면 들을수록 활기차고 어디론지 박차고 나가고 싶은 진취적인 마음이 생깁니다.

성가 153장 〈일터를 주셨네〉는 4/4박자로 경쾌하며 활기차게 일하는 동적 활동감으로 불러야 하며, 부점을 이처럼 활기차게 일하는 모습으로 탄력 있게 표현해야 할 것입니다.

첫 소절의 '일터를 주셨네 일터를 주셨네'에서 첫마디의 '일터를 주셨네'와 둘째 마디의 '일터를 주셨네'에 감정이 업up 되도록 하는 것이 좋을 듯합니다. 그러면서 종국에는 '사은에 보은할 일터를 주셨네'로 승화시키면서 감정을 자연스럽게 가라앉도록 연착륙시키면 좋을 것입니다.

산을 등반하듯이 차근차근 올라가면서 끝내는 하산으로 마무리하듯이, 일터를 통해서 보은의 등산을 점진적으로 오르다가 안정적으로 '천지 부모 동포 법률 지중한 은-혜'로 마무리 짓는 것과 같이 부르면 좋을 것입니다.

성가 153장 〈일터를 주셨네〉의 핵심은 '일터를 주시니 감사합니다. 보-은의 일터요 봉-공의 일터라'에 있다 할 것입니다.

정말 감사한 마음으로 일터를 주심에 감사한 마음을 모아 '보-은'과 '봉-공'의 '보'와 '봉'에 강조와 감정을 다 실어야 할 것입니다. 보은과 봉공의 모든 감정을 모아서 이 한 음에 다 실어 넣어야 할 것입니다.

그러면 이 보은과 봉공의 감정이 이 곡의 마무리인 '어기여차 일할 곳 우리의 복-전 낙원건설하리라 불국건설하리라'로 자연스럽게 흘러내릴 것입니다. 마치 물이 높은 산에서 계곡으로 흘러내리듯, 충분히 보은 봉공의 감정이 승화되면 자연스럽게 낙원과 불국의 세계사업으로 전개될 것입니다.

계곡물이 잔잔하다가도 급류도 만들고 마침내 너른 평야로 흘러내리듯, 힘차고 활기차게 부르다가 '낙원'과 '불국'의 평야로 흘러가도록 불러야 할 것입니다.

성가 153장 〈일터를 주셨네〉는 김동진의 작곡으로 원기75년(1990) 교화부에서 성가로 제정합니다.

혈인되어 어렸네

—

이종원 작사 / 김규환 작곡

1. 살고 죽는 일은 괴롭고 또 어두워도
   온통 다 바쳐주고야 넉넉하게 사는 것
   진리의 횃불을 들어 긴긴밤을 거두었네
   진리의 횃불을 들어 긴긴밤을 거두었네

2. 스스로가 하는 뜻을 그 뉘라서 막을 건가
   한줄기로 뻗친 서원 영원이자 오늘인데
   한 마음 사무친 천지 혈인 되어 어렸네
   한 마음 사무친 천지 혈인 되어 어렸네

진리의 햇불을 들어
긴긴밤을 거두었네

성가 154장 〈혈인되어 어렸네〉는 현산現山 이종원 종사의 작시로, 평소 주위에서 성가 노랫말을 권유받은 차에 왕산 성도종 교무의 작사 요청이 계기가 되어 이 곡을 짓게 되었다 합니다. 현산은 성가 126장은 범산 이공전의 권유로 154장은 왕산의 권유가 기연 되어 탄생되었음을 잊지 않는다 말하고 있습니다.

이종원 교무는 1955년 3월 17일 동아일보의 「동아시단」에 시 「안개 속에서」를 발표한 후, 10년 후인 1965년에 시집 『생명의 의미』를, 그리고 1968년에 『별을 가꾸는 산』을 발표하였고, 1979년에 『만고일월』을 세상에 내보내게 됩니다.

시인 고은은 이종원 교무의 시 심상을 '달빛이고 달빛 물든 백로'라고 표현합니다. 첫인상이 '익산 황토 흙이 그대로 묻어 있는 바위등걸' 같아서였을까? 현산 이종원 교무는 깨달음에 대해 일갈합니다.

"개개의 모나드monad(個體)가 절대를 반영하는가? 절대 그것으로써 감지되었을 때 거기에 깨달음이 있다. 그러므로 우리들이 살아나가는 '시시각각'이 영원 그것 이다. 영원은 지금 이 찰나에 지나지 않은 것이다. 깨달음은 둘의 상반된 말을 총 합하는 보다 고차적인 통합이다."

이처럼 현산 이종원 교무는 진리를 시조에 실어 신앙하고 수행한 문인입니다. 그러기에 성가 154장 〈혈인되어 어렸네〉는 이종원 교무가 대종사와 구인선진께서 나투신 법인성사를 섬세한 감성으로 받아들여 문학적 감수성으로 다시 내뱉은 바 위등걸 같은 깨달음입니다.

소태산 대종사는 원기4년(1919) 3·1 만세 운동이 일어나자 일대 변혁의 기운을 감지하시고 아홉 분 제자에게 "만세소리는 개벽을 재촉하는 상두소리(묵은 시대 의 장송곡이요 새 시대를 일깨우는 첫소리)이니 어서 방언 마치고 기도하자." 하 시더니, 음陰 3월 26일부터 세상을 위해 몸 바칠 것을 다짐하는 산상기도山上祈禱를 구수산 아홉 봉우리에서 올리게 하십니다.

이에 정성을 더 들이기 위해 죽어도 여한이 없다는 사무여한의 기도를 하게 하 신 후, 드디어 음력 7월 26일! 아홉 분 제자, 세상을 위해서는 기꺼이 목숨을 바치 겠다는 결의로 흰 종이에 맨 손으로 지장을 찍으니 그 자리에 핏빛이 어리는 백지 혈인白指血印의 법인성사法認聖事의 이적을 나투게 됩니다.

이는 진리로부터 '물질'이 개벽 되는 새로운 시대에 '정신'을 개벽하여 세상을 구 제해도 된다는 허락이요 자격증이라 할 것입니다. 또한 세상을 위해 일호의 사심 私心도 없이 헌신하는 무아봉공無我奉公으로 새 세상의 주인으로 거듭 태어나게 하신 것입니다.

이때 대종사는 "전날 이름은 세속의 이름이요 개인의 사사 이름이었던 바 그 이름을 가진 사람은 이미 죽었고, 이제 세계 공명公名인 법명法名을 주어 다시 살리는 바이니 삼가 받들어 가져서 많은 창생을 제도하라."(『대종경』 서품 14장)고 하십니다. 이후 백일을 더 기도하게 하고 법인기도를 해제하면서 법명에 법호法號를 더해 주십니다.

법명과 법호는 이처럼 정신개벽의 면허증이요 자격증으로 이 일에 무아봉공하라는 명령이기도 합니다.

4월 28일(음 3.26)은 내용적으로 소태산 대종사의 대각절大覺節이라면, 8월 21일(음 7.26) 법인절은 구인선진과 함께 이룬 개교절開敎節입니다. 왜냐하면 대종사께서 표준제자인 구인선진과 함께 새 시대의 도덕사업을 열기 위해 법계의 관청에 정신개벽의 사업신청서(법인기도)를 제출하고, 추가로 이 일을 위해서는 죽어도 여한이 없다는 '사무여한의 생명'을 담보로 올렸던 것입니다.

이 사무여한의 정신이 바로 출가위 정신입니다. 그래서 이 정신으로 인해 진리의 관청으로부터 새 시대를 책임지고 인도할 '백지혈인의 허가증'을 받았던 것입니다. 법인성사는 또 다른 개교입니다.

음부공사의 음부陰府는 바로 마음이요 모든 존재의 근본입니다. 법계의 모든 일이 마음으로 되는 것입니다. (『정산종사법어』 무본편 2장)

밖으로 드러난 외부의 인정 즉 양계인증이 되어도 마음과 마음으로 인정이 안 되면 실질적인 인증은 아닙니다. 음계인증의 음부공사가 되어야 합니다. 구인선진께서 마음으로 자신이 인정되고 마음으로 서로서로 인증되었던 것입니다. 법계의 인증을 받았던 것입니다.

백지혈인의 음부공사는 출가위 심법의 형상화입니다. 이처럼 소태산 대종사는 교단의 기초를 출가위 심법으로 터 닦기 한 것입니다. 그러니 정신개벽의 교화사업을 하려면 출가위 심법에 기초를 두어야 합니다.

범산 이공전 종사는 성가 38장 〈법인절 노래〉 3절에서 '그 날의 그 큰 서원 그 큰 자취로 이 회상 법계 인증 받으셨나니'하시며, 이 회상은 법인으로 뿌리박았으며 이 회상의 교운은 법인으로 연원 짓고 있다 하십니다. 이처럼 법인절은 일원회상의 근원입니다.

성가 154장의 작사가 현산 이종원 교무는 이 법인절을 아름다운 시어로 노래합니다.
'살고 죽는 일은 괴롭고 또 어두워도, 온통 다 바쳐주고야 넉넉하게 사는 것'이요, '스스로가 하는 뜻을 그 뉘라서 막을 건가, 한 줄기로 뻗친 서원 영원이자 오늘인데'라는 상징적인 시어로 읊고 있습니다.
그러면서 '진리의 횃불을 들어 긴긴밤을 거두었네' '한 마음 사무친 천지 혈인 되어 어렸네'라는 임팩트 있는 상징적 시어로 매듭짓습니다.

한 마음 사무친 천지,
혈인되어 어렸네

범산 이공전 종사는 성가 38장 〈구수산 굽이굽이〉의 '법인절 노래'에서 '구수산 굽이굽이 영기 서리고, 옥녀봉 구간도실 밤 고요한데, 법계에 사무치는 구인의 서원, 기쁘게 창생위해 죽사오리다' '아홉 분 한 뜻으로 써 올린 증서, 죽어도 다시 여한 없사옵니다, 마지막 일심으로 찍은 백지장, 감응도 거룩할 사 혈인의 자취' '아~ 아~ 그날 백지혈인 나툰날, 길이길이 기념하세 법인의 그날'이라 노래하고 있습니다.

성가 38장의 노래처럼 창생을 위해 죽어도 여한 없는 사무여한의 정신이 바로 출가위 심법이요 백지혈인의 법인성사입니다. 소태산 대종사는 새 회상을 세우실 때 처음부터 출가위 심법으로 기초를 다지셨습니다. 표준제자인 구인선진을 통해 출가위 심법을 보여주셨던 것입니다.

법인기도의 진정한 뜻은 우리를 무아봉공의 봉공인이 되도록 하는 것입니다. 그러기 위해서는 출가위의 심법을 갖추어야 합니다. 소태산 대종사는 『정전』 「법위등급」의 출가위 항에서 "원근 친소와 자타의 국한을 벗어나서 일체 생령을 위하여 천신만고와 함지사지를 당하여도 여한이 없는 사람의 위"라 정의하고 있습니다. 법인성사에서 말하는 사무여한과 무아봉공이 바로 이 뜻입니다.

대종사께서 구인선진에게 창생의 행복을 위해 이 한 몸 바치도록 하셨습니다. 그래서 구인선진과 함께 '창생의 행복을 위해서 죽어도 여한이 없다'는 대서원을 올리게 하신 것입니다.

구인선진들의 사무여한의 마음은 대봉공의 정신입니다.

소태산 대종사께서 "…그대들이 사실로 인류세계를 위한다고 할진대, 그대들의 몸이 죽어 없어지더라도 우리의 정법이 세상에 드러나서 모든 창생이 도덕의 구원만 받는다면 조금도 여한 없이 그 일을 실행하겠는가?" 하시니 구인단원들이 일제히 "그러하겠습니다."고 대답하십니다.

사私없는 마음! "내가 옳다, 내가 맞다" 등 나를 중심에 놓는 마음을 죽인 것입니다. 이런 마음일 때 세상을 위하는 큰 인물이 될 수 있습니다.

나를 놓지 않으면 불행해 집니다. 일을 해도 불행하고 일을 안 해도 불행해 집니다. 법명은 바로 이런 사심을 죽이고 공심을 살리는 증명서입니다. 아상을 죽이고 참 나를 드러내며, 상대를 이해하고 수용하는 마음을 내도록 하는 것입니다.

이런 아상을 죽여야 합니다. 아상을 죽인다는 것은 내 고집을 놓는 것이며, 자만도 자학도 내려놓는 것입니다. 저 길가의 돌멩이처럼 자만할 존재도 아니고 또한 저 돌멩이라고 하찮게 여길 자학의 존재도 아닙니다.

소태산 대종사는 "그 마음에 한 생각의 사私가 없는 사람은 곧 시방 삼계를 소유하는 사람이 된다."(『대종경』 요훈품 45장) 하시며 사私없는 부처가 되기를 염원하고 있습니다.

현산 이종원 교무는 구인선진께서 창생의 행복을 위해 죽어도 여한이 없는 무아봉공의 역사를 나투신 것을 '살고 죽는 일은 괴롭고 또 어두워도, 온통 다 바쳐주고야 넉넉하게 사는 것'이라 노래하며, '스스로가 하는 뜻을 그 뉘라서 막을 건가, 한 줄기로 뻗친 서원 영원이자 오늘인데'라고 읊고 있습니다.

구인선진들의 스스로 사무친 정성이라 그 마음을 그 누가 막을 수 있으며, 구인선진의 그 정성과 서원이 바로 영원이며 늘 우리에게 실재하는 현재라고 성가 154장에서 찬양하고 있습니다.

또한 '진리의 횃불'을 들어 '긴긴밤'을 거두어야 출가위의 심법이 되며, '한 마음 사무친 천지'가 '혈인되어' 어리므로 출가위가 된다고 아름다운 시어로 마음에 파고들도록 노래하고 있습니다.

이처럼 무아봉공의 인물이 되어야 세상을 위하게 됩니다. 이러한 법력을 갖추도록 소태산 대종사는 법위 향상을 촉구하고 있습니다.

법인성사는 법위향상으로 이어져야 합니다. 특히 출가위 심법에 근거하여 여래위로 향상되기를 목적해야 합니다.

법위향상이 없이는 정신개벽은 불가능하기 때문입니다. 자신을 먼저 출가위 심법으로 향상시키고 타인도 출가위 심법으로 살아가도록 할 때 창생의 행복이 이루어지기 때문입니다.

법명과 법호를 받는다는 것은 이처럼 세상을 위해 봉공하라는 공명公名을 받는 것이요, 출가위 심법을 본받아서 출가위 마음과 출가위 삶을 추구하는 것이라고 소태산 대종사는 당부하고 부촉하신 것입니다.

법인절의 하이라이트는 세계의 공명인 법명을 받는 것입니다.

이러한 법인절 100주년인 원기104년(2019)을 맞이하여 더욱 법인절의 의미와 법명의 뜻을 되새겨야 할 것입니다.

혈인되어 어렸네

이 종 원 작사
김 규 환 작곡

1.살 - - 고 죽는일은 괴롭고또 어두워도
2.스 스 로 가 하는뜻을 그뉘라서 막을건가

온 - 통다 바쳐주고야 넉넉하게 사 - 는것
한 줄 기 로 뻗 - 친서원 영원이자 오늘인데

진 리 의 햇불을들 어 긴긴밤을 거두었 네
한 마 음 사무친천 지 혈 인 되어 어 - 렸네

진 리 의 햇불을들 - - 어 긴긴밤을 거 두었 네
한 마 음 사무친천 - - 지 혈 인 되어 어 - 렸네

3

원음 산책

성가 154장 〈혈인되어 어렸네〉의 반주를 듣노라면 마치 봄기운을 먹은 숲이 녹음을 막 피우려는 듯 기운을 먹고 있는 그 생생함 같습니다. 그 생생한 기운이 온갖 녹음으로 변하려는 그 순간처럼 변하는 기미는 미세하지만 그 역동성이 그득한 느낌입니다.

154장 〈혈인되어 어렸네〉는 살고 죽는 일에 관한 노래이니 무게감 있게 불러야 합니다. 그래서 이 곡은 4분의 6박자를 사용하고 있습니다. 4분의 6박자는 8분의 6박자보다 무게감이 있게 해석할 수 있기 때문입니다.

특히 셋째 소절의 '진리의 횃불을 들어'와 '한 마음 사무친 천지'에 이 노래의 클라이맥스가 있다 할 것입니다. 정말 진리의 횃불을 치켜드는 심정으로, 한 마음 사무친 천지가 되는 사무친 헌신한 한 마음으로 불러야 할 것입니다.

성가 154장의 첫마디의 멜로디가 대부분의 마디에서 음높이만 달리하여 변주되고 있습니다. 기본음을 전제로 한 다양한 변주는 친숙하면서도 차이를 줄 수 있기 때문입니다.

특히 각 마디를 세박자(♩.)로 마무리한 것은 사무여한의 비장한 여운을 심연으로 깊숙이 끌고 가는 역할을 할 것입니다.

성가 154장 〈혈인되어 어렸네〉는 김규환의 작곡으로 원기75년(1990) 교화부에서 성가로 제정합니다.

반가이 만난 인연
送別의 노래

—

김주원 작사 / 김동진 작곡

1. 반가이 만난 인연 떠나시는 마음속에
   우리들의 깊은 정을 한 아름 드립니다
   오나가나 은혜로운 사은님 품안에서
   믿음과 수행으로 그 보람 거두소서

2. 가시는 걸음걸음 일원종자 뿌리시고
   계시는 그 곳마다 낙원세계 이루소서.
   사은님의 크신 은혜 어찌 다 갚사오리
   공부 사업 쉬임 없이 보은하고 보은하세

I

인연으로 만나
인연으로 헤어진다

성가 155장 〈반가이 만난 인연〉은 '송별의 노래'라는 부제를 달고 있는 노래로 전산田山 김주원 종사의 노랫말입니다.

전산 김주원 교무는 어느 날 법회요청이 있어 법회를 보러갔는데, 그 교당 교도 님이 다른 곳으로 떠나게 되어 환송식을 하게 되는 광경을 보게 됩니다. 송별하는 인연들이 결국 이 회상에서 만나고 또 만날 인연인데 영이별인양 아쉬워만 하는 모습 속에서, 원불교에 맞는 적절한 송별 노래가 있었으면 하는 감상이 들게 됩니 다. 이에 따라 전산 종사는 만나고 헤어지는 사이에 인연작복을 잘하는 적절한 축 원의 노래를 짓게 됩니다.

전산 김주원 교무는 총무부장으로서 인사의 책임을 오래 맡은 역할로 인해, 만나 고 떠나며 가고 오는 과정을 누구보다도 직간접적으로 경험하게 되었을 것입니다. 아마 이러한 만나고 헤어지는 인연 속에서 특히 교무님들이 교당과 기관에 이임과 부임하는 사이에서 일원상 서원문의 '은혜는 입을지언정 해독은 입지 않는' 인연작복과 보은의 뜻을 가슴에 담아 간직하기를 기원하였을 것입니다.

사람이 사는 관계는 인연법입니다. 인연이 있어 만나고 인연이 다해 헤어지며, 인연이 있어 뭉치고 인연이 있어 흩어집니다. 이 만나고 헤어지고 뭉치고 흩어지는 인연 속에서 행복이 펼쳐지기도 불행이 전개되기도 합니다.

이 인연은 수행의 측면에서 보면 경계이고 신앙의 측면에서 보면 불공의 대상이 됩니다. 그러므로 김주원 교무는 성가 155장 1절에서 '오나가나 은혜로운 사은님 품안에서 믿음과 수행으로 그 보람 거두소서'라고 결론짓고 있습니다. 신앙으로 사은에 보은하여 보은의 보람을 얻고, 수행으로 경계를 공부 삼아 공부의 보람을 거두자고 노래하고 있는 것입니다.

『대종경』 교단품 5장의 말씀처럼 사람은 만나면 소리가 납니다. 쇠가 대질리면 쇳소리, 돌이 대질리면 돌 소리, 정당한 사람이 서로 만나면 정당한 소리가, 삿된 무리가 머리를 모으면 삿된 소리가 납니다. 이왕이면 중생소리보다는 부처의 소리가 나도록 해야 합니다.

도둑은 도둑질 소리가 나고, 악한 말을 하는 사람은 악한 소리가 나고, 쟁투하는 사람은 싸우는 소리가 나고, 술 좋아하는 사람은 술 소리가 나고, 잡기를 좋아하는 사람은 잡기 소리가 납니다. 또한 다른 사람의 과실을 말하는 사람은 과실 소리가 나고, 두 사람이 아울러 말하는 사람은 시끄러운 병설의 소리가 나고, 한 입으로 두 말하는 사람은 이간하는 소리가 나고, 시기심을 내는 사람은 시기 소리가 나고, 탐심을 내는 사람은 탐심 소리가, 진심을 내는 사람은 진심 소리가, 치심을 내는 사람은 치심 소리가 납니다.

우리에게 이 대질리는, 만나는 인연이 중요합니다. 모든 것은 인연으로 왔다가 인연으로 가는 것이기 때문입니다. 그 인연 속에서 상생의 인연도 만들어지고 상극의 인연도 짓게 됩니다.

우리의 육신도 오온의 가합假合으로 오온이 인연된 것입니다. 지수화풍의 사대와 수상행식이 임시로 모여 있는 것입니다. 인연이 다하면 다시 흩어지는 것입니다.

부모와 자식 간의 인연도, 부부의 인연도 만났으면 헤어지고 헤어지면 다시 만날 기연이 있는 것입니다. 이 사이에서 어떤 인연을 짓느냐에 따라 보은의 인연이 되기도 배은의 인연이 되기도 합니다. 형제, 동료, 이웃의 인연도 마찬가지입니다.

재물도 인연이 있어야 모이는 것입니다. 인연이 안 될 재물연을 지으면 재물도 떠나는 것입니다. 재물도 잘 떠나보내야 새롭게 다시 오는 인연의 원리가 있습니다.

우리의 마음도 인연집산의 소산입니다. 우리 마음에 있는 가치관과 경계가 만나서 감정이 생깁니다. 이 감정도 인연의 소산이니 잘 지어야 합니다. 집착으로 지으면 괴로움이 되고 집착 없는 마음으로 지으면 자유와 행복이 되기 때문입니다.

인연을 잘 지어야 합니다. 어떤 인연을 지었느냐에 따라 은생어해恩生於害의 디딤돌이 되기도 해생어은害生於恩의 걸림돌이 되기도 합니다.

그래서 소태산 대종사는 『대종경』 인도품 21장에서 나팔을 잘 불고 다니는 인연이 되기를 당부하십니다. 나팔은 곧 말로써 육근작용을 대표하는 입口입니다. 즉 육근을 작용의 나팔이 한량없는 인연의 복을 장만하는 좋은 악기가 되도록 할지언정 죄를 불러오는 장본이 되지 않도록 하라는 것입니다.

2

공부 사업 쉬임 없이
보은하고 보은하세

전산 김주원 교무는 2절에서 '가시는 걸음걸음 일원종자 뿌리시고, 계시는 그 곳
마다 낙원세계 이루소서'라 간절히 염원하고 있습니다. 가는 곳마다 일원종자를
뿌리고, 머무는 곳마다 낙원세계 이루자는 것입니다.

일원종자를 뿌리자는 것은 일원의 진리로 교화를 하자는 것으로, 일원대도의 삼
학팔조 사은사요의 종자를 가는 곳마다 뿌리어 일원 교화하자는 것이며, 이를 통
해 낙원세계를 이루자는 것입니다.

즉 머무는 곳마다 낙원세계를 이루자는 것은 파란고해의 일체생령을 광대무량
한 낙원으로 인도하자는 것으로 「개교의 동기」의 목적을 이루자는 것입니다. 성가
2장의 결론처럼 '제생의세 목적하는 형제들 고해중생 반야선에 건져서 일원의 꽃
피어있는 극락에 영겁에서 영겁으로 즐기자'는 것입니다.

전산 김주원 교무는 2절의 결론으로 '사은님의 크신 은혜 어찌 다 갚사오리 공부 사업 쉬임 없이 보은하고 보은하세'라고 노래합니다.

우리는 영생을 인연 속으로 왔다가 인연 속에서 살다가 다시 인연 속에서 죽어 다시 인연 속으로 태어납니다. 이렇게 인연 속에서 태어나고 죽는 과정에서 우리는 법신불이신 사은의 은혜를 입게 됩니다. 어떤 인연은 사은의 은혜를 은혜로 갚고 어떤 인연은 사은의 은혜를 배은으로 갚게 됩니다. 우리는 어찌되었든 사은의 크신 은혜를 갚을지언정 배은은 하지 말기를 서원해야 할 것입니다.

영생의 서원은 보은자가 되는 것입니다. 배은은 하지 말지언정 기필코 보은하는 보은자가 되어야 합니다. 어디에 태어나기를 바랄 것이 아니라 언제든지 보은하는 인연이 되기를 서원해야 합니다. 천국에 태어나 당연히 보은하겠지만 지옥에 태어나도 보은하고야 마는 법력을 갖추자는 것입니다.

그러기 위해서는 불연과 법연이 소중합니다. 어느 인연으로 태어나든지 나를 깨달음과 정법으로 인도해 줄 불연과 법연이 절실합니다. 세세생생 어떤 인연 속에서도 나를 공부 사업 쉬임 없이 보은하도록 인도해 주는 법연이 있어야 합니다.

정산 종사는 고현종 교무에게 말씀하시기를 "복 중에는 인연 복이 제일이요 인연 중에는 불연이 제일이니라. 오복의 뿌리는 인연 복이니 부지런히 선근자와 친근하라."(『정산종사법어』 원리편 56장) 하시며 불연과 선근자와 가까이 하는 인연을 강조하십니다.

『정산종사법어』 원리편 58장에서 "소중한 인연에 두 가지가 있나니 혈연과 법연이라, 혈연은 육친의 가족이요 법연은 법의 가족이니, 혈연과 법연이 다 소중하나 영생을 놓고 볼 때에는 혈연보다 법연이 더 소중하나니라."하시며 또 말씀하시기를 "공부하는 동지라야 영겁의 동지가 되나니, 일시적인 사업이나 이해만으로 맺어진 인연은 풀어지기 쉽나니라."하시며 공부하는 법연의 소중성을 재차 강조하고 있습니다.

법연은 도덕의 사우師友입니다. 법력을 갖춘 스승과 동지입니다. 많은 인연 중에도 법연의 중요성을 파악하여 법연을 잘 짓고 제중사업 하는 인연을 두루 잘 지어서 세세생생에 법연 속에서 거래하고 제중사업이 원활하도록 원만한 인연 농사를 잘 지어야 하겠습니다.

그러기 위해서는 법연과 친근해야 합니다. 정산 종사는 그 방법을 가르쳐 주고 있습니다. "유망한 동지와 법 있는 스승을 존숭하며, 친견치 못한 과거의 성인이라도 숭배하는 마음을 항상 가지면 그 이들과 인연이 가깝게 되어 그 분들의 도움을 받게 되나니라."(『정산종사법어』 원리편 57장)라고 일러주십니다.

전산 김주원 교무는 성가 155장의 결론으로 '보은하고 보은하세'라는 간절한 염원처럼 우리도 만나고 헤어지는 인연 속에서 사은의 품안에서 공부 사업 쉬임 없이 보은하고 보은하는 보은자가 되도록 정진해야겠습니다.

필자는 대산 종사의 '동지의 도'에 대한 감상의 글을 적어둔 적이 있었습니다. 이양명 교무와 함께 원광대학교 원불교학과 2년을 마치고 입대를 준비할 무렵, 군생활을 무사히 마치고 다시 반갑게 만나자는 의지로 〈동지〉라는 제목의 노랫말로 정리하여 이양명 교무에게 주었는데 금세 곡을 붙여 서로의 정감을 주고받은 적이 있습니다.

〈동지〉의 부제는 '너와 난'으로 너와 나의 인연이 단순한 일회적인 만남이 아니라 법동지로 영겁의 동반자라는 의지의 표현입니다.

동지(너와 난)

우리는 방황할 때면 따스한 손 잡아주는,
우리는 좌절할 때면 위로의 말 건네주는,
너와 난 정다운 도반
우리는 외로울 때면 포근한 가슴 안겨주는,
우리는 나태할 때면 불타는 분심 심어주는,
너와 난 소중한 동지

얼마나 오랜 세월 속에 우리는 만났을까,
얼마나 많은 인연으로 우리는 만났을까
아~ 아~ 너와 난 영겁의 동반자,
아~ 아~ 너와 난 숙겁의 법동지

군 복무를 마치고 학림사(원불교학과 기숙사)에 복학하여 이 노래가 동지들 사이에서 많이 불리 울 때 더욱 인연의 소중함을 느낄 수 있었습니다.

반가이 만난 인연

送別의 노래

김 주 원 작사
김 동 진 작곡

원음 산책

　성가 155장 〈반가이 만난 인연〉의 '송별의 노래'를 듣노라면 하늘에 구름이 흐르면서 온갖 모양을 만들었다 흩어졌다 하면서 장대한 광경을 만들고, 그 구름 사이로 비치는 햇살이 구름도 환하게 비추고 하늘도 더 푸르게 하여 마음을 한결 밝아지게 하는 듯합니다.

　성가 155장 '송별의 노래'인 〈반가이 만난 인연〉은 4/4박자로 강-약-중강-약의 템포로 건강한 보통사람이 걷는 발걸음 정도로 밝고 경쾌한 느낌을 줍니다.

　이 곡에는 음높이가 같은 2개음을 붙여서 하나로 만드는 붙임줄(⌒)이 '들의' '한-' '믿-' '보-'의 가사에 4번 나오는데 이 붙임줄을 잘 불러야 이 곡의 맛이 날 것입니다.
　마치 밀가루 두 덩어리를 하나로 붙여서 연결하는 것처럼 하나로 이어서 자연스럽게 불러야 정감이 산다는 것입니다.

그리고 마무리 마디의 '거두소서'에서 마지막 '서'를 조금 늘려서 천천히 마무리 하는 것이 안정감 있을 것입니다.

성가 155장 〈반가이 만난 인연〉은 김동진 작곡으로 원기75년(1990) 교화부에서 성가로 제정됩니다.

오 나 가 나 은혜로운 　 사 － 은 님 　 품 안 에 서
사 은 님 의 　 크 신 은 혜 　 어 － 찌 다 　 갚 사 오 리

대종사님 영촌 마을
大宗師 十相歌

—

이선조 작사 / 김동진 작곡

1. 대종사님 영촌 마을 농가에서 태어나사
   칠세부터 천리의심 비롯해서 관천기의상
   산신령 만나려고 정성 모아 오년이니
   삼밭재 마당바위 원력 뭉쳐 삼령기원상
   인생정로 스승찾아 육년 세월 구사고행상
   인생정로 스승찾아 육년 세월 구사고행상

2. 이 일을 어찌할고 산신도사 허망쿠나
   한 생각마저 놓고 정에 드니 강변입정상
   병진년 봄날 아침 일원대도 깨치시니
   만고의 대도 정법 찬란하다 장항대각상
   큰 회상 터전 닦아 저축조합 영산방언상
   큰 회상 터전 닦아 저축조합 영산방언상

3. 죽어도 여한없소 법계인증 혈인법인상
   삼학팔조 사은사요 펴버시니 봉래제법상
   익산총부 세우시고 만 생령 안으시니
   삼천대천 온 세상에 법을 전해 신용전법상
   거룩한 그 일생은 만대사표 계미열반상
   거룩한 그 일생은 만대사표 계미열반상

I

대종사 10상은
깨달음의 거울

성가 156장 〈대종사님 영촌 마을〉은 '대종사 10상가'라는 부제를 달고 있습니다.

작사가인 중仲타원 이선조 교무는 출가 전에 소태산 대종사를 부처님으로 막연히 모시었다 합니다. 자비의 화신으로 우리의 소원을 들어주는 기도의 반려자로 모신 것입니다. 그러다가 출가 후 대산 종사로부터 대종사 10상을 배우게 되어 소태산 대종사에 대한 이해가 깊어지게 됩니다. 이 과정 속에서 성가 156장의 노랫말이 잉태됩니다.

당시 원기56년(1971) 5월경, 원광대학교 원불교학과 1학년 예비교무로 재학 중이었던 이선조 교무는 동료들과 의견을 모아 성가 156장 '대종사 10상가'의 노랫말을 짓게 됩니다.

같은 해 6월 1일 육일대재에 원불교학과 1학년 학생들은 중앙총부 반백년 기념관에서 「금수강산」이라는 노래에 이 가사를 붙여서 율동과 함께 일종의 오페라식의 공연을 선보입니다. 대종사 열반 이후부터 당시까지도 추모의 마음과 함께 선진들과 대종사 유족의 슬픔을 위로하는 위안 잔치가 열리곤 했습니다.

이후 당시 종법사이신 대산 종사는 교도들이나 외빈이 오면 예비교무들을 초청하여 공연을 하도록 합니다. 이처럼 이 노랫말은 「금수강산」 노래 가락과 잘 어우러져 이후에 원불교 내에서 애창됩니다.

이선조 교무는 이 노랫말을 범산 이공전 종사에게 감수를 받아 '무상대도'를 '일원대도'로 바꾸어 원기71년(1986) 새 성가 가사 공모에 정식으로 응모하여 최초의 '대종사 10상가'로 채택됩니다.

대종사 10상은 소태산 대종사의 발심과 구도 그리고 대각을 통해 우리를 깨우치는 깨달음의 거울이요 제자들과 함께 구현하신 창립정신의 역사입니다. 또한 일원대도에 근원한 사은사요 삼학팔조의 법을 짜신 제법制法과 이 법으로 훈련시키어 법을 굴리신 전법의 과정과 일원상 게송과 『정전』을 통해 당신의 경륜을 부촉하신 열반의 드라마입니다.

이처럼 '대종사 10상'은 깨달음의 거울이요 창립정신의 역사로 법을 굴리신 전법의 과정이며 열반의 드라마입니다. 그러니 이 대종사 10상을 자신의 삶에 되비추어 소소한 감상으로부터 삶의 중심축에 이르기까지 깨달음의 각성을 불러일으키자는 것입니다.

또한 대종사 10상은 문답 감정 해오를 받을 수 있는 마음의 교당이며 법의 기운을 받을 수 있는 충전소입니다. 내가 힘들고 고단할 때 소태산 대종사에게 접속만

하면 크나큰 힘을 입을 수 있는 충전의 장소입니다.

대종사 10상에는 소태산 대종사의 성혼과 법은法恩이 계십니다. 대종사께서 우리에게 마음의 소식을 전해주고 계시며 삶의 지혜를 주고 계십니다. 대종사 10상을 통해서 대종사와 문답할 수 있으며 감정을 받고 해오를 얻을 수 있습니다. 그러니 대종사 10상은 새로운 교당입니다.

소태산 대종사의 발심과 구도 그리고 대각을 통해서 나의 발심과 구도 대각이 되도록 수행하자는 것이며, 소태산 대종사와 구인선진님들의 창립정신을 통해 내 삶에 새로운 창립정신이 살아있도록 하자는 것입니다.

대종사께서 전 생령을 구제하기 위해서 법을 짜신 제법의 정신과 그 법으로 훈련시켜 전법하신 경륜과 우리의 영원한 행복을 위해 유산으로 전해주신 『정전』을 받들자는 것입니다. 『정전』은 대종사의 법신 사리입니다.

이처럼 소태산 대종사의 일생인 '대종사 10상'은 우리들의 깨달음과 행복을 위해 대자 대비한 제도濟度의 모습을 보여주시고 있으며 생생히 살아 꿈틀거리는 삶의 법문입니다.

대종사 10상과
우리의 수행

  대산 종사는 대종사 10상을 우리의 수행에 직접 연결하여 우리의 삶에서 자기화할 수 있도록 대종사 10상을 부연하여 법문해 주셨습니다.

(대산종사법문집 1집, 『정전대의』)

  첫째, 관천기의상觀天起疑相은 "대종사께서는 1891년 신유 음 3월27일 오후 8시 경에 한국 전라남도 영광군 백수면 길룡리 영촌에서 농촌 평민의 가정에서 평범하게 태어나셔서 어렸을 때부터 동리 어른들과 같이 놀기를 좋아하시며, 큰 생각을 품으시고 자라나시다가 7세부터서는 위로 하늘 이치를 비롯하여 가까이로는 부모에 대해서며 모든 일과 모든 이치에 다 의심을 일어내어 궁글리는 사색 공부를 시작하시니 그 후 4년간 계속되신 이 공부가 마침내 큰 도를 깨달으신 뿌리와 비롯이 되셨다."

  둘째, 삼령기원상參嶺祈願相은 "11세부터 5년간 산신을 만나려는 삼밭재 마당바위의 정성된 기도에 비록 산신은 만나지 못하였으나 그 원력이 뭉쳐져서 자연 마음이 통일되셨다."

셋째, 구사고행상求師苦行相은 "16세 때부터 6년 동안 고행을 다하시며 인생정로를 가르쳐 줄 참스승을 구하셨으나 때가 말세인지라 대종사의 스승될 분이 없으셨다. 그러나 스승 구하시려는 온 정성이 사무쳐서 마침내 스스로 스승이 되셨다."

넷째, 강변입정상江邊入定相은 "22세 때부터 4년간은 모든 원하신 바가 뜻대로 안 되시므로 "내 이 일을 장차 어찌할꼬" 하는 대의단大疑團 아래 때로는 우연히 솟아오르는 주송도 외어 보시며 때로는 부지중 선정禪定-冥想이 계속되시다가 24·5세부터는 의식이 돈공하여 내 이 일을 장차 어찌할고 하는 걱정까지도 잊게 되시어 大忘 크게 깨달으실 열쇠를 얻으셨다."

다섯째, 장항대각상樟項大覺相은 "구원겁래로 세우시고 닦아 오신 큰 적공 아래 26세 되시던 병진 4월 28일 이른 새벽에 문득 마음이 밝아지시어 우주의 대도와 인생의 정로를 깨치시어 어두워진 불일을 거듭 밝혀 놓으셨고 쉬어있는 법륜을 다시 굴리셨다."

여섯째, 영산방언상靈山防堰相은 "원기3년(1918)에는 오는 세상의 대운에 맞추어 영육쌍전과 이사병행의 표본을 보이기 위하사 9인제자로 더불어 먼저 방언공사를 행하여 대도 초창의 기초를 세우셨다."

일곱 번째, 혈인법인상血印法認相은 "원기4년(1919)에는 천하 사람의 마음을 대도에 회향케 하기 위하사 먼저 아홉 제자의 마음부터 통일하게 하시어 백지혈인으로

써 대회상 창립의 법계인증을 얻으신 후 그 희생정신으로써 전무출신정신의 표본을 삼게 하셨다."

여덟 번째, 봉래제법상逢萊制法相은 "원기5년(1920)부터는 변산 봉래정사에서 4년간 수양을 하시는 일방一方 과거 편협한 모든 교법을 통합하셨나니 만법의 주종이 되는 일원종지를 밝히신 아래 공부의 요도로는 유·불·선과 각 종교의 정수가 통합된 3학 8조의 원만한 수행길을 마련하셨고, 인생의 요도로는 우주와 인간의 모든 윤리가 두루 통하게 된 사은사요의 대윤리를 제정하시어 교리의 강령을 세우셨다."

아홉 번째, 신룡전법상新龍轉法相은 "불법과 생활이 둘이 아닌 산 종교를 만들기 위하사 원기9년(1924) 갑자년으로부터 총부를 익산으로 정하시고 엿 장사·약 장사 외 사농공상의 모든 기관을 설치하고 때와 곳을 가리지 않고 선을 하게하며 일체불에게 직접 불공 올리는 심경心境으로 실지생활하면서 마음 잘 쓰는 공부를 하게하여 이 세상에 유용한 종교인이 되게 하여 주셨다.

열 번째, 계미열반상癸未涅槃相은 온 생애를 대중과 함께 즐거워하실 일은 즐거워도 하시고, 슬퍼하실 일은 슬퍼도 하시고, 걱정하실 일은 걱정도 하시고, 일하실 일은 같이 일도 하시면서 평소에 실지 몸으로 보여주시며 제도하시다가 열반에 드시기 2~3년 전부터는 정전을 친제하親宰下에 편수하시고 게송을 공포하시며 제자들에게 두루 부촉하시기를 나의 교법은 원만구비하신 법신불을 신봉케 하고 전체불에게 보은불공을 올리도록 하였으며 법을 전하는 데에도 과거와 같이 친밀한 한두 제자에게만 전하지 아니하고 재가·출가와 남자·여자의 제한 없이 널리 대중에게 전하나니 여러 공부인들은 각자의 근기를 키워서 이 법을 가져다 마음대로 수

행을 하라 하시며, 원기28년(1943) 6월 1일에 대원적에 드시니 세수는 53이요 개법
開法은 28년이셨다. 이상과 같이 대종사님의 십상은 현재와 미래 인류의 사표요 거
울이며, 실천덕목이 되어 주셨다."라고 부연해 주시고 있습니다.

소태산 대종사 10상을 나의 삶에 비추어 보아야 합니다. 나의 수행으로 삼아야
합니다.

나의 관천기의상이 되어야 하고 내 삶의 옥녀봉이 되어야 합니다. 나의 삼령기
원상, 나의 구사고행상, 나의 장항대각상, 나의 영산방언상, 나의 봉래제법상, 나
의 신룡전법상, 나의 계미열반상이 되어야 합니다. 나의 수행이 되어야 합니다.

이처럼 우리는 대종사 10상을 통해서 내 삶의 옥녀봉을 비롯해 내 삶의 삼밭재
마당바위, 내 삶의 구호동, 내 삶의 선진포, 내 삶의 노루목, 내 삶의 정관평, 내 삶
의 구인봉, 내 삶의 봉래정사, 내 삶의 변산구곡로, 내 삶의 대각전, 내 삶의 공회
당, 내 삶의 종법실, 내 삶의 대종사 성탑을 찾아보아야 합니다.

소태산 대종사의 십상을 어떻게 나의 십상으로 체화하겠습니까? 일상생활 속에
서 대종사님의 10상을 나의 수행으로 체득할 때 소태산 대종사를 진정으로 모시
게 될 것입니다.

우리의 주제입니다.
나에게 오시는 소태산 대종사를 만나보시기 바랍니다.

나(우리 단)의 관천기의상은? 나(우리 단)의 옥녀봉은?

나(우리 단)의 삼령기원상은? 나(우리 단)의 삼밭재 마당바위는?

나(우리 단)의 구사고행상은? 나(우리 단)의 구호동은?

나(우리 단)의 강변입정상은? 나(우리 단)의 선진포는?

나(우리 단)의 장항대각상은? 나(우리 단)의 노루목은?

나(우리 단)의 영산방언상은? 나(우리 단)의 정관평은?

나(우리 단)의 혈인법인상은? 나(우리 단)의 구간도실은?

나(우리단)의 구인봉은?

나(우리 단)의 봉래제법상은? 나(우리 단)의 봉래정사는?

나(우리단)의 변산구곡로는?

나(우리단)의 실상동 인장바위는?

나(우리 단)의 신룡전법상은? 나(우리 단)의 교당내왕은?

나(우리단)의 공회당과 대각전은?

나(우리 단)의 계미열반상은? 나(우리 단)의 게송은? 나(우리단)의 정전은?

나(우리 단)의 '소태산 대종사 성탑'은?

나(우리단)의 '원각성존 소태산 대종사 비'는?

'대종사 10상'으로 소태산 대종사를 내 마음에 내 삶에 모시기를 바랍니다.

필자는 어느 날 서울 성적지를 순례하면서 감상이 우러나 '나에게 오시네'라는 제목의 노랫말을 짓게 되었고, 이양명 교무가 평온한 느낌으로 작곡하여 순례에 감성을 더해 주었습니다.

나에게 오시네

나에게 오시네 소태산 대종사
깨우침의 울림으로 나에게 오시네
한 걸음 한 걸음 숨결을 타고서
내 온몸을 적시네 소태산 대종사
소태산 대종사 내 삶에 오셨네
소태산 대종사 내 맘에 오셨네

나에게 오시네 소태산 대종사
은혜의 법문으로 나에게 오시네
한 걸음 한 걸음 맥박을 타고서
내 온몸을 적시네 소태산 대종사
소태산 대종사 내 삶에 오셨네
소태산 대종사 내 맘에 오셨네

'대종사 10상'으로 소태산 대종사의 발심·구도·대각과 창립정신 그리고 제법과
전법 및 열반의 역사가 내 마음에 내 삶에 오시기를 기원합니다.

대종사님 영촌 마을

大宗師 十相歌

이선조 작사
김동진 작곡

1.대종사님 영촌마을 농가에서 태어나사 -
2.이 - 일을 어찌할꼬 산신도사 허망쿠나 -
3.죽 - 어도 여한없소 법계인증 혈인법인 상

칠세부터 천리의심 비롯해서 관천기의 상
한생 - 각 마놓저고 정에드니 강변입정 상
삼학팔조 사은사요 펴내시니 봉래제법 상

산신령 - 만나려고 정성모아 오년이니
병진년 - 봄날아침 일원대도 깨치시니
익산총부 세우시고 만생령 안으시니

삼밭재 - 마당바위 원력뭉쳐 삼령기원 상
만고의 - 대도정법 찬란하다 장항대각 상
삼천대천 온세상에 법을전해 신용전법 상

인생정로 스승찾아 육년세월 구사고행 상
큰회 - 상 터전닦아 저축조합 영산방언 상
거룩 - 한 그일생은 만대사표 계미열반 상

인생정로 스승찾아 육년세월 구사고행 상
큰회 - 상 터전닦아 저축조합 영산방언 상
거룩 - 한 그일생은 만대사표 계미열반 상

3

원음 산책

성가 156장 〈대종사님 영촌 마을〉의 '대종사 십상가'를 듣노라면 바람에 살랑거리는 나뭇가지가 연상됩니다. 어디서 왔는지 부드럽게 흩날리면서 나뭇가지를 흔들어 맑은 바람이 온 숲을 상쾌하게 깨우는 듯합니다.

그러면서 이 나뭇가지 사이로 따사로운 햇살이 비추어져 그 포근함이 이루 말할 수 없는 평화를 주는 느낌이 들게 됩니다.

성가 156장 〈대종사님 영촌 마을〉은 원불교 성가 중에서 유일하게 8분의 9박자를 사용하고 있으며 24마디의 세 도막 형식입니다. 한 도막이 여덟 마디이니 세 도막이 됩니다.

각 마디의 마지막 음을 ♩.나 ♩.으로 한 것은 여운을 길게 주어 오래 음미하도록 한 듯하며, 넷째 소절(작은악절)의 넷째 마디의 마지막 음에 늘임표인 페르마타(⌒)를 주어 2~3배로 길게 부르도록 한 것은 한 단락을 마무리하고 다시 시작하는 공간을 두는 격이라 볼 수 있습니다.

'원력 뭉쳐'에서 클라이맥스로 치고 오른 뒤에 평순하게 자리를 잡아, 한 번 마무리를 짓고 새롭게 다음으로 넘어가는 형식입니다. 10상의 각 상 간에 의미의 구분을 주는 방식이 될 것입니다.

이런 의미에서 페르마타(⌢)는 한 템포 쉬는 쉼표와 같은 역할을 한다고 볼 수 있습니다. 늘임표는 쉼표의 연장이기도 한 것입니다.

성가 156장 〈대종사님 영춘 마을〉은 김동진 작곡으로 원기75년(1990) 교화부에서 성가로 제정됩니다.

향후 '대종사 10상가'는 대중에게 쉽게 다가갈 수 있는 대중가요식의 다양한 형식의 노래와 편곡도 필요할 듯합니다.

칠세부터　　천리의심　　비　롯해　서　　관천기의　상
한생－각　　마놓저고　　정　에드　니　　강변입정　상
삼학팔조　　사은사요　　펴　내시　니　　봉래제법　상

법성에 굽이치는
聖地巡禮의 노래

—

이도전 작사 / 김동진 작곡

1. 법성에 굽이치는 한 줄기 물굽이가
   길룡으로 돌아들어 영산성지 이루니
   새 회상 터전이요 인류의 복전이라
   여기에 어린 영기 온누리에 전하고자

2. 구수영봉 정기모아 한 겨울 동백처럼
   병진년에 피어오른 한 떨기 일원화
   새 시대의 깃발이요 인류의 빛이어라
   그 진리 깨달아서 온누리에 전하고자

〈후렴〉 한 마음 한 뜻으로 나섰네라 순례의 길
   한 마음 한 뜻으로 나섰네라 순례의 길

I

새 회상 터전이요
인류의 복전이라

성가 157장 〈법성에 굽이치는〉은 '성지순례의 노래'라는 부제를 달고 있는 곡으로 기산起山 이도전 교무가 작사한 노래로, 성가 3장 〈동방의 새 불토〉 '성지찬가'와 맥을 같이 하는 노래입니다.

이도전 교무는 초임 교무 시절에 영산에서 근무하게 되어 근원성지인 영산의 풍경과 그에 깃들어 있는 이야기 등을 접하게 됩니다. 이에 따라 부드러운 문학적 감수성이 있는 이도전 교무는 순례의 눈으로 느끼게 되는 영산성지에 대한 감각감상을 펼치게 됩니다.

이도전 교무는 '새 회상 터전이요 인류의 복전인 영산성지에 어린 영기를 온누리에 전하자고 한 마음 한 뜻으로 순례의 길에 나서자'고 권하고 있습니다.
또한 '새 시대의 깃발이요 인류의 빛인 일원화의 진리를 깨달아서 온누리에 전하자고 한 마음 한 뜻으로 순례의 길 나서자'고 외치고 있는 것입니다.

영산성지는 법의 성인이 오신다는 법성法聖포에서 칠산 바다의 물줄기가 큰 소드랑섬 작은 소드랑섬을 굽이쳐서 산태극 물태극으로 돌아들어 길룡으로 밀려들어오고 돌아 나가는 형국입니다. 이와 같이 영산성지는 밀물과 썰물이 기와를 덮어놓은 듯 여울지는 와탄천(기와 여울)으로 오르락내리락하는 산중 갯벌이었던 것입니다.

또한 영산성지는 구수산과 대덕산이 감싸고 있는 분지입니다. 구수산과 대덕산 사이를 와탄천이 흘러서 한 쪽엔 구수산 구십 구봉을 다른 쪽엔 와탄천을 따라 대덕산이 병풍을 치고 있습니다.

대덕산의 촛대봉은 한 밤 달이 떠오르면 마치 촛대에 촛불이 올라오듯이 천지의 촛불인양 천지를 밝히는 촛대가 됩니다.

그래서인지 법성에서 성인이 오시기를 기다리는 옥녀봉은 정성어린 기도 속에서 와탄천에 머리를 감고 촛대봉에 불을 밝혀 심신을 재계하고 성인을 기다리는 두근거리는 설렘을 설레바위봉에 나타내고 있는 것입니다.

이 구수산의 영기를 동백이 한 겨울의 기운을 모아 피어오르듯 소태산 대종사는 구수산의 정기를 모아 병진년에 일원의 꽃을 피워내신 것입니다.

그러니 영산성지는 깨달음의 거울이요 기도의 터전입니다. 영산성지 곳곳이 기도의 불단이요 제단이며, 깨달음의 선터입니다. 대종사의 구도와 대각 그리고 구인선진과 함께 이룬 창립정신이 배어 있는 신령한 정기의 터전입니다.

우리는 영산성지에 어린 신령스런 영기를 체 받아서 온누리에 전해야 하며, 대종사께서 밝혀주신 일원의 진리를 깨달아서 온누리에 일원화를 피워야 합니다.

그러기 위해 우리는 순례의 길을 나서야 합니다.

　영산성지를 통해 깨달음의 순례와 기도의 순례를 함께 떠나 봅시다. 한 마음 한 뜻으로 순례의 길을 나서 봅시다.

　영산성지 곳곳에 어려 있는 소태산 대종사와 구인선진의 피와 땀의 구도와 창립 정신의 열기를 체 받기 위해 순례의 길을 나섭시다. 그리하여 깨달음이 꽃피고 기도의 열매가 열리도록 합시다.

2

한 마음
한 뜻으로
나섰네라 순례의 길

합장하옵고 일심으로 비옵나이다.

어린 대종사, 소년 대종사, 청년 대종사와 함께하는 기도 순례!

청년이신 아홉 분 선진과 함께하는 기도 순례!

이렇게 대종사와 구인선진을 모시고 함께하는 기도 순례가 되기를 기원합니다.

영산성지는 소태산 대종사의 품입니다.

소태산 대종사의 탄생, 성장, 구도 그리고 대각과 창립정신의 혼이 듬뿍 담겨 있는 곳입니다.

이러한 영산성지의 크고 원만한 기도터에서, 소태산 대종사의 보살핌 속에서 기도 불사를 올립시다. 소태산 대종사를 모시고 기도 순례를 합시다.

걸음걸음마다, 대종사의 따스한 자비가 느껴지실 것입니다.

즐거운 일이 있는 때에는 소태산 대종사처럼 감사기도를 올립시다.

괴로운 일이 있을 때에도 소태산 대종사같이 사죄기도를 올립시다.

결정하기 어려운 일이 있을 때에는 소태산 대종사처럼 결정될 기도를 올리고, 소태산 대종사의 기운 속에서 역경이 있을 때는 순경이 되도록, 순경일 때에는 간사하고 망녕된 곳으로 흐르지 않도록 기도를 올립시다.

또한 우리는 영산성지를 선의 심정으로 순례해야 합니다.
걸음걸음마다 선禪의 심정으로, 소태산 대종사의 깨달음이 깃든 영산성지를 각자의 마음을 비추어 주는 마음의 거울로 삼아 자신의 삶을 되비추어 보십시오.

순례는 깨달음의 순례여야 합니다. 그러기 위해선 내면의 순례여야 합니다.
지금 여기에서 대종사의 구도와 깨달음의 거울을 자신의 몸과 마음에 비추어 보십시오.
그럴 때 소태산 대종사의 깨달음이 우리의 마음에 기쁜 소식으로 드러날 것입니다.

영산성지는 소태산 대종사의 품이니 이곳은 자비로운 소태산 대종사께서 법좌에 앉아계시는 대각전입니다. 그러니 우리는 이 순례에서 교당 내왕시 주의 사항을 실천하면 됩니다.

소태산 대종사를 스승님으로 모시고 마음속의 모든 것을 문답하고 감각된 바가 있으면 감정을 받고 특별히 의심나는 것이 있으면 제출하여 해오 얻기를 주의하자는 것입니다.

분명 대종사의 자상한 감정과 인가가 있을 것입니다.

이렇게 영산성지를 기도와 선의 심정으로 순례하는 것이 바로 입선하는 것이며 정례적으로 예회를 보는 것이 됩니다. 그리하여 이 순례로 어떠한 감각이 되었는지 어떠한 의심이 밝아졌는지를 반조하여 그 소득을 실생활에 활용하기를 주의하자는 것입니다.

이럴 때 분명 원願하는 바를 이룰 것이며 낙樂 있는 생활이 되며, 마음의 자유를 얻게 될 것입니다.

순례가 교당 내왕이 될 때 반갑고 기쁘고 은혜로운 순례가 될 것입니다.

법성에 굽이치는

聖地巡禮의 노래

이 도 전 작사
김 동 진 작곡

1.법-성에 굽이치는 한줄기 물굽이가 길용으로
2.구수영봉 정기모아 한겨울 동백처럼 병진년에

돌아들어 영산성지 이루-니 새-회상 터전이요
피어오른 한-떨기 일원-화 새시대의 깃발이요

인류의 복전이라 여기에 어린영기 온누리에
인류의 빛이어라 그진리 깨달아서 온누리에

(후렴)
전하고자 한 마음 한뜻으로 나섰네라 순례의길
전하고자 한 마음 한뜻으로 나섰네라 순례의길

한 마음 한뜻으로 나섰네라 순례의 길

원음 산책

성가 157장 〈법성에 굽이치는〉의 '성지순례의 노래'를 듣노라면 어디론지 여행을 떠나고픈 약동감이 듭니다.

마치 밀려드는 밀물처럼 생동감이 들고 여명에 따라 세상이 밝아지듯, 이런 밀물이 온 산야에 기쁜 소식을 전해 주어 생기를 불어넣어 주며, 여명이 밝아지면서 모든 존재에게 의미를 부여해 주는 듯합니다.

성가 157장 〈법성에 굽이치는〉은 매 마디마다 부점이 거의 있습니다. 이 부점을 잘 불러야 노래의 맛이 살아납니다. 성가 157장의 부점은 강조와 함께 밝고 씩씩한 분위기를 이끌어 냅니다.
부점은 음을 강조하고 경쾌함을 유도해 냅니다. 마치 공이 통통 튀듯이 탄력적인 리듬을 살려줍니다.

또한 성가 157장은 매 마디마다 이분음표(♩)로 마무리합니다. 이는 뒤 음을 길게 하여 여운을 깊게 하려는 의도일 것입니다.

4/4박자는 강-약-중강-약이나, 부점으로 시작하여 이분음표(♩)로 마무리되는 형식이므로 부점에 강조를 두고 당김음에 따라 이분음표(♩)에 강조를 둡니다. 예를 들어 첫마디의 '법-성에'의 경우 부점이 있는 '법'과 이분음표의 '에'에 강조를 두어 부르는 것입니다.

이처럼 성가 157장 〈법성에 굽이치는〉의 '성지순례의 노래'는 부점과 이분음표(♩)로 마무리되는 형식이 연속적으로 강조점을 주면서 펼쳐집니다. 이런 강박의 리듬은 우리를 어디론지 떠나도록 흥분시킵니다. 그리고 한 음 한 음이 울림이 있어 마음에 공명을 줍니다. 어딘지 감명이 있습니다.

'한 마음 한 뜻으로 나섰네라 순례의 길'에서는 우리의 모든 마음과 정성을 모아 순례를 떠나고 말겠다는 다짐의 마음으로, '나섰네라'에서 클라이맥스로 감정을 올려 불러야 할 것입니다.

성가 157장 〈법성에 굽이치는〉은 김동진 작곡으로 원기75년(1990) 교화부에서 성가로 제정됩니다.

수려한 변산반도

制法聖地 讚歌

—

이공전 작사 / 김동진 작곡

1. 수려한 변산반도 물 맑은 봉래구곡
   새 회상 원음의 거룩한 산실이여
   대종사 일원대도 펴내신 이 강산아
   빛나다 그 이름 우리의 제법성지

2. 실상동 봉래정사 우뚝한 인장바위
   새 회상 원음의 거룩한 산실이여
   법 생일 경신 사월 사은사요 삼학팔조
   두둥실 춤추던 우리의 제법성지

새 회상 원음의
거룩한 산실

성가 158장 〈수려한 변산반도〉는 범산凡山 이공전 종사의 작사로 '제법성지 찬가'라는 부제를 달고 있습니다.

변산은 범산 종사와 인연이 깊은 곳입니다. 하섬에서 교서를 편찬한 정화사의 책임자이었으며 후일 변산성지를 관리하는 원광선원의 원장을 오랫동안 역임한 제법성지의 지킴이였습니다.

소태산 대종사는 새 회상 창립의 준비를 위한 휴양처를 물색하시어, 원기4년(1919) 3월에 오창건을 데리시고 부안 봉래산 월명암月明庵에서 10여 일 유하신 후 돌아오시고, 음력 7월 말에는 다시 정산 송규를 보내시어 미래의 근거를 정하게 하시더니, 음력 10월에 이르러 방언조합의 뒷일을 여러 사람에게 각각 부탁하시고, 몇 해 동안 수양하실 계획 아래 월명암에 행차(양 12. 12)하십니다.

대종사의 입산 동기는, 다년간 복잡하던 정신을 휴양하시며, 회상 창립의 교리 제도를 초안하시고, 사방 인연을 연락하여 회상 공개를 준비하시며, 험난한 시국에 중인의 지목을 피하시기 위함이었습니다. (『원불교 교사』)

원기5년(1920·庚申) 음력 4월에, 대종사, 봉래산에서 새 회상의 교강을 발표하시니, 곧 인생의 요도 사은·사요와 공부의 요도 삼강령三綱領·팔조목八條目으로, 그 강령이 간명하고 교의가 원만하여, 모든 신자로 하여금 조금도 미혹과 편벽에 끌리지 아니하고, 바로 대도大道에 들게 하는 새 회상의 기본 교리이며, 이때에, 대종사, 또한 밖으로 승려들과 교제하사, 재래 사원의 모든 법도를 일일이 청취하시고, 안으로 제자들로 더불어 새 회상의 첫 교서 초안에 분망하시니『조선불교 혁신론朝鮮佛敎革新論』과『수양 연구 요론修養研究要論』등이 차례로 초안됩니다.

(『원불교 교사』)

이처럼 변산성지는 '대종사 일원대도 펴내신 이 강산아 빛나다 그 이름 우리의 제법성지'이며 '법 생일 경신 사월 사은사요 삼학팔조 두둥실 춤추던 우리의 제법성지'입니다. 변산성지는 교강의 원형 탄생지입니다.

교강반포 60주년을 맞이하여 그 기념으로 석두암 터에 교전 모양으로 조각한 비신에 대산 종사의 휘호인 '일원대도'를 음각하여 기념비를 세워 뒷면에 제법성지의 내력을 명기했습니다.

〈새 회상의 원음〉

여기는 원불교 제법성지 봉래정사 석두암터! 원기 4년 기미 10월 소태산 대종사 변산에 드시어 월명에서 법인기도 회향하시고 이 아래 초당에서 새 교강 펴신 후 여기 정사 짓고 갑자 4월까지 정산 종사 등 2, 3 제자 데리시고 새 교법 제정과 숙연들 제우로 새 회상 공개를 준비하시니 거룩할 사 이 터전! 새 회상 원음의 산실

후일 변산 하섬에서 교서를 편수하게 됩니다.

하섬은 변산 쌍선봉에서 법인기도 해제시 소태산 대종사와 정산 종사가 이 섬을 바라보며 연못에 연잎이 떠 있는 것 같다 하여 지금은 연잎섬, 연꽃섬의 하섬荷島이라 부르게 되었습니다. 원기47년(1962)부터는 정화사가 이곳 하섬에서 예전, 성가, 정산종사법어, 교고총간 등을 편수하게 됩니다. 이에 원음탑을 세워 이곳이 편수도량임을 기리고 있습니다.

〈하섬 원음탑〉

변산제법성지의 화룡점정 하섬은 원기 50년대에 새 회상 7대 교서의 편수도량이었다. 내변산 실상동에서 처음 펴신 원음이 외변산 하섬에서 50년대 결집이라 기화자 원음 반백년 성지로다. 변산이여 새 회상 일곱 교서 네 등불에 엮어내고 인류의 합창곡을 네 장단에 읊었나니 두둥실 영광의 꽃섬 원음도량 하섬이여!

이처럼 변산성지는 '실상동에서 처음 펴신 원음이 외변산 하섬에서 50년대 결집이라 기화자 원음 반백년 성지'로 '새 회상 원음의 거룩한 산실'입니다.

소태산 대종사 변산입산 100주년은 원기104년(2019)이라면, 교강선포 100주년은 원기105년(2020)입니다. 제3대말인 원기108년(2023) 안에 있는 뜻깊은 일들입니다.

2

물 맑은 봉래구곡,
우뚝한 인장바위

대종사, 월명암에 계실 때, 전주 김제 등지에서 송적벽 등이 달려와 모시기를 원하는지라, 그해 원기4년(1919) 음력 12월, 봉래산 중앙지인 실상사 옆 몇 칸 초당에 거처를 정하시고, 몇몇 제자로 더불어 간고한 살림을 하시면서 심신의 휴양에 주력하시게 됩니다.

그러나 새해 원기5년(1920)부터 영광·김제·전주 등지의 신자들이 은연중 서로 소식을 통하여 그 심산궁곡에 찾아오는 사람이 차차 많아지는지라, 대종사, 그들의 정성에 감응하시어, 매양 흔연 영접하시며 조석으로 설법하시니, 당시의 법설 요지는 대개 관심 입정觀心入定과 견성 성불하는 방법이었습니다.

원기6년(1921) 음력 7월에, 김남천·송적벽 등의 발의로 실상초당實相草堂 윗 편에 몇 칸 초당의 건축을 착공하여 그해 음력 9월에 준공하고 이름을 석두암石頭庵이라 하니, 이를 봉래정사라 달리 불렀습니다. 대종사, 봉래정사에서 새로 초안된 교강과 교서로 여러 사람의 근기에 따라 예비 훈련을 시험해 보시니, 그 성적이 매우 좋아 모든 신자의 정법에 대한 이해가 한 층 진보하게 됩니다.(『원불교 교사』)

대종사는 변산 봉래정사에서 수양에 주력하며 제자들에게 마음을 관하고 정에 드는 법觀心入定과 견성 성불하는 성리법문을 많이 설하십니다.

한때 대종사 봉래정사에 계시더니 때마침 큰 비가 와서 층암절벽 위에서 떨어지는 폭포와 사방 산골에서 흐르는 물이 줄기차게 내리는지라, 한참 동안 그 광경을 보고 계시다가 이윽고 "저 여러 골짜기에서 흐르는 물이 지금은 그 갈래가 비록 다르나 마침내 한 곳으로 모아지리니 만법 귀일萬法歸一의 소식도 또한 이와 같다."(『대종경』 성리품 10장)라고 하셨습니다.

대종사, 대각을 하시고 그 일성으로 "만유가 한 체성이며 만법이 한 근원이로다."라고 포효하십니다. 이 '만유가 한 체성이며 만법이 한 근원이로다'가 바로 만법귀일의 소식입니다. 만유가 다 한 체성이며 만법이 한 근원입니다. 일체가 마음의 나타남입니다. 이 마음에서 일체가 나타난 것입니다. 이 마음은 주객과 물심으로 구분된 마음이 아닙니다. 주객미분전의 마음이요 물심으로 이원화되기 전의 마음입니다. 이 자리는 공적영지 진공묘유한 자리입니다. 이 자리에서 일체가 드러나는 것입니다. 그러니 체성과 근원이 청정하면 만유와 만법도 청정합니다.

만유와 만법의 형상에 집착되면 그 체성과 근원을 망각하게 됩니다. 다만 그렇게 만유와 만법으로 전개되는 그 빛을 돌이켜서 반조해 보면 그렇게 자각하는 깨어있는 자리를 직관하게 됩니다. 그 자리가 일원상 자리로 일체의 어머니가 됩니다. 만법귀일의 소식처입니다.

또 어느 날 대종사, 봉래곡에 다녀와 봉래정사에 제자들에게 글 한 수를 써 주시되 "변산구곡로邊山九曲路에 석립청수성石立聽水聲이라 무무역무무無無亦無無요 비비역비비非非亦非非라." 하시고 "이 뜻을 알면 곧 도를 깨닫는 사람이라."하시었습니다.(『대종경』성리품 11장)

변산구곡로는 인생의 계곡입니다. 순경 역경이 굽이치는 경계의 골짜기입니다. 이 구곡로에서 선돌이 물소리를 듣고 있습니다. 이 시의 핵심은 들을 청聽에 있습니다.

돌이라는 암유의 메타포는 모든 분별망상을 다 놓아버린 무분별의 상태를 은유하고 있습니다. 이렇게 물소리만 듣고 있는 것입니다. 오직 들을 뿐! 입니다. 오직 듣고 있는 자리에는 이것이다 저것이다 할 분별이 없습니다. 적적寂寂합니다. 그러면서도 역력히 물소리를 듣고 있습니다. 분명히 깨어있습니다. 그러니 성성惺惺합니다.

물소리인 줄 아는 마음, 그 영지에는 일체가 텅 빈 진공의 상태입니다. 그러니 없고(無) 없으며(無無) 또한 없다는 것도 없고 없는 것(亦無無)입니다. 돌도 아니고 물소리도 아니고(非) 아니며(非非) 또한 물소리가 아니란 것도 아닌(亦非非) 자리입니다.

일체의 흔적을 찾아 볼 수 없는 절대무絶對無요 절대부정의 '언어도단의 입정처'이요 '유무초월의 생사문'입니다. 이 듣는 그 자리는 텅 비었으면서도 두렷이 물소리가 드러나 있기 때문에, 완공이 아니라 일체의 지혜와 능력을 구족한 자리입니다.

대산 종사는 "정정요론에 수양을 많이 하면 세 가지 맑은 기운인 삼청 진궁三淸眞宮을 얻는다 하였나니, 첫째 태청太淸은 무無의 경지로 모든 티끌이 다 가라앉아 때

가 끼지 않은 자리요, 둘째 허청虛淸은 무무無無의 경지로 텅 빈 자리요, 셋째 현청
玄淸은 역무무亦無無의 경지로 더 크고 깊은 텅 빈 자리라, 이 자리에 이르면 기운이
구천 위에 솟아 눈에 보이는 일월성신은 수도인의 정령精靈보다 밑에 있다.”(『대산종
사법어』 적공편 28장)라고 하셨습니다.

성품은 원래 청정합니다. 그래서 그 맑고 신령한 성품의 정령에 일월성신이 드
러나는 것입니다. 그러니 일월성신이 수도인의 정령보다 밑에 있게 된다 하신 것
입니다. 일월성신도 성품의 드러남이기 때문입니다.

이처럼 변산성지는 '수려한 변산반도 물 맑은 봉래구곡'으로 성리의 산실이며 '실
상동 봉래정사 우뚝한 인장바위'로 성리의 심인心印을 증득하는 곳이기도 합니다.

또한, 하루는 대종사 봉래정사蓬萊精舍에 계실 때에 변산 인근의 박 주사 부부가
지나가다 말하기를, 자기들의 자부子婦가 성질이 불순하여 불효가 막심하므로 실
상사實相寺 부처님께 불공이나 올려 볼까 하고 가는 중이라고 하는지라, 대종사 들
으시고 “그대들이 어찌 등상불에게는 불공할 줄을 알면서 산부처에게는 불공할
줄을 모르는가.” 그 부부 여쭙기를 “산부처가 어디 계시나이까.” 말씀하시기를 “그
대들의 집에 있는 자부가 곧 산부처이니, 그대들에게 효도하고 불효할 직접 권능
이 그 사람에게 있는 연고라, 거기에 먼저 공을 드려봄이 어떠하겠는가.” 그들이
다시 여쭙기를 “어떻게 공을 드리오리까.” 말씀하시기를 “그대들이 불공할 비용으
로 자부의 뜻에 맞을 물건도 사다 주며 자부를 오직 부처님 공경하듯 위해 주어 보
라. 그리하면, 그대들의 정성을 따라 불공한 효과가 나타나리라.” 그들이 집에 돌
아가 그대로 하였더니, 과연 몇 달 안에 효부가 되는지라 그들이 다시 와서 무수히
감사를 올리거늘, 대종사 옆에 있는 제자들에게 말씀하시기를 “이것이 곧 죄복을

직접 당처에 비는 실지불공實地佛供이니라."(『대종경』교의품 15장)

며느리가 효도하고 불효할 권능을 가진 절대적 부처입니다. 살아있는 산부처입니다. 불공의 대상을 명확히 알아서 실지불공을 하라고 대종사는 실상동에서 타이르고 있습니다.

우리는 이런 대종사의 법문을 받들어 우리의 삶에서 인장바위의 도장을 받아야 할 것입니다.

변산성지는 이처럼 교강敎綱의 원형을 낳은 땅이며 교강의 바탕인 성리를 단련했던 성지입니다. '빛나다 그 이름 우리의 제법성지' '두둥실 춤추던 우리의 제법성지'. 그러니 제법성지는 빛나는 성지이며 기쁘게 춤추는 성지입니다.

수려한 변산반도

制法聖地 讚歌

이 공 전 작사
김 동 진 작곡

1.수 려 한 변 산 반 도　물 맑 은 봉 래 구 곡
2.실 상 동 봉 래 정 사　우 뚝 한 인 장 바 위

새 회 상 원 - 음 의　거 룩 한 산 실 이 여
새 회 상 원 - 음 의　거 룩 한 산 실 이 여

대 종 사 일 원 대 도　펴 - 내 신 이 강 산 아
법 생 일 경 신 사 월　사 은 사 요 삼 학 팔 조

빛 나 다　그 이 - 름　우 리 의 제 법 성 지
두 둥 실　춤 추 - 던　우 리 의 제 법 성 지

3

원음 산책

성가 158장 〈수려한 변산반도〉 '제법성지 찬가'의 반주를 듣노라면 배를 타고 연안을 돌면서 해안가의 절묘한 풍경과 아기자기한 기암괴석 그리고 바위에 파도가 부서지는 모습, 푸른 하늘과 푸른 바다가 하나인 듯 아닌 듯 어우러져 펼쳐지는 장대한 풍경이 그려집니다.

바닷바람에 청량해지는 기분은 거칠 것 없는 창해를 바라보는 시원함도 느끼게 합니다.

성가 158장 〈수려한 변산반도〉는 노랫말의 이미지를 잘 그리면서 불러야 노래의 맛이 우러날 것입니다.

첫 소절의 '수려한'과 '물 맑은'을 변산반도의 수려함과 봉래구곡의 맑은 계곡을 상상하면서 부르는 것이 음색을 잡는데 중요할 것입니다.

강-약-중강-약의 4/4박자 리듬감을 살려서 강과 중강의 리듬을 타야 할 것입니다.

넷째 소절의 '그 이-름' 앞에 8분 쉼표(𝄾)가 자리 잡고 있는데, 마치 물살의 흐름을 바꿔주는 것과 같은 것으로, '그 이-름'의 분위기를 보다 신나고 경쾌하게 살리는 효과가 있는 것입니다.

이는 등산을 할 때 높은 봉우리를 힘차게 오르고서 다시 그 옆의 더 높은 봉우리로 치고 오르는 기분과 같습니다.

'빛나다'로 음을 높이고서 반 호흡 쉬고서 한 음 더 높여 클라이맥스로 올려 부르는 것입니다. 그 이름이 바로 '우리의 제법성지'이기 때문입니다.

성가 158장 〈수려한 변산반도〉는 김동진 작곡으로 원기75년(1990) 교화부에서 성가로 제정됩니다.

우리님 대자 대비
總部를 찾아가리

—

박은국 작사 / 송관은 작곡

1. 우리님 대자 대비 그 목소리
   솔바람 달빛 속에 메아리 쳐오네
   임께서 거니시던 마음의 고향
   찾아 가리 찾아 가리 총부를 찾아 가리

2. 아침저녁 시방삼세 울려 퍼지는
   종소리 목탁소리 염불소리 노래 소리
   만 중생 업장 녹는 마음의 고향
   찾아 가리 찾아 가리 총부를 찾아 가리

임께서 거니시던
마음의 고향

원기72년(1987) 10월에 교서감수위원으로 선출된 향洽타원 박은국 종사(당시 부산교구 교구장)는 '새 성가' 가사를 감수하기 위해 익산 총부 보은원(現 대각전과 향적당 사이)에 머물던 중 성가 159장 '우리님 대자 대비(總部를 찾아가리)'의 가사를 쓰게 됩니다.

지방에 있다 보면 원각성존 소태산 대종사의 성혼이 깃들어 있는 익산 총부가 그립고, 이곳에서 스승님들의 가르침에 따라 선후진이 함께 공부하던 정이 그립기 마련이라, 향타원은 이러한 심정을 노랫말로 담아 짓게 되었다 합니다.

원문은 "구조실 앞의 솔잎마다에 대종사님의 성음이 어려 있고, 비치는 달빛마다 대종사님의 성안이 어려 있으며, 구조실 문고리마다에도 대종사님과 스승님들의 체취가 묻어 있다."는 내용이었는데, 윤문을 거쳐 오늘의 가사가 된 것입니다. (박은국 교무 說. 최명원 교무의 「원불교 성가 설명」)

이 곡의 작사자인 향타원 박은국 교무는 원기24년(1939) 17세 되는 해에 이웃에 사는 정연국丁連國 씨의 인도로 영산을 찾게 된바 공부를 해갈수록 깊이 느껴진 바 있어 '이 공부와 사업은 영생에 나의 의무로구나' 하는 발심이 나서, 원기25년(1940) 겨울 아버지의 반대를 무릅쓰고 출가를 단행합니다. 이에 영산학원에 정식 입학하여 삼세 인과법문을 듣게 되면서 회상을 찾은 기쁨에 충만하여 전무출신의 삶에 확고한 서원이 더욱 굳어집니다.

향타원 종사는 교화에 전력을 다하시고 노년에는 미래의 희망인 청소년을 위해 원불교 배내골 훈련원을 개척하여 열반하실 때까지 정열을 불태우십니다.

찾아가리 찾아가리
총부를 찾아가리

익산 총부는 첫째 「신룡전법상新龍轉法相」의 도량입니다.

원기9년(1924) 소태산 대종사께서 공식적으로 익산에 회상을 열어 법을 굴리신 성지입니다. 갑자甲子년인 원기9년(1924)에 갑자 도수에 따라 회상을 펴신 것으로, 익산성지는 미륵불과 용화회상을 품고 있는 미륵산(또는 용화산)의 정기가 굽이쳐서 신룡新龍으로 피어난 곳입니다. 신룡新龍은 새로운 용으로 새 회상이 펼쳐진 정신개벽의 도량입니다.

소태산 대종사는 원기10년(1925) 음 3월에 새 훈련법을 제정하여 이 신룡의 도량에서 새 법을 굴리십니다. 즉 정기훈련법과 상시훈련법으로 매 동하 6개월은 정기훈련을 나머지 6개월은 상시훈련을 시행하신 것입니다.

정기훈련은 원기10년(1925)년 을축 하선을 시작으로 소태산 대종사 열반해인 원기28년(1943) 계미년 임오 동선까지 19년간 아무리 어려운 상황 속에서도 35회에 걸쳐 꾸준히 시행되며(원기15년 경오 동선은 휴선), 상시훈련은 상시 응용 주의 사항 6조와 교당 내왕시 주의 사항 6조를 제정하여 상시에 수행을 훈련하고 교당 내왕을 통해서 공부를 점검할 수 있도록 하십니다.

정기 훈련법과 상시 훈련법은 서로서로 도움이 되고 바탕이 되어 재세 출세의 공부인에게 일분 일각도 공부를 떠나지 않게 하는 훈련법입니다.(『정전』 정기훈련과 상시 훈련)

이처럼 신룡전법상은 소태산 대종사께서 제자들과 함께 일원회상의 전법轉法의 시범을 보여주신 것입니다. 그러므로 우리는 이러한 신룡전법의 총부 도량을 순례해야 합니다.

'우리님 대자 대비 그 목소리'에 따라 순례하면서 '임께서 거니시던 마음의 고향'인 전법성지 익산 총부를 소태산 대종사의 발길 따라 거닐어야 할 것입니다.

즉 영춘헌 종법실에서 소태산 대종사의 시자가 되어 직접 모셔보는 생활도 해보고, 공회당에서 소태산 대종사의 훈도 속에 역대 스승님들과 함께 정기훈련도 나보는 선객이 되어 보고, 대각전에서 일원상 봉안식을 거룩하게 모시고 법좌에 좌정하고 계시는 소태산 대종사의 법문을 받드는 예회를 마음으로 체험해 보자는 것입니다.

또한 본원실과 꼭두마리 집에서 엿을 고아 엿을 팔아보기도 하고, 산업부원이 되어 만석평 등의 논밭에서 농사도 지어보고 양계·양잠에 공동출역도 해보는 것입니다. 그리하여 수도와 생활이 둘이 아닌 이사병행 영육쌍전을 체험하자는 것입니다.

둘째, 익산 총부는 「계미열반상癸未涅槃相」의 도량입니다.

원기28년(1943) 계미년은 소태산 대종사께서 법신인 『정전』을 우리에게 선물해 주신 해로, 당신의 법신에서 퍼 올린 샘물로『정전』을 가꾸어 우리에게 유산으로 물려주신 것입니다.

또한 공회당에서「일원상 게송」을 주산 송도성에게 칠판에 쓰게 한 후 우리들에게 공전公傳으로 전하여 주시었으니, 우리는 과연 대종사의 법신에서 솟아 난「일원상 게송」을 비롯한『정전』에 바탕하여 각자의 법신을 얼마나 가꾸고 있는지 점검하자는 것입니다.

이를 받들어 이 법을 얼마나 소화하여 자기화했는지 살펴보자는 것입니다. 게송을 비롯한『정전』을 사랑하고 가꾸는 것이 바로 계미열반상의 참뜻이기 때문입니다.

계미열반상의 역사에 비추어, 영춘헌 종법실에서 최후설법지인 대각전까지 일명 대종로大宗路를 따라 소태산 스승님을 모시고 걷는 심정으로 순례하고, 대각전 오르는 언덕길에서 어린아이들이 군호를 외치며 대종사께 인사를 올리듯, 우리도 총부의 어린아이가 되어 대각전 언덕길에서 경례를 외쳐보며, 대각전에 입실하여 소태산 대종사의 최후설법인『대종경』부촉품 14장을 받들어도 보자는 것입니다.

더불어 소태산 대종사의 발인 행렬 길을 밟아 대종사 법구法柩를 직접 운구하는 심정으로 화장터까지 추모의 순례를 하자는 것입니다. 소태산 대종사의 법구가 안치된 종법실을 출발하여 옛길인 새말 신동파출소와 꽃밭재를 거쳐 일원상을 그리신 남중동 소나무길을 따라 투우대회에서 불법연구회 소가 우승했던 운동장(現 이리고)과 초창기 선진들이 다니셨던 고무신 공장 터를 지나 대종사 열반지인 이리병원 터를 경유하여 "금강산으로 수양하러 간다."며 열반을 암시하신 금강리 수도산 화장터까지 추모의 마음으로 순례해 보는 것입니다. 그리고서 원각성존 소태산 대종사 성탑에 돌아와 간절한 심고로 소태산 대종사의 법맥(계미열반상)과 만나는 체험순례를 해 보는 것입니다.

성가 159장의 작사가 향타원은 이러한 모든 심정을 담아 '우리님 대자 대비 그 목소리'를 들으며 '임께서 거니시던 마음의 고향'을 거닐어보자고 노래하고 있습니다.

향타원은 총부를 찾을 때마다 "대종사님께서 아무야 하며 부르면 총부 정문에까지 울려 퍼지던 음성이 들리는 심정이다." 하시었듯이, 우리도 총부를 순례하면서 소태산 대종사의 성음을 듣는 법은을 입어야 할 것입니다.

또한 '아침저녁 시방삼세 울려 퍼지는 종소리 목탁소리 염불소리 노래소리'처럼 우리도 총부를 순례하며 훈련을 나자는 것입니다. (대종사 당대는 염불에 북을 사용함)

그리하여 '만 중생 업장 녹는 마음의 고향'인 총부 익산성지에서 소태산 대종사의 훈련법대로 상시 훈련 및 정기 훈련 11과목도 실천해 보는 법은을 입어 보자는 것입니다. 소태산 대종사의 법신을 모시고 직접 문답 감정 해오를 실천해 보자는 것입니다.

이와 같이 '찾아가리 찾아가리 총부를 찾아가리'의 마음으로 익산성지순례를 하자는 것입니다.

필자는 예비교무 1학년 시절 대산 종사의 '중앙총부 대성지'에 대한 법문을 가슴에 담고 총부를 거닐곤 했습니다. 그래서인지 어느 날 감각감상이 생겨 노랫말을 짓게 되었고 이를 이양명 교무가 〈도량가〉라 이름 붙여 곡을 지었습니다. 이후 이 〈도량가〉는 예비교무들이 즐겨 부르는 노래가 되었습니다.

도량가

미륵산 굽이쳐서 한 송이 꽃이 피니,
솟는 바람 피는 바람 새 천지 짓는구나.
스승님의 숨결따라 성탑에 다다르니
여기가 새 회상 이어받는 법도량이라네.

새벽의 종소리 총부에 울려 피니,
고요한 샛별들이 초롱이 반짝인다.
마음을 가다듬고 대각전에 다다르니
여기가 세계도덕 샘솟는 중앙지로구나.

이처럼 익산성지는 정법을 전해 받는 법도량이며 세계도덕이 샘솟는 법의 중심
지입니다.

우리님 대자 대비
總部를 찾아가리

박 은 국 작사
송 관 은 작곡

1.우리님 – 대자대비 그 – 목소리 솔바
2.아침저 녁시방삼세 울 여퍼지는 종소

람 달빛속에 메아리 – 쳐오네 – 임께
리 목탁소리 염불소리 노래소리 만중

서 거니시던 마음의 고 – 향 찾아가
생 업장녹는 마음의 고 – 향

(후렴)

리 찾아가 리 총부를 찾아가리

원음 산책

　성가 159장 〈우리님 대자 대비〉를 듣노라면 솔바람 소리가 들리는 듯합니다.

　송대 솔숲의 솔바람 따라 익산성지의 도량을 살랑살랑 거니니 소태산 대종사의 대자 대비하신 음성이 달빛으로 파고드는 듯합니다. 느린 음들이 마음에 차곡차곡 쌓이면서 순례의 감정을 더욱 깊게 하며, 마음의 고향을 향한 간절한 그리움이 천천히 천천히 그러면서 더욱 감정을 심화시킵니다.

　성가 159장 '총부를 찾아가리'의 〈우리님 대자 대비〉는 셋잇단음표(3연음)의 리듬을 잘 살려야 노래의 맛이 살아날 것입니다.

　'대-자대비'와 '목-소리' 그리고 '달빛 속'과 '거니시던' 그리고 후렴에 3번 연속되는 '찾아가리'의 셋잇단음표 부분의 음가를 잘 살려 가사를 하나하나 짚어주면서 불러야 감정이 자리 잡을 것입니다.

　셋잇단음표는 흥분하지 말고 단절되지 않게 매끄럽게 이어지도록 부르는 것이 중요합니다. 마치 시냇가의 조약돌 사이로 흘러가는 물결처럼 리듬감을 살려 가사의 내용이 상기되도록 불러야 할 것입니다.

셋잇단음표는 앞을 조금 세게 부르는 것이 맛이 더 살아날 듯하며, 또한 각 소절마다 있는 부점을 잘 살려야 할 것입니다. 부점이 있으면 앞을 조금 세게 뒤를 짧게 하는 게 좋을 것입니다.

첫 소절의 '우리'는 못갖춘마디이며, '우리님'에 있어서 '우'의 부점과 '님'의 부점에 강조점을 두어, 노랫말이 음미가 되도록 '우'를 강조하면서 '님~'으로 강조점이 이어가도록 부르는 게 음감을 살릴 수 있을 것입니다. 음의 장단과 박자의 리듬감 그리고 가사의 뜻을 살려서 부르는 것이 관건입니다.

성가 159장 〈우리님 대자 대비〉는 월타원 송관은 교무의 작곡으로 원기75년(1990)년 교화부에서 성가로 제정됩니다.

마 음 의 고 ― 향 찾 아 가
마 음 의 고 ― 향 찾 아 가

리 찾 아 가 리 총 부 를 찾 아 가 리

우리는 원불교 젊은 일꾼들

—

송관은 작사 / 작곡

1. 우리는 원불교 젊은 일꾼들
   내 마음을 맑히고 정의 실현하세
   일원상기 높이 들고 세계 향해서
   한 걸음 또 한 걸음 힘찬 발걸음

2. 우리는 원불교 젊은 일꾼들
   몸과 마음 다 바쳐 낙원 이루세
   일원상기 높이 들고 세계 향해서
   한 걸음 또 한 걸음 힘찬 발걸음

우리는 원불교
젊은 일꾼들

성가 160장 〈우리는 원불교 젊은 일꾼들〉을 작곡한 월Ꞛ타원 송관은 교무는 원불교의 영원한 청년상인 주산 송도성 종사의 장녀로서 부친의 푸른 뜻을 이어서 젊은 원불교를 노래하고 있습니다.

송관은 교무는 원기61년(1976) 원불교 중앙청년회 부회장이 되어 청년들과 훈련하며 힘차게 일하는 데, 이 청년회 활동을 하기 얼마 전에 〈우리는 원불교 젊은 일꾼들〉을 작사·작곡하게 됩니다.(『나 길이 여기 살고 싶네』 중에서)

원불교의 영원한 청년상은 주산 송도성 종사입니다. 주산 종사는 40세의 젊은 나이에 서울에서 전재동포구호사업을 하던 중 전염병에 감염되어 순교하게 됩니다.

교단은 원기30년(1945) 해방을 맞이하여 건국사업의 일환으로 해외에서 귀환하는 전재동포를 위한 구호사업에 참여하게 됩니다. 이리, 서울, 부산, 전주 등에 원불교 구호소를 설치하고 청년들이 중심이 되어 침식과 의복을 제공하게 됩니다.

이 전재동포 구호활동의 중심이 되었던 20대의 전무출신들이 최초의 원불교 청년회인 '금강청년단'을 조직하게 됩니다. 순직한 주산 종사의 유지를 받들어 민족과 인류의 구원을 목표로 "금강 같은 굳은 단결, 금강 같은 밝은 지혜, 금강 같은 날랜 행동으로 파사현정에 앞장서자."라는 취지 아래 원기31년(1946) 4월 2일에 남녀 108명을 단원으로 창립총회를 갖게 됩니다.

이 금강청년단은 원기31년(1946) 원광대학의 전신인 유일학림의 개원으로 청년단원들은 학생의 일원으로 교육에 열중하게 됩니다.

이후 이 청년회의 열기와 잠재된 역량은 원기40년(1955)대에 들어서면서 확대되어 원기41년(1956)에 '중앙교우회' 조직으로 탄생되며, 이어서 원기47년(1962) 8월 25일 교우회의 지역 조직을 하나의 중앙조직으로 결집시켜 '교우회연합회'를 결성하게 됩니다. 이후 교우회연합회 2차 총회에서 명칭을 '원불교청년회'로 개칭하게 됩니다. 드디어 원기48년(1963)에 중앙청년회가 결성되고 원기49년(1964) 7월 5일에 '원불교청년회'(초대회장: 권세영)가 탄생하게 됩니다.

'원불교청년회'의 이념은 첫째, 자신에게 믿음을 둘째, 이웃에게 은혜를 셋째, 민족에게 화합을 넷째, 인류에게 희망을 공급해 주는 데 주력하고, 이러한 이념실천으로 형성된 원불교의 청년상은 구도인, 봉공인, 조화인, 개벽인을 지향하여 정신세력의 확장과 낙원세계를 이룩하자는 것입니다.

2

일원상기 높이 들고
세계 향해서

성가 160장 〈우리는 원불교 젊은 일꾼들〉은 성가 21장 〈푸른 뜻 드높아라〉의 '청년회가'와 하나로 가로지르고 있습니다. 월타원 송관은 교무는 범산 이공전 종사가 작사한 성가 21장 '청년회가'를 자기화하여 새롭게 다시 부르기를 한, 새로운 의미의 편곡이라 할 수 있습니다.

월타원은 범산 이공전 종사가 노래한 '푸른 뜻 드높아라 젊은 원불교'를 '우리는 원불교 젊은 일꾼들'이라 의미적으로 편곡하였으며, '앞서자 한맘으로 정신개벽에'를 '내 마음을 맑히고 정의실현하세'라 다시 부르고 있습니다.

또한 '바치자 참된 정성 낙원 건설에'를 '몸과 마음 다 바쳐 낙원 이루세'로 '우리는 청년이다 원불교 청년 뭉치자 나아가자 개벽의 일꾼'을 '일원상기 높이 들고 세계 향하여 한 걸음 또 한 걸음 힘찬 발걸음'으로 의미를 확대 전개하고 있습니다.

성가 160장은 성가 21장과 같은 뜻을 가지면서도 의미의 정결함이 한결 강조되

원음 산책하는 기쁨 419

어 있으며 일원상기를 높이 들고 세계를 향해서 힘차게 나아가는 원불교의 정체성을 확연히 드높입니다.

범산 이공전 종사는 원기49년(1964) 원불교 중앙청년회가 발족되어 교단에 새 활기가 움트고 청년들의 활동이 기대될 그 무렵 '청년회가'의 청을 받아 작사하게 됩니다.

이후 원청 20주년(원기70년) 기념 큰 잔치에 "청년 대종사를 생각한다."라는 제목의 감상을 「원청회보」에 발표합니다.

"26세의 청년 대종사에 의해 창건된 새 회상 그리고 초창기 각 방면의 주역들이 거의 20대이던 활기에 찼던 새 회상에 또 다시 젊음이 넘치는 새 시대가 돌아오고 있다."는 감상문으로 성가 21장의 〈청년회가〉의 실현에 대한 기대요, 요청이었던 것입니다.

필자는 청년시절 청년법회를 볼 때 함께 부르던 성가 21장 '청년회가'는 부르면 부를 때마다 가슴에 뜨거운 열정을 울려주곤 했습니다. 어딘지 원불교 청년으로서 가져야 하는 사명감과 책임감이 가슴가득 차오르던 추억이 떠오릅니다. 원불교 청년으로서 개벽의 일꾼이 되자는 외침은 지금 생각해도 가슴이 뜨거워집니다.

이런 젊은 시절의 열정이 성가 160장 〈우리는 원불교 젊은 일꾼들〉에서 새롭게 다시 떠오르게 합니다. 과거의 추억을 이 시대의 새로운 감성으로 다시 불러내는 힘이 성가 160장에 있습니다.

젊다는 것은 생물학적인 젊음만이 아니라 마음이 젊다는 것입니다. 마음이 젊다는 것은 열정과 패기가 있고 낭만이 있으며 꿈이 있는 생불生佛이며 새롭게 시작하려는 의지와 생기가 있는 활불活佛입니다.

원불교의 젊은 일꾼은 일원상기를 드높일 수 있는 자력인 自力人입니다. 일원상기를 외부에 높이 드는 것만이 아니라 내 마음에 높이 드는 것입니다. 내 마음에 일원상기를 드높이면 내가 가는 곳마다, 내가 머무는 곳마다 일원상기가 높이 드높여지게 되는 것입니다.

늘 새로워지는 참신함과 개척정신으로 일원상의 진리를 드높일 때 우리는 원불교의 젊은 일꾼이 되는 것입니다. 내 마음을 맑히고 정의를 실현하며 몸과 마음을 다 바쳐 낙원을 이루는 원불교의 젊은 일꾼이 되는 것입니다.

일원상 진리를 드높이는 개벽의 일꾼이 되는 것이며, 늘 일원상기 높이 들고 한 걸음 또 한 걸음 힘찬 발걸음을 내딛는 개벽의 일꾼이 되자는 것입니다.

그러기 위해서는 젊은 청년의 가슴에 솟아있는 일원상을 모셔야 합니다. 『정전』 〈교법의 총설〉의 '우주만유의 본원이요 제불제성의 심인인 법신불 일원상을 신앙의 대상과 수행의 표본'으로 모시는 젊은 일꾼이 되어야 합니다.

우리는 원불교 젊은 일꾼들

송 관 은 작사
송 관 은 작곡

1.우 리 는 원 불 교 젊 은 - 일 꾼 들
2.우 리 는 원 불 교 젊 은 - 일 꾼 들

내 마 음 을 맑 히 고 정 의 실 현 하 세
몸 과 마 음 다 바 쳐 낙 원 - 이 루 세

(후렴)

일 원 상 기 높 - 이 들 고 세 계 - 향 해 서

한 - 걸 - 음 또 한 걸 - 음 힘 찬 - 발 걸 - 음

원음 산책

성가 160장 〈우리는 원불교 젊은 일꾼들〉은 '청년 훈련'의 주제가로써 젊고 씩씩하며 진취적인 분위기의 노래입니다.

마치 발걸음이 씩씩한 행진처럼, 한 걸음 한 걸음이 경쾌하면서도 묵직한 행진곡풍으로, 목표를 향한 진취적인 전진성이 매력적입니다.

성가 160장 〈우리는 원불교 젊은 일꾼들〉의 템포는 강-약-중강-약의 4/4박자로써, 건강한 사람이 걷는 속도의 발걸음으로, 약간 땀이 날 정도의 발걸음으로 걷는 속도감이 좋을 듯 하며, 각 소절마다 이음줄(⌣)을 통해 매끄럽게 한 음으로 연결해서 부르게 하고 있는데, 이는 마치 젊음의 생기가 생동감 있게 끊임없이 굽이치게 하려는 의도일 것입니다.

셋째 소절의 '일원상기 높-이 들고'에서는 퍼져 울리는 음이 마치 깃발이 바람에

펄럭이는 듯한 젊음의 진취성이 휘날리는 듯합니다.

넷째 소절의 '한-걸-음 또 한 걸-음 힘찬-발걸-음'은 발걸음 한 발 한 발에 진취적인 기상이 뭉치어 쭉 쭉 뻗어가는 느낌입니다.

이는 생물학적인 젊음만이 아니라 마음이 늘 살아있는 진리적인 젊음을 가지고 나아가는 진리의 발걸음을 뜻하며, 이런 젊음으로 이 곡을 불러야 하는 끝맺음이라 할 것입니다.

성가 160장 〈우리는 원불교 젊은 일꾼들〉은 월타원 송관은 교무의 작곡으로 원기75년(1990) 교화부에서 성가로 제정됩니다.

일 원상 기 높-이들고 세 계-향 해 서

광겁의 한 울림에

—

이종원 작사 / 김동진 작곡

광겁의 한 울림에 이 천지가 열리었고
한 빛을 떨치시니 온누리가 밝았도다
우러러 억조창생이 새 날일레 기리니라.
마음은 하나로세 세계 아니 하나인가
우리가 다 한 권속 이 세상이 한 일터라
손에 손 마주 잡고 세세생생 누리니라.

광겁의 한 울림에
이 천지가 열리었고

성가 161장 〈광겁의 한 울림에〉는 소태산 대종사의 대각 찬가입니다.

현산 이종원 교무의 세 번째 시집인 『만고일월萬古日月』에 발표된 첫 번째 시「만고일월」 4수 중에서 2수를 가사로 실은 것입니다.

시인이요 구도자요 전무출신인 현산 이종원 교무는 소태산의 대각을 자신의 삶에 적용시켜 「만고일월」의 생명으로 다시 낳은 것입니다. 「만고일월」은 말할 것도 없이 소태산 대종사의 대원정각大圓正覺을 찬송한 노래입니다.

여기서 시집 『만고일월』에 나오는 「만고일월」의 시를 다시 살펴볼 필요가 있습니다. 원문의 멋과 힘이 있기 때문입니다.

광겁의 한 울림에 이 천지가 열리었고
한 빛을 떨치시니 온누리가 밝았도다

울얼어 억조창생이 새 날일레 기리니라.

봄 여름 가을 겨울 돌아오는 시절마다
해와 달은 밝으시고 이슬비도 내리신가
거룩한 은혜의 말씀에서 예서 항상 듣느니라.

마음은 하나로세 세계 아니 하나인가
우리가 다 한 권속 이 세상이 한 일터라
손에 손 마주 잡고야 세세생생 누리니라.

대각의 트인 바탈 두렷하신 기틀이여
우쭐대는 환희 속에 너와 내가 거듭나니
우리님 만고일월이 길이 비춰 주시니라.

작자 현산 이종원 교무는 마지막 넷째 수를 좋아했고, 특히 '대각의 트인 바탈'을 무척 즐기고 강조하였습니다. 바탈은 바탕의 순우리말로 진리로부터 품부 받은 선천적 본성 자리를 가리킵니다. 대각으로 진리의 바탕이 두렷한 기틀로 드러났다는 것입니다. 우리 모두가 그 대각의 은혜 속에서 거듭난 기쁨을 만고일월로 비추자는 것입니다.

결국 성가 161장 〈광겁의 한 울림에〉는 현산 이종원 교무의 소태산 대종사의 대각에 대한 찬가이며 자신의 수행담입니다.

우러러 억조창생이
새 날일레 기리나라

소태산의 대각은 일원상의 대각이요 정신개벽의 대각입니다. 이 한 울림이 새로운 시대를 열어 우리 모두가 일원상의 진리를 굴리어 정신개벽을 펼칠 수 있도록 하신 것입니다. 그러므로 소태산의 대각은 '광겁의 한 울림'으로 '새 천지'를 여는 개벽의 울림입니다.

또한 소태산의 깨달음은 천지에 한 빛을 떨치시어 온누리를 훤히 밝힌 광명입니다. 만고일월을 하늘 한 가운데에 거니 온 천지가 두렷이 드러나 온누리 만국만민이 당당히 밝고 갈 길이 환히 열린 것입니다. 그러니 온 생령 억조창생이 우러러 받들지 않을 수 없는 새로운 새날입니다.

병진년 삼월 소태산의 대각은 '만유가 한 체성이요 만법이 한 근원'인 한 마음이었던 것입니다. 한 마음에 온 천지 온 세상이 담겨집니다. 이 마음 안에 세계가 하나로 펼쳐진 것입니다. 그러니 온 생령이 다 하나로 한 가족이요 우리 모두가 하나로 한 일터에서 만나는 정다운 사이입니다.

'손에 손 마주 잡고서' 오늘도 내일도 그리고 모레도 이 하나로 만난 깨달음의 도량에서 누리고 누릴 우리입니다.

현산 이종원 교무는 '광겁의 한 울림'인 일원상을 시감 넘치는 표현으로 노래합니다. '마음은 하나-로세 세계 아니 하나인가 우리가 다 한 권속 이 세상이 한 일터라 손에 손 마주 잡고 세세생생 누리니라'는 멋진 시어로 일원상을 다시 부르고 있습니다.

마음과 세계를 나누어 보지 않고 하나로 보는 통찰로 결국 한 권속이며 한 일터라는 시어의 흐름으로 이어가고 있습니다. 마음이 하나이니 세계도 하나인 것입니다.

이 거룩한 광겁의 한 울림은 지금 여기서 항상 울리는 개벽의 울림이요 만고일월의 한 빛은 지금 여기에서 빛나는 광명입니다. 지금 여기에서 이 한 울림을 듣지 못한다면 소태산의 은혜는 저 멀리 남의 소식인 것이며, 지금 여기에서 이 한 빛을 보지 못한다면 소태산의 가르침은 저 멀리 남의 나라 풍경입니다.

한 자리인 일원상이 터져 나온 것입니다. 하나로 두렷한 일원상 봉오리가 피어난 것입니다.

광겁의 한 울림에

이 종 원 작사
김 동 진 작곡

광 겁 의 한 울 림 에 이 천 지 가 열 리 었 고

한 빛 을 떨 치 시 니 온 누 리 가 밝 았 도 다

우 러 러 억 조 창 생 이 새 날 일 레 기 리 니 라

마 음은 하나 로세 세 계아니하나 런 가

우 리가 다 한권속 이 세상이한일 터 라

손 에손 마 주잡고 세 세생생누리 니 라

원음 산책

성가 161장 〈광겁의 한 울림에〉를 듣노라면 하늘을 무대로 나팔 소리가 펌프질하는 느낌입니다. 마치 광활한 하늘에서 구름을 징검다리 삼아 힘을 한데 모아 뛰어넘고 또 뛰어넘는 도약이 느껴집니다.

성가 161장은 세련되고 기교가 화려하기보다는 투박하면서도 묵직한 뜀뛰기의 매력이 넘칩니다. 이러한 음과 음 간의 도약성은 마치 메시지의 전령사 같은 기분이 들게 합니다.

그러기에 시작인 '광겁의 한 울림'이 첫마디에서 전체의 분위기는 결정될 것입니다. 담담하면서도 묵직한 한 울림이 가슴에 파고들 때 도미노처럼 음의 질감이 이어질 것입니다.

단순하고 꾸밈없는 그러면서도 멀리 울리는 확산성은 도리어 가슴 내부로 파고

드는 반격이 있습니다. 음감의 확산성이 반대로 음감의 응축성으로 뭉치었다 할 것입니다.

그래서인지 작사가 현산 이종원 교무는 이 노래를 국악풍으로 불리길 희망하였습니다.

성가 161장 〈광겁의 한 울림에〉는 김동진 작곡으로 원기75년(1990) 교화부에서 성가로 제정됩니다.

광 겁의 한 울림에 이 천지가 열리었 고

한 빛을 떨 치시니 온 누리가 밝았 도 다

자비로운 스승님께
法을 說하소서

—

손정윤 작사 / 김동진 작곡

1. 자비로운 스승님께 법문을 청합니다
   공경과 정성으로 법문을 청합니다
   지혜등불 밝혀줄 법을 설하소서
   한 마음 찾아갈 법을 설하소서

2. 밝으신 스승님께 법문을 청합니다.
   공경과 정성으로 법문을 청합니다
   바른 길을 찾아갈 법을 설하소서
   만 생령 건져 줄 법을 설하소서

새 성가의 결어

성가 162장 〈자비로운 스승님께〉는 효산曉山 손정윤 교무가 작사한 노래로 법을 청하는 청법가입니다. 이 청법가는 《원불교 성가》 제12부 '교화'의 결어로, 127장에서 162장으로 이어지는 새 성가의 마지막 곡입니다.

효산 손정윤 교무는 이 청법가를 지은 기연에 대해 말씀하시기를, 지방 교당을 방문할 때마다 어느 때는 법 높은 법사가 와서 설법하기도 하고 어느 때는 갓 출가한 간사나 이제 막 교화의 길에 들어선 초임 교무가 감상담이나 설교하는 모습을 접하게 되는데, 이때 법을 듣는 사람도 법을 설하는 사람도 법을 소중히 여기고 법설을 소중히 받드는 설법문화가 꽃피기를 바라게 되었다 합니다.

효산은 설사 초임 교무가 설교를 해도 마치 종법사가 법설을 하듯이 받들고, 초임 교무는 자신이 설사 법력이 부족하다 하더라도 종법사라는 심정으로 책임감을 가지고 설교했으면 하는 마음이 간절했던 것입니다.

그리하여 법을 들을 때면 법을 설하는 사람의 법위가 어찌 되었든, 법을 소중히 여기고 설법을 듣자는 마음으로 '청법가'를 짓게 되었다는 것입니다.

그렇다면 '청법가'와 관련된 설법 의례에 대해 살펴보도록 하겠습니다.
먼저, 『예전』 '설법 의례'의 설법에 대한 권청勸請과 그에 따른 예절이 제시되어 있습니다.

> 1. 법계法階 정사正師 이상 된 분을 법사法師라 하고, 그분이 법을 설함을 설법說法이라 하고, 그 분의 설한 바를 법설法說이라 할 것이요
> 2. 법사가 설법을 하게 될 때에는, 법상法床을 미리 정비하고, 대중이 일제히 설법 장소에 회집하며, 사회는 예행 순서를 밟은 다음 법사 앞에 나아가 설법하시기를 권청할 것이요
> 3. 법사가 법상에 오르면 대중은 일제히 합장 경례하고 청법聽法하며, 법사가 설법을 마치면 또한 일제히 합장 경례할 것이니라.

또한 현행 『예전』의 바탕인 대종사 당대 『예전』 중 설법례說法禮를 살펴보는 것도 참고가 될 것입니다.

> 1. 법사가 설법하실 시는 시자가 먼저 설법전에 법상을 차리고, 종두는 법종을 치면 대중은 일제히 설법전으로 회집하여 정좌함.
> 2. 대중이 좌정 후에 시자는 법사 전에 나아가 설법하시기를 고함.
> 3. 법사가 법상에 오르시면 사회자의 진령振鈴에 따라 대중은 일제히 일어나 경례하고 시자는 법사에게 다茶를 올리기로 함.
> 4. 법사가 법을 설하여 다 마치시면 사회자의 진령에 따라 대중은 또한 일제히

일어나 배례함.

5. 법사가 법을 파하여 법상에서 내리시면 대중은 법사의 설하신 법을 들어 서로 연습하고 파석罷席하기로 함.

『예전』의 설법 의례에 의하면, 정사正師 이상 되는 분은 법사로서 이 분들이 설법을 하면 법상을 마련하고 법을 설해 주시기를 청하는 권청 및 합장 경례의 예를 올리라는 것입니다.

소태산 대종사는 원기27년(1942) 겨울 교무선敎務禪 중에서 자신이 쓰는 법상法床보다 약간 작은 법상을 만들어 오게 한 다음 정산 종사를 그 법좌에 앉히어 설법하도록 합니다.

대종사의 승좌설법을 정산 종사가 이어받아 승좌설법하게 된 것입니다.

이후 승좌설법은 우여곡절의 과정을 겪게 됩니다. 원기95년(2010) 5월 21일 자 원불교신문 기사입니다.

「제179회 임시수위단회에서 그동안 거론되어 오던 승좌설법 제도를 구체화 시키는 발판을 마련하게 됐다. 경산 종법사의 유시 형태를 띤 이번 승좌설법 제도는 우선 종사 이상을 시행하기로 수위단원 전원이 노력하기로 결의한 것만 보아도 그 사안을 짐작할 수 있다.

경산 종법사는 인사말에서 "〈예전〉에는 정사부터 법상을 미리 정비하도록 나와 있다. 앞으로 그렇게 할지라도 종사위 이상부터 승좌설법을 할 수 있도록 문호를 열어야 한다."며 "원불교 100년을 앞두고 종사 이상 되는 분들이 법회를 볼 수 있는 길을 마련하고 권장함으로써 교단의 영적 성장에 도움이 되어야 할 것"이라고 강조했다.

　그동안 승좌설법에 대해서는 앞서 제기한 〈예전〉에 이어 원기47년 2월 대산 종법사 취임법설에서도 '승좌설법陞座說法의 길을 널리 열어야 할 것이다'고 밝히고 있다. 원기55년 제정된 원로예우규정 4조에는 '종법사는 특별한 의식에 원로에게 승좌설법을 허락할 수 있다'로 되어 있다.

　원기80년 의장단 협의회시 좌산 종법사는 '퇴임하신 원로들이 설법을 할 때에도 법장과 법상을 마련하여 승좌설법을 할 수 있도록 문을 여는 것이 좋겠다'는 취지를 설명했다.

　이에 따라 원기80년 열린 제46회 임시수위단회에서는 승좌설법의 길을 여는 건과 관련해, 법상을 따로이 새로 조성하는 것은 교단적으로 금하는 대신 앉아서 설법할 수 있도록 하며, 이때 법장은 치지 않도록 결의했다. 하지만 안건이 통과되었음에도 불구하고 시행하는 데는 여전히 어려움이 따랐다.

　이어 원기93년 경산 종법사는 각 부서별 보고를 듣는 자리에서 승좌설법을 적극적으로 검토할 것을 요청했다. 그러다 이번에 다시 승좌설법과 관련해 유시 형태를 띠게 됐다.

　하지만 승좌설법을 할 경우 통일된 법좌와 법장 사용에 대한 여부를 결정해야 한다. 현 종법사와 구별된 규모나 크기의 조절이 필요하다.

　그리고 승좌설법을 시행한 후 평가하여 법강항마위 이상의 교구장까지 확대하는 방안을 검토해 볼 필요가 있다. 이렇게 될 때 교법 실천에 따른 공부 분위기가 더욱 조성돼 자비훈풍이 넘치는 교단이 될 수 있다.」

　이처럼 승좌설법의 활성화에 걸림돌이 있었고 이를 현실화하기 위한 법위향상 등의 숙제가 있습니다.

　법사 이상 되는 분의 승좌설법과 청법의례는 결국 그만한 법을 설할 능력을 갖춘 법위향상이 전제되어야만 가능한 것입니다. 청법가를 불러드릴 수 있는 법력 갖춘 도인들이 많이 배출될 때, 천여래 만보살이 이 승좌설법을 통해 드러나게 될 것입니다.

대종사 당대의 『예전』 '학위승급례'(現 법위승급식)를 보면 "법강항마부에 승급될 때는 유리琉璃증패와 법장法杖과 법복과 법호를 수여할 것이며, 출가부에 승급될 때는 은증패銀贈牌와 출가기出家旗를 수여할 것이며, 대각여래부에 승급될 때는 금증패金贈牌와 대각기大覺旗를 수여함"이라 제시되어 있습니다.

특히 법강항마부(現 법강항마위)에 오르면 법장法杖을 수여토록 한 점입니다. 법장을 수여한다는 것은 승좌설법과 연결되기 때문입니다. 진정으로 법장을 수여받을 만한 법위를 갖추어야, 승급할 때 자연스럽게 대중의 존중을 받고, 법좌에 받들어 모시는 승좌 문화가 꽃피게 될 것입니다.

2

법을 설하소서

　일반적으로 정사正師 이상이 법을 설하면 설법이라 하고 정사 이전은 설교라 통칭합니다. 정사 이상 되어야 법이 되는 것입니다. 그 이전에는 단순한 가르침일 뿐입니다. 법사가 되면 그 분이 설하는 것은 법이 되는 것입니다.

　보통급으로부터 특신급을 거쳐 법마상전급에 이르는 삼급三級에서는 법을 받들어 법대로 배워 가르친다면 법강항마위 이상의 삼위三位는 스스로 법이 되어 법을 생산합니다.

　법을 가르치는 설교나 법을 생산하는 설법이 다 진리를 밝히는 법으로써는 하나입니다. 다만 법을 자기화하여 스스로 생산해 낼 수 있냐는 유무만 차이가 있을 것입니다.

　법강항마위부터는 법이 백전백승하는 법력을 가지기 때문에 일동일정이 다 법이 됩니다. 특히, 출가위 이상은 대소유무의 이치에 따라 시비이해를 건설하여 모든 것을 다 살려내는 힘을 가지게 됩니다.

그러므로 법을 가진 존재인 법사는 '자비로운 스승'이요 '밝으신 스승님'입니다. 그러니 '공경과 정성'으로 법문을 청해야 합니다.

법을 가진 스승은 '지혜의 등불'을 밝혀주고 '바른길'을 찾아갈 법을 설해 주시며 또한 '한 마음 찾아갈, 만 생령 건져 줄' 법을 설하십니다.

그렇다면 법은 무엇일까요? 법은 도이며 이치입니다.

소태산 대종사는 『대종경』 인도품 1장에서 "제일 큰 도로 말하면 곧 우리의 본래 성품인 생멸 없는 도와 인과 보응되는 도이니, 이는 만법을 통일하며 하늘과 땅과 사람이 모두 여기에 근본 하였으므로 이 도를 아는 사람은 가장 큰 도를 알았다." 하시었으며, 이어서 인도품 2장에서 "제일 큰 덕으로 말하면 곧 대도를 깨달은 사람으로서 능히 유무를 초월하고 생사를 해탈하며 인과에 통달하여 삼계화택三界火宅에 헤매는 일체 중생으로 하여금 한 가지 극락에 안주하게 하는 것이니, 이러한 사람은 가히 대덕을 성취하였다."고 하셨습니다.

법이란 생멸 없는 도와 인과보응 되는 이치입니다. 그러므로 법을 설한다는 것은 도의 원리를 알아서 덕을 닦아 드러내는 것입니다. 생멸 없는 도와 인과보응 되는 이치를 닦아서 현실에서 도와 덕을 나투는 것입니다. 이렇게 도를 통하고 덕을 얻을 때 낙원이 가꾸어지는 것입니다.

소태산 대종사는 진리를 밝혀서 교법을 제정해 주셨습니다. 즉 일원상의 진리에 근거해서 사은사요 삼학팔조의 교법을 밝혀주셨습니다. 그러므로 교법은 진리를 담고 있는 법보法寶입니다.

일원상의 진리에 바탕하여 사은에 보은하고 사요에 봉공하는 인생길을 밝혀주는 것이 법문이며, 일원상의 진리에 바탕하여 삼학 팔조를 닦는 공부길을 드러내주는 것이 바로 법문입니다.

교법은 바로 주세불이신 소태산 대종사의 태양 같은 지혜와 자비 그리고 포부와 경륜이 담겨 있습니다. 그러므로 교법은 은혜의 보고요 낙원건설의 원리입니다. 그러므로 소태산 대종사의 교법대로 실천하면 법이 되는 것입니다.

좌산 종사는 법문이란 마땅히 밝아나가야 하는 길이며, 앞길을 대낮같이 밝혀주는 빛이며, 얼음장 같은 묵은 업장을 녹여내는 위력을 가진 열이며 활용하는 대로 무한 복이 나오는 보고로써 구원의 원리와 소재가 되는 제생의세의 약재라 하셨습니다.(『교법의 현실구현』)

소태산 대종사의 교법대로 배우고 실천하고 가르치면 그것이 법이 되는 것입니다. 소태산 대종사를 믿고 따르며 소태산 대종사의 법에 따라 창조적으로 실천하면 청법가로 모셔야 합니다. 법이 실현되는 그 자리가 청법가로 모셔야 할 자리이기 때문입니다. 법을 알아보고 법을 즐기는 사람이 많기를 바랍니다. 법의 스승님들께 청법가를 불러드리고 싶습니다.

필자는 스승님을 생각하는 마음으로 〈스승님(부제: 이 말도 들어주시고)〉이란 제목의 노랫말을 지은 적이 있습니다. 김승원 교무가 곡을 붙여(원기93년 2월 23일) 이를 법타원 김이현 종사께 들려드리니 나만 듣기 아깝다며 스승의 날 종법사님께 불러드리면 좋겠다며 좋아하시던 모습이 아련합니다.

스승님(이 말도 들어주시고)

이 말도 들어주시고 저 말도 들어주시고,
이 말도 믿어주시고 저 말도 믿어주시는 스승님.
언제나 내 마음 속에 계시어 서원을 돌아 주시고
이 공부 이 사업 변함없도록 낮에도 밤에도 염원하시니
나! 그 염원 먹고 자라네 그 염원 먹고 자라네.
언제나 내 번민 속에 계시어 초발심 지켜 주시고
영생길 공부심 놓지 않도록 잘해도 잘못해도 염원하시니
나! 그 염원 먹고 자라네 그 염원 먹고 자라네.

이 말도 들어주시고 저 말도 들어주시고,
이 말도 믿어주시고 저 말도 믿어주시는 스승님.
아~ 그 은혜 무엇으로 갚으리 아~ 그 은혜 어찌 잊으리.

법타원 스승님께 그리운 마음으로 〈스승님〉을 청법가로 불러드리고 싶습니다.

자비로운 스승님께

法을 說하소서

손 정 윤 작사
김 동 진 작곡

지혜 - 등불 밝혀 - 줄
바른 - 길을 찾아 - 갈

법을 을 설 - - 하 소 - 서
법을 을 설 - - 하 소 - 서

한 마 - 음 찾아 - 갈
만 생 - 령 건져 - 줄

법을 - - - - 설 - 하 소 - 서
법을 - - - - 설 - 하 소 - 서

3

원음 산책

성가 162장 〈자비로운 스승님께〉를 듣노라면 천지의 기운을 길게 들어 마시고 천천히 뱉고 또 다시 깊게 들이쉬고 허공을 향해 길게 내뱉는 느낌입니다.

성가 162장 〈자비로운 스승님께〉는 3/4박자의 노래로써 성스러운 분위기의 노래입니다. 클라이맥스는 내용상에는 중간 부분의 '법을 설하소서'에 있으나 감정상에는 시작하는 첫 소절의 첫마디인 '자비로운 스승님께'에 있는 듯합니다. 정말 자비로운 스승님에게 법을 간절히 청하는 마음으로 불러야 할 것입니다.

시작하는 '자비로운 스승님께'의 음은 낮으나 마음을 모아서 간절한 마음으로 불러야 할 것입니다.

처음이 중요합니다. 처음의 8마디에 전체적인 분위기가 압축되어 있기 때문입니다. 이 8마디를 간절히 부르면 높은 곳에서 낮은 곳으로 물이 흐르듯 자연스럽게 노래의 감정이 흘러갈 것이기 때문입니다.

'법을 설하소서'의 청법가는 앞에 스승님을 모시고 법을 청하는 노래이기에 스승을 모시는 진지하고 간절한 마음이 있어야 합니다. 만일 간절한 마음이 없다면 진정성이 없게 되어 결례가 되기 때문입니다.

성가 162장 〈자비로운 스승님께〉는 음의 높낮이 차이가 작고 각 소절의 음색이 비슷하여 단조로울 수 있으나 부르는 마음에 따라 그 작은 차이에서 음감이 크게 달라집니다.

성가 162장은 부점을 살려서 불러야 노래의 맛이 납니다. 모든 소절마다 있는 부점을 청법의 마음으로 강조해서 불러야 할 것입니다. 특히 '법문--을' '법을---'의 부점을 잘 살릴 때 청법의 맛이 훨씬 간절해지고 진지해 질 것입니다.

가사에 있어서는 '법문을 청합니다'로 시작해서 '법을 설하소서'로 마무리하는 '법문'과 '법'의 차이에 유의해서 불러야 할 것입니다.

성가 162장 〈자비로운 스승님께〉는 김동진 작곡으로 원기75년(1990) 교화부에서 성가로 제정됩니다.

맑은 정신 높은 기상

星州聖地讚歌

—

송인걸 작사 / 방도웅 작곡

1. 맑은 정신 높은 기상 떨쳐 온 고장
   가야산 낙동강이 지켜온 성주
   새 하늘 열리는 개벽의 아침
   정산종사 탄생하신 우리의 성지
   하늘땅 합한 자비 성안의 밝은 미소
   억만년 길이 빛날 거룩한 성지

2. 달뫼를 병풍 삼은 아늑한 산골
   별들도 쉬어가는 고요한 성주
   구도지 박실 마을 기도터 거북바위
   정산종사 탄생하신 은혜의 성지
   삼동윤리 제창하신 인류의 큰 스승
   억만년 길이 빛날 거룩한 성지

I

성주성지찬가

성가 172장 '맑은 정신 높은 기상'은 성주성지찬가라는 부제를 달고 있습니다.

인산 송인걸 교무는 성가 3장 '동방의 새 불토'의 〈영산성지찬가〉처럼 정산 종사와 주산 종사 두 여래의 탄생지요 구도지인 성주성지를 드높이는 찬가의 필요성을 느끼고 노랫말을 짓게 됩니다. 이를 당시 대구교구장이며 정산 종사의 차녀인 태타원 송순봉 교무에게 자문을 구하여 당시 대구원음합창단 지휘자인 방도웅 교도에게 작곡을 의뢰하여 성주성지찬가를 만들게 됩니다.

송인걸 교무는 원기78년(1993) 당시 성주교당 교무로서 '정산종사 탄생 100주년'을 앞두고 성주~김천 간 국도변, 초전면 소성리 입구에 교화와 순례 안내에 필요한 「원불교 성주성지」 도로표지판을 백방으로 노력한 끝에 설치하였으며, 특히 성주성지에 정산鼎山과 주산主山 두 여래의 역사를 기리고 계승하는 기념관(일명 鼎主殿)의 필요성을 제안합니다. (송인걸, 『영생의 법연을 기리며』)

원기72년(1987) 예비교무 남자 서원관생들은 도보성지순례를 기획하여 김천에서 성주까지 가야산을 거쳐 정산 종사의 발자취를 찾게 됩니다. "이곳이 새 하늘 열리는 개벽계성開闢繼聖 정산 종사의 탄생지요, 이곳이 정산 종사께서 적공했던 박실 마을이며, 기도하셨던 거북바위로구나! 가야산 이곳에서 적공을 하셨고, 이 길을 따라 전라도로 구도의 길을 떠나셨겠지!" 이러한 감상 속에 전무출신으로서의 서원과 추억을 쌓게 됩니다.

정산 종사의 본명은 도군道君입니다. '도의 군자'로서 얼마나 도를 사모했으면 '도군'을 소리 나는 대로 읽으면 '도꾼'이 되겠는가! 정산 종사는 '맑은 정신 높은 기상 떨쳐온 성주'의 천연 그대로의 기운을 온통 담은 성자입니다.

2

하늘땅 합한 자비
성안의 밝은 미소

정산 종사의 환한 미소는 원불교의 상징으로, '하늘땅 합한 자비'요 '성스러운 얼굴聖顔'입니다.

'성안의 밝은 미소'는 원불교 수행의 정수로 원불교 인간상의 표본입니다.

정산 종사의 미소를 떠올리면 마음에 평화가 솟아나며 모든 사람들의 무장을 해제시킵니다. 그리하여 사마악취가 스스로 소멸토록(邪魔惡趣自消滅) 합니다. 마음의 평화가 꽃피워져서 일체의 부정스러움이 스르륵 사라지는 것입니다.

이처럼 정산 종사의 미소는 새 시대의 부적입니다. 수행을 하는 예술가가 정산 종사의 미소를 그렸으면 합니다. 달마상이 선천의 그림이라면 정산 종사의 미소상은 후천의 그림입니다. 달마도가 사마악취를 위엄으로 압도한다면 정산 종사의 미소도微笑圖는 사마악취를 스스로 녹여내는 평화의 상입니다. 도가 있는 미소요 수행의 미소요 적공의 미소요 깨달음의 미소요 은혜의 미소요 평화의 미소입니다.

'달뫼를 병풍 삼은 아늑한 산골!'

소태산 대종사가 해님이라면 정산 종사는 달님 아닌가? 정산 종사는 세상에서 가장 아름다운 보름달 같은 도인의 얼굴로, 달마산 달뫼를 그대로 닮은 아늑한 달님이리라.

'별들도 쉬어가는 고요한 성주!'

소태산 대종사는 별을 보고 정산 종사를 찾으시어 법명도 별 규奎라 하십니다. 별은 정산 종사의 다른 이름입니다. 도꾼으로 가야산 찾으시어 전라도로 도를 찾아 나설 때도 별이 함께 했을 것입니다. 별의 고장, 성주星州의 기운이 정산 종사를 감싸 안고 있었던 것입니다.

별은 스타입니다. 각자가 각자의 주인공인 내면의 스타요 성품의 스타입니다. 이처럼 정산 종사는 소태산 대종사의 '일원대도의 경륜'을 이어 빛낸 개벽계성開闢繼聖의 별이요, 우리들 각자의 별을 밝게 빛내도록 법으로 이끌어주신 법모法母의 별이십니다.

'삼동윤리 제창하신 인류의 큰 스승!'

정산 종사는 달처럼 은은한 은혜와 평화의 성자입니다. 정산 종사의 삼동윤리는 평화의 메시지로, 삼동三同은 세 가지의 하나됨입니다. 삼동은 '한울안 한 이치에 한 집안 한 권속이 한 일터 한 일꾼으로 일원세계 건설하자'는 평화의 외침으로, 소태산 대종사께서 밝혀주신 일원상 진리에 바탕한 평화건설의 적공이요 경륜입니다.

은혜로 하나 되고 평화로 하나 되자는 것입니다.

종교와 종교 사이, 사상과 이념 사이, 종족과 민족 사이, 나라와 나라 사이, 혈연과 지연 간, 정당과 정당 간, 세대와 취향 간, 강·약 간, 개개인 간, 서로의 사이에 간격과 차별을 없애서 하나의 큰살림을 하자는 지혜의 가르침입니다.

이처럼 삼동윤리는 인류가 나아갈 길이요 평화의 현장입니다.

상징적으로 말하면 총으로 만드는 질서가 아니라 꽃과 촛불로 상징되는 상생과 공존의 지혜를 들어 서로 평화를 가꾸어 가는 길을 제시한 것입니다. 왜냐하면 무기를 들어 질서를 강제하면 힘없는 나라와 힘없는 사람들이 다수 희생당하기 때문이며 증오의 역사가 되풀이되기 때문입니다. 정산 종사는 삼동윤리를 통해 근원적인 평화를 추구하신 것입니다. 상생과 공존을 모색하라는 것입니다.

그러므로 삼동윤리의 잉태지인 '구도지 박실마을' '기도터 거북바위', 탄생하신 구성마을 등 '가야산 낙동강이 지켜온 성주'는 '억만년 길이 빛낼 거룩한 성지'입니다.

즉 「삼동윤리의 평화 탑」을 세워 인류 공공의 참배지로 가꾸어 가야하는 은혜의 성지이며, '마음공부 잘하여서 새 세상의 주인 되라'는 가르침을 우리가 먼저 지켜가야 할 마음공부의 중심지입니다.

끝으로 바람이 있습니다.

정산 종사의 탄생지요 성장지요 구도지인 성주 소성리 달뫼(달마산)에 군사무기(사드)가 들어왔습니다. 이 모든 역사적 과정이 전쟁의 갈등에서 평화의 관계로 나아가는 지혜의 길, 은혜의 길이 되기를 바랍니다.

이러한 역사의 중심에 정산 종사가 계시고 이 모든 모순과 갈등을 당신 품에 안고 계신 듯합니다.

필자는 정산 종사의 가르침을 생각하며 〈평화를 부르세〉라는 노랫말을 읊어보았습니다.

평화를 부르세

총이 아닌 꽃을 드세. 총이 아닌 촛불 드세.
무기는 무기를 부르고 평화는 평화를 부르네.
정산 스승님! 정산 스승님! 평화로 하나 되라 하셨지.
정산 스승님! 정산 스승님! 상생으로 공존하라 하셨지.
무기는 무기를 부르고 평화는 평화를 부르네.
무기는 무기를 부르고 평화는 평화를 부르네.

정산 스승님의 삼동윤리로 소성리가 평화를 생산하는 땅으로 활짝 꽃피기를 기원합니다.

맑은 정신 높은 기상

성주성지 찬가

송 인 걸 작사
방 도 웅 작곡

원음 산책

성가 172장 〈맑은 정신 높은 기상(성주성지찬가)〉를 듣노라면 맑은 기운이 마음 속으로 파고 듭니다. 마치 맑은 가을 하늘에 높이 높이 가로질러 흐르는 아득한 구름의 모습을 보는 듯하며, 하늘하늘 날개 짓 하여 고고하면서도 어느덧 낮게 비행하는 듯합니다.

길게 뽑아내는 가락이 어떤 아련함을 더욱 가슴에 아로새깁니다. 그러면서 쭉 올리는 음감이 무언가 하늘 높이 외치는 듯합니다. 엄마가 자식에게 간곡히 이르는 마음이랄까? 이런 당부의 흐름이 음을 따라 오르내리고 길게 늘려 지다가도 높이 치솟는 음의 리듬과 가락이 잘 어우러지며 하나의 메시지로 치고 들어옵니다.

성가 172장 〈성주성지찬가〉는 방도웅 작곡으로 원기84년(1999) 교화부에서 제정되어, 현재 자문판으로 활용되고 있습니다.

성가와 일원상
그리고 원불교 예술

01

음악은 우리의 정서를 자극합니다. 몸으로 스며듭니다. 물이 스며들 듯이 음악이라는 기운이 우리의 내면으로 파고 듭니다. 음식이 몸에 흡수되어 피가 되고 살이 되듯이 음악은 우리의 영성에 심어져서 다양한 감성의 꽃을 피웁니다.

그래서 음악의 즐거움을 아는 인생과 음악을 알지 못하는 인생에는 세상을 바라보고 느끼는 관점이 다릅니다. 어찌 음악뿐이겠습니까. 음악을 비롯한 미술 문학 등은 우리 삶에 없어서는 안 될 필수 영양분인 것입니다.

예술에는 순수예술과 대중예술의 시각이 있습니다. 순수예술은 어떤 경지를 요구합니다. 칸트의 판단력 비판에서 무관심의 미와 숭고미처럼 어떤 차원을 요구합니다. 그러다보니 미학은 부르디외의 말처럼 〈구별짓기〉의 수단으로 이용되기도 합니다. 대중과는 무언가 다른 차원의 소유자가 되는 것입니다. 마치 명품을 가진 자와 명품을 못 가진 자의 차이처럼 예술적 견해를 가진 자와 못 가진 자의 구별이 생기게 됩니다.

이와 반대로 대중예술의 시각이 있습니다. 대중의 감각에 호응되는 미감이 그대로 예술이 되는 것입니다. 대중적 감각을 따르는 것입니다. 다만, 이러한 대중예술은 대중성에 갇히거나 자본주의의 유행에 이용되는 폐단이 있습니다.

그렇다면 원불교 성가는 순수예술일까요 대중예술일까요? 필자는 순수예술의 영역이 존중되면서도 교도들이 삶 속에서 즐길 수 있는 대중예술로 꽃피우기를 바랍니다. 우리들의 보편적인 감정에 따라 다양한 미감의 감각감상이 전개되기를 바랍니다.

02

'원불교 성가와 일원상'의 관계에 대해 살펴보겠습니다.

원불교 성가는 「일원상 법어」의 "이 원상은 귀를 사용할 때 쓰는 것이니 원만구족하고 지공무사한 것이로다." 로 듣고 불러야 됩니다.

성가는 일원상의 노래입니다. 성가를 부르고 성가를 듣는 그 자리에서 일원상 마음을 드러내자는 것입니다.

성가를 듣고 감상하고 즐기는 그 자리는 원래 원만구족하고 지공무사합니다. 성가가 일원상 그대로 드러내고 일원상으로 노래하는 자리입니다.

성가 부르는 자리는 원만구족하고 지공무사한 원상 자체(性體)가 드러나고(性現) 원만구족 지공무사한 원상으로 노래하는 것입니다. (性用)

지금 성가를 듣고 있는 그 자리를 관조해 보면, 그 자리에는 일체가 텅 비어 있습니다. 만일, 그 자리에 무언가의 걸림이나 한계가 있다면 그렇게 성가를 완연히 들을 수도 부를 수도 없습니다.

이 자리는 '텅 빈 충만'이요 '알아차리는 空'으로 원만합니다. 모든 소리가 텅 비었으되 또한 성가를 그대로 역력히 듣고 있습니다. 훤히 드러내고 있습니다. 그 듣는 자리는 이처럼 텅 비어 고요하면서 일체의 작용을 갖추고 있는 구족한 자리입니다.

또한 성가의 한 음 한 음, 한 마디 한 마디를 듣는 자리에 사사로움이 있다면 이 음악을 듣다가 저 음악을 그대로를 들을 수 없습니다. 자기가 듣는 대로 듣게 되는 마음작용 자체에는 사사가 없습니다. 지극한 공심(至公) 자리입니다.

성가에 몰입하여 듣다보면 일체의 분별이 없이 성가를 즐기는 한 마음이 됩니다. 그러면 입정에 들게 됩니다. 이와 같이 마음이 자유롭고 활발하도록 하는 음악 활동이 성품을 기르는 길이 됩니다.

이처럼 성가를 비롯한 음악을 즐기는 마음에는 모든 것을 하나로 어울리게 하는 조화의 상태가 됩니다. 그러므로 음악을 즐기는 마음이라야 하나로 화합되는 것입니다.

음악으로 하나가 되는 마음이 약하면 구별만 할 뿐 더불어 하나가 되는 공약수가 약하게 될 것입니다. 그러므로 성가를 비롯한 음악은 단순한 개인의 취향만이 아니라 집단의 정체성을 결속하는 작업이 될 것입니다.

성가는 일원상 법어의 눈·귀·코·입·몸·마음의 육근을 작용할 때 교차 사용하는 방법이 됩니다.

성가를 눈으로 그려보기도 하고 냄새로도 표현해 보고 맛으로도 느껴보고 촉감으로 느껴보기도 하며 개념으로 전환해 볼 수 있습니다. 성가는 육감을 호용하여 교차시켜 볼 수 있는 것입니다.

이렇게 성가는 육감을 서로 호상 침투시켜 미감을 교차시키는 원천이 될 것입니다. 미감의 세계에서 물고기는 날고 새들은 바다를 누비게 되는 것입니다.

이처럼 「일원상 법어」는 원불교의 음악을 원만구족하고 지공무사하게 듣는 예술의 근거가 되며 모든 예술작업과 감상의 원천이 되는 것입니다.

〈원불교 성가〉뿐만 아니라 미술, 문학, 연극 등 일체의 예술에 일원상의 성리가 바탕 되기를 바랍니다. 일원상에 바탕 한 마음공부의 영역이 예술로 확대되기를 바랍니다. 이렇게 될 때 원불교 문화는 튼튼한 지반을 확보하게 될 것입니다.

마음공부에 예술이 있고 예술에 마음공부가 있는 원불교 문화가 되기를 바랍니다. 이러한 작업에 원불교 성가가 선도적인 역할을 했으면 합니다.

또한, 원불교 음악사에 대한 정리가 급하며, 기초적인 작업부터 이루어져야 할 것입니다. 불모지의 원불교 음악 분야에 씨앗을 뿌리고 싹을 틔우고 나름의 결실을 이루었던 성과를 잘 정리하는 것이 무엇보다도 중요합니다.

원불교 음악인에 대한 활용과 작곡된 곡들을 총체적으로 수합해야 될 것입니다. 예를 들면 교단 원로들의 열반 시에 작곡되고 불리었던 조가弔歌들이 대표적인 작업이 될 것입니다.

원불교 음악사가 정리되어야 다음으로 발전할 수 있습니다. 그렇지 않으면 하던 일을 계속 반복하는 우를 범할 수 있기 때문입니다.

04

원불교 100년을 보내고 새로운 100년을 맞이합니다. 원기 108년(2023)은 원불교의 3대 마무리입니다.

소태산 대종사는 12년을 1회로 3회 36년을 매대每代로 삼으셨습니다. 그리하여 창립 제1대의 계획을 구체적으로 제시하여 추진토록 했으며 어느덧 2대를 거쳐 3대를 결산할 시기에 도달했습니다.

원기108년이 3대의 결산이라면 원기109년(2024)은 4대를 시작할 원년입니다. 지난 100년을 거쳐 새로운 100년의 꿈을 펼쳐가야 합니다.

원불교 100주년인 원기101년(2016)에서 원불교 제3대의 결산해인 원기108(2023)년에 이르는 시기는 원불교의 성찰과 도약의 기간입니다. 이 기간이 중요합니다. 이 성찰과 도약을 통해 새로운 100년의 새싹을 펼쳐내야 하기 때문입니다.

필자는 새로운 백년의 희망을 노래해 보았습니다.

백년을 굽이쳐서

백년을 굽이쳐서 한 기운으로 뭉치니
거룩하여라, 백년의 맥박이여
뭉클한 감동으로 온몸을 감싸네.

어화둥둥 좋을시구 거룩한 백년 성업
일원으로 둥그신 새 회상 백년의 울림이어라.

백년을 굽이쳐서 한 기운으로 뭉치니
거룩하여라, 백년의 염원이어
뜨거운 숨결로 온몸에 퍼~지네
어화둥둥 좋을시구 거룩한 백년 성업
일원으로 둥그신 새 회상 백년의 외침이어라

너도 나도 한 맘으로 백년성업 경축하세
백년으로 열어가는 새로운 백년
좋고 좋고 좋을시구 원불교 다시 백년
영천영지 만만세라 영천영지 만만세라

백년을 굽이쳐서 포스트post 백년으로 굽이치길 기원합니다. 백년 이후의 새로운 백년은 일원상의 문화가 활짝 피어나기를 바랍니다. 일원상으로 돋아나기를 바랍니다. 새로운 백년을 일원상으로 열어가기를 바랍니다.

특히, 소태산 대종사의 교법과 원불교의 문화가 성가를 통해 많은 사람에게 불려 지기를 간절히 희망합니다. 일심으로 비옵나이다.

참고문헌

『정전』

『대종경』

『대종경선외록』

『수양연구요론』

『원불교예전』

『원불교교사』

『정산종사법어』

『대산종사법어』

『대산종사법문집』1집・3집・5집

대산종사수필법문편찬회,『대산종사수필법문집』1・2, 2014.

대산종사추모문집편찬위원회, 대산종사추모문집 1,『조불불사대산여래』, 2008

서문 성,『대산 김대거 종사』, 원불교출판사, 2013.

주성균,『큰 산을 우러르며』, 세종씨엔씨, 2014.

이광정,『교법의 현실구현』, 원불교출판사, 2007.

이광정,『건강관리의 요제』, 원불교출판사, 2002.

송관은,『나 길이 여기 살고 싶네』, 원광사, 2010.

송인걸,『영생의 법연을 기리며』, 로고스, 2000.

『교고총간』제2권・제3권, 정화사, 1969.

『원불교법훈록』, 원불교교정원 총무부 편, 1999.

『한국작곡가사전』, 한국예술종합학교 한국예술연구, 1995.

김찬기(승원),「원불교 성가 작가 연구」,『국제원광문화학술논집』제2권, 2012.

원불교 성가 감상담 2
〈새 성가 편〉

원음 산책하는 기쁨

인쇄	2018년 9월 12일
발행	2018년 9월 14일
지은이	방길튼
펴낸이	주영삼
교정 교열	주성균, 최도웅
디자인	원광사
펴낸곳	원불교출판사
출판신고	1980년 4월 25일(제1980-000001호)
주소	전라북도 익산시 익산대로 5501
전화	063-854-0784
팩스	063-852-0784

www.wonbook.co.kr

인쇄	원광사

값   20,000원

ISBN   978-89-8076-325-2(03200)